KB267503

역사는 사라지지 않는다

역사는 사라지지 않는다

일본 제국주의와 친일 그리고 패망 이후의 세계

배기성 지음

역사는
사라지지
않는다

월요일의꿈

목차

제국주의 패망 이후에도
일본은 왜 기세등등한가

2025년 10월 4일 일본 도쿄에서는 일본 중의원, 참의원, 기초단체장 합동 선거가 열렸다. 일본의 자민당 총재를 뽑기 위한 이 선거에서 다카이치 사나에 전 방위산업상이 고이즈미 신지로 농림수산상(현재 방위대신)을 누르고 당선되었다. 다카이치 사나에는 당선 후 오사카의 지역정당 유신회와 합당 과정을 거쳐 일본의 총리대신으로 임명되었다. 모든 것은 예상대로였다. 일본에서 자민당이 아니고서야 뭘 할 수 있는가? 극우 세력 다카이치 사나에의 예고된 행보를 보니 그의 '그다음' 그리고 또 '그다음'의 행로가 눈앞에 비디오처럼 그려졌다.

일본은 현재 위기다. 경제와 안보 모두 그렇다. 최근 미국 트럼프 대통령이 핵추진 잠수함 건조를 다른 나라도 아닌 한국에게 허락해 준 것은 일본 극우들에게 큰 충격이었다. 왜 일본에게는 허가

해 주지 않고 한국만 승인을 해주었느냐는 여론이 급증했다. 핵잠
수함 건조 기술은 전 세계에서 미국, 러시아, 중국, 영국, 프랑스, 인
도 등 6개국만이 가지고 있으며, 이제 한국이 7번째 보유국이 되었
다. 오스트레일리아는 자체 기술로 핵추진 잠수함을 만드는 게 아
니고 미국이 생산하는 것을 영구 임대 형식으로 가지는 것이니 논
외로 한다.

　　이는 1905년 11월 17일 너무나도 치욕적인 을사늑약 이후 두
갑자(120년) 만에, 1965년 6월 22일 너무나도 굴욕적인 한일기본조
약 이후 한 갑자(60년) 만에 일궈낸 성과였다. 성공적인 외교 협상
타결 사례를 만들어냈다는 점에서 놀라운 쾌거라고 할 수 있다. 나
아가 2024년 12월 3일 윤석열의 불법 계엄, 즉 내란 시도 이후 성공
적이고도 비폭력적으로 이를 극복한 이재명 정부가 이뤄낸, 정권
교체가 가져온 최고의 선물이라고까지 일컬어진다. 반대로 일본에
서는 "왜 이미 관련 기술이 다 갖추어져 있는 일본에게는 허락을
안 해주면서, 한국에다가만 좋은 일만 하냐?" 하는 식의 공격이 이
어지고 있다.

　　**그런데 사실 일본의 한해 1인당 국민소득(GDP)은 2024년 기준
34,713달러에 그쳤다. 이는 36,624달러인 한국보다도 못한 수치이
다.** 물론 계산하기에 따라 최대치를 잡으면 37,144달러로 우리보다
앞서지만, 같은 기준에서는 오히려 우리가 앞선다.

　　또한 미국의 경제전문지 《US뉴스》의 '2024 종합국력 순위'

에서도 대한민국이 6위인 데 반해 일본은 8위에 그친다. 이는 경제력뿐만 아니라, 국방력과 외교적 파워까지 더한 순위다. 이제 핵추진 잠수함까지 한국이 보유한다면, 일본이 이 순위를 다시 뒤집을 확률은 영원히 없다고 보면 된다. 일본인들의 상실감이 어떠할지 쉽게 미루어 짐작할 수 있다.

시간을 50년 전으로 돌려보자. 1975년 필자가 태어나던 해, 우리나라의 대통령은 유신정권 박정희였고, 미국의 대통령은 제럴드 포드였다. 4월 8일, 고려대학교 일대에 대통령 긴급조치 제7호가 발효되고, 뒤이어 4월 9일 인혁당 재건위 사건이 벌어졌다. 이때 서도원 등 9명에게 민복기 대법원장이 사형을 선고하였고, 18시간 만에 집행을 서둘렀다. 뒤이어 5월 13일 긴급조치 제9호가 발동되어 1979년 12월 8일 해제될 때까지 무려 4년 6개월 동안 그야말로 공포정국이 지속되었다. 6월 19일에는 한국예술문화윤리위원회가 이러한 공포정국을 등에 업고 공연활동 정화 대책을 명분으로, 국내 가요와 외국 가요 수백 곡을 금지곡으로 분류했다. 이는 1987년에 해금될 때까지 계속되었다.

일본의 경우, 같은 해인 75년은 일본의 황금기라 불리는 80년대를 예고한 시절이라고 해도 과언이 아니다. 5월 10일에는 개인용 소니 비디오카세트 레코더가 발매되어 창작의 꽃을 피웠다. 더구나 6월 3일에는 닛폰 애니메이션이 설립되어 수많은 재팬애니메이션을 만들어내는 계기가 되었다.

　1975년 한일 양국에 50년 후를 한번 상상해 보라고 하면, "아, 네. 50년 뒤에는 양국 간의 격차가 거의 사라지고 오히려 뒤집어질 것입니다"라고 과연 말할 수 있는 사람이 있었을까? 거의 모든 국제문제 전문가들이 양국 간의 격차는 따라잡을 수 없는 수준일 뿐아니라, 비교 대조 자체가 의미가 없는 짓이라고 비웃을지도 모른다.

　이번엔 시간을 여기서 25년 더 전으로 되돌려 보자. 1950년 6월, 6·25 전쟁이라는 참극이 일어나 온 나라가 전쟁터가 되었다. 말 그대로 피바다가 된 이후, 우리나라는 그야말로 전 세계에서 가장 못 사는 나라가 되었지만, 바다 건너 일본의 양상은 완전히 달랐다. 일본은 1945년에 원자폭탄을 두 방이나 맞았고, 수도인 도쿄는 제대로 된 건물(일본의 개인 건물은 죄다 목조건물)을 찾아볼 수 없을 정도로 폐허가 되었다. 그런데 때마침 벌어진 바다 건너의 '조선전쟁'으로 말 그대로 '전쟁 특수'를 맞이한다. 남북한의 전면전이 벌어진 상황에서, 일본의 집권 극우세력은 뻔뻔스럽게도 미국에게 한국을 다시 식민 지배하겠다고 요청한다. 그리고 유엔군, 특히 미군의 군수품 생산과 해상 수송을 담당하는 등 사실상의 군사 개입 임무를 수행했다. 또한 6·25 전쟁에 필요한 군수 물자 생산 등의 산업으로 일본 경제는 크나큰 구원을 얻는다. **이에 일본의 총리 요시다 시게루는 바다 건너 한국 쪽을 바라보면서 "반자이(만세)"를 외치는 참으로 슬픈 장면을 연출한다.** 2차 세계대전의 참상

11

(慘狀)에서 헤어 나올 길 없었던 일본은 1950년 6월에 터져 전면전으로(국지전이 아닌) 치달아 무려 3년 넘게 지속된, 이른바 조선전쟁으로 다시금 경제 발전을 이룩했다. 그리고 국제서구열강에 소속된 강대국이 될 수 있었다.

1951년 9월 8일 6·25가 한창인 시점에 미국 샌프란시스코에서는 서방 48개국이 모여 2차 세계대전 이후의 일본의 국제적 독립국 지위에 관한 회의가 열렸고 조약이 체결되었다. 이른바 샌프란시스코 강화 조약이다. 이 조약에서 울릉도의 부속 도서 독도에 대한 소유권의 애매모호한 설정 때문에 지금까지 한일 간에 독도 영유권 분쟁이 계속되고 있음에도 불구하고, **우리나라는 이 조약에 대해 초중고등학교에서 전혀 가르치지 않는다.** 국어, 영어, 국사, 정치 등 가르칠 수 있는 수많은 교과 과정들이 존재함에도 말이다. 참으로 슬프고 안타까운 일이다. 대한민국과 북한은 전쟁 중이라는 이유로 샌프란시스코에 초청조차 받지 못했다. 더군다나, 두 나라 중 어디가 정통성을 담보하느냐는 문제에 부딪히자, 미국의 트루먼 대통령과 덜레스 국무장관은 일본 대표 요시다 시게루의 말만 듣고 한국 초청을 포기하기에 이른다.

샌프란시스코 조약을 철저하게 일본인의 입장에서만 살펴보기로 하자, 일본은 일단 자기를 다시 서구열강으로 받아들여 준 미국의 입장을 무조건 지지한다. 그리고 미국과 대척하는 소련과 중국을 무조건 반대한다. 그러니 필연적으로 타이완(대만)을 적극적으로 지지한다. 또한 한국의 독도, 소련의 쿠릴열도 그리고 사할린 등에 대해 계속되는 영유권 다툼을 벌인다. 이것이 일본의 대외정책이다. 일본은 1951년 9월의 샌프란시스코 조약으로부터 지금까지 단 한 발짝도 앞으로 나아가지 못했다. 굉장히 불쌍한 존재들이다. **이 조약에는 제주도, 거문도, 울릉도 및 그 부속 도서라고 분명히 적혀 있다. 울릉도의 부속 도서는 오로지 독도 하나뿐이다.**

1978년 10월 17일에 일본은 도쿄 한복판 치요다구에 위치한 야스쿠니 신사에, 극동군사재판(1946년 1월 19일 도쿄에 설치)에서 A급 전범으로 처벌된 총리대신 도죠 히데키 휘하 14인을 기습적으로 합사했다. 이들을 전쟁의 신으로 모시겠다는 의도이다. 이는 자체적으로 명백한 범죄이자, 국제법적으로도 샌프란시스코 조약 11조인 '극동군사재판의 판결을 수락하고'에 대한 분명한 도전이자 반발이었다. 1978년, 일본의 국력이 서서히 세계에서 가장 잘 사는 나라로 올라서고 있었고, 일본의 국민 스타인 야마구치 모모에나 미우라 토모카즈 같은 스타들이 스크린과 가요무대를 완전히 평정하고 있을 때에 저질러진 이와 같은 범죄 행위를 과연 어떻게 봐야 하나?

일단 나라가 잘살게 되면 치욕적인 과거 따위는 아무것도 아니어도 되는가? 우리 대한민국이 70년대 유신독재와 80년대의 군사독재를 거치면서 민중의 뛰어난 역량으로 국력을 끌어올리고 있을 때, 일본은 과거의 영화를 잊지 못하고 똑같은 방식으로 경제

13

발전을 누리고 있었다. 이는 전 동남아시아와 대한민국에 빨대를 꽂고 미국의 경제를 야금야금 잡아먹는 방식이었다. 이 같은 번영의 방식이 바로 쇼와[1] 시대의 황금기, 소위 말하는 버블 재팬이다.

일본은 아시아 3등으로 내려앉은 지금에도 과거의 영광을 먹고 살아간다. 1868년 1월 3일부터 1947년 5월 2일까지 존속한 침략과 약탈의 일본 제국을 영원한 모범으로 삼고, 특히 그중에서도 1937년부터의 중일전쟁과 1941년부터의 태평양전쟁을 돌아가야 할 영광으로 삼고 있다. 이러한 '**그들의 영원한 제국**' 역사를 배경으로 이 책을 풀어나가려 한다. 과연 친일이란 국제적으로 봤을 때 무엇이라고 정의할 수 있겠는가? 왜 우리는 친일이라는 말만 들으면 경기를 일으키는가? 우리의 문제의식은 오직 하나다. **일본은 왜 저렇게 아직도 기세등등한가.**

1937년 중일전쟁으로 대륙 침략의 마각을 확실하게 드러낸 일본은 1939년 5월부터 소련과 한판 대결을 벌인다. 9월 16일경에 처참한 패배로 만주 방면의 소련 진출로를 차단당한 뒤, 또다시 이번에는 남방 전략으로 방향을 튼다. 남태평양으로 진출이다. 인도네시아는 네덜란드가, 동티모르와 마카오는 포르투갈이, 홍콩, 말레이, 싱가포르, 미얀마(버마), 호주, 파푸아뉴기니, 인도는 영국이, 필

---

1   20세기 중 일본 연호의 하나로 쇼와 천황 소위 히로히토 천황의 시대(1926년 12월 25일부터 1989년 1월 7일까지)를 말한다. 이 중 1979년부터 1985년까지의 일본은 세계최강대국으로 성가(聲價)를 드높인 시대였다.

리핀은 미국이, 라오스, 캄보디아, 베트남은 프랑스가 각각 차지하고 있던 이 동남아시아 쪽으로 대포와 군함의 조준선을 돌려버린 것이다. 그로부터 3년 동안, 일본은 동남아 지역에서 연전연승을 거듭했다. 그 결과, 일본은 드넓은 일본 제국의 지도를 완성할 수 있었다.

1942년 8월 8일에 제작된 일본 제국의 지도는 일본의 세력이 정점에 달한 시기를 그려내고 있다. 그러나 실제 전황은 이미 그 이전에 결정적으로 기울어 있었다. 같은 해 6월 7일, 미드웨이 해전에서 일본 연합함대 사령관 야마모토 이소로쿠는 미 해군의 체스터 니미츠에게 치명적인 패배를 당했고, 이로써 일본은 태평양 전쟁의 주도권을 사실상 상실했다.

우리나라 교육 현장에서는 1939년부터 1945년까지 일본이 동남아시아 전역을 군사적으로 장악하고 지배했던 시기를 상대적으로 소홀히 다루는 경향이 있다. 또한 6·25전쟁 이후 일본이 과거 일본 제국이 지배했던 나라들을 경제적으로 다시 야금야금 먹어들어간 결과임에도 이런 내용을 다루지 않는다.

따라서 이 책에서 필자가 말하고자 하는 것은 일본 세력의 동아시아 내부 침투, 즉 친일의 동아시아 문제이다. 친일 문제는 우리 대한민국만의 문제가 아니다. 일본이라는 나라가 전 동아시아에 악한 영향력을 끼쳤고, 우리나라도 일본을 그렇게 봐야만 한다.

반민족행위자 특별위원회의 처절한 실패

1장

친일 경찰들은 어떤 사람들인가

이성근, 김덕기

우리 민족은 역사적으로 주권과 자유를 위해 늘 저항하고 싸웠다. 그런데 친일 인사들은 이 자랑스러운 '저항'의 역사를 아주 일부만 남겨놓고 없는 역사로 만들어버린다. 본인들도 부끄러운지 친일 역사를 아예 지우고, 친일 행위에 관련된 것들은 당연스럽게 은폐한다. 역사 교과서에 나오는 '광복군총영(光復軍總營, 1920~1922)'이라는 단체는 그들에게 아예 없는 단체다. 그러니 거기서 활약한 오동진과 정인복 등의 독립투사들에 관해 우리 국민들은 전혀 모른다. 이는 평안북도 경찰고등과장으로 오동진 등의 독립투사를 잡는 데 혈안이 되었던 이성근(1887~?)이라는 괴물이 존재했기 때문이다. 일제 치하 경찰의 최대 거물이었던 **이성근이라는 존재가 대한민국 임시정부 군무부 산하에서 실질적인 내무부(경찰)의 역할을 했던 이 단체를 역사 속에서 지워버렸다.**

친일 경찰로 온갖 악명을 떨친 것에 비해 역사상에서는 존재감이 미약하기만 한 김덕기와 그의 상관 이성근, 그들의 탄압 수법은 매우 악랄했다. 독립투사를 고문하는 등의 단순한 차원을 넘어서서, 목숨을 대가로 밀정 짓을 하게 만들어 그 단체를 통째로 잡아버리는 방법을 선호했다. 그의 이러한 행동이 원인이 되어 밀정 김윤옥이 광복군총영의 독립영웅 정인복을 배신 후 추격하여 죽인다. 후일 김덕기의 공로로 1927년 광복군총영의 대장 오동진이 체포되자, 이성근은 악독한 고문을 지휘하고 김덕기는 고문 실무를 담당한다. 낭림대 단장이었던 장창헌이라는 인물은 체포 후 바로 즉결 처분해 버렸다. 이 밖에도 의성단 단장 편강렬, 일목장군 이진무 등을 동일한 방법으로 체포 척살한다.

1945년 8월 15일 이후, 이성근은 소련군에 의해서 시베리아 유형 처벌을 받고 실종된다. 김덕기는 해방 이후, 친일반민족행위자 특별 처벌법에 의해 유일하게 사형을 언도 받을 정도로 우리 민족 전체의 공분을 샀던 사람이다. 1949년 6월 6일 반민특위가 폭압적으로 해체된 후, 1950년 6월 초 정릉(현 서울특별시 노원구 근처)에서 추락사했다.

윤종화

　윤종화의 일본 이름은 이사카 가즈오. 1908년 3월 1일생. 11대 국회의원 윤석순(부산 동구)의 아버지이자, 현 국민의힘 윤상현 국회의원의 큰할아버지이기도 한 인물이다. 역사적으로 최악의 친일매국노로 평가되는데, 경기도청 경찰부 보안과장을 거쳐 1943년 9월 조선인 최초로 경성부 종로경찰서 서장으로 취임했다. 생각해 보자. 조선인이 일제강점기에 얼마나 충실하게 개노릇을 했으면 종로경찰서장으로 임명되었을까. 참으로 슬픈 일이 아닐 수 없다. 이후, 1944년에 조선인 최초로 경찰부장에 승진했으며 해방될 때까지 황해도의 경찰부장으로 영전(榮轉)한다.

　2021년 2월 6일 그의 아들 윤석순이 죽었다. 그의 죽음을 전하는 연합뉴스의 부고 기사에는 중앙정보부에서 근무한 것과 남극 기지 대장을 지낸 것이 그의 대표 경력으로 실렸다. 1981년 전두환의 공천으로 민주정의당 비례대표를 지낸 일도 실렸다. 그런데 기사 어디에도 그의 아버지에 관한 내용은 없었다. 최악의 친일 경찰이자, 김해 군수와 창녕 군수를 지낸 후, 서울 종로경찰서에서 대장까지 지낸 이 윤종화의 일생은 그야말로 증발해 버린 것인가?

　윤종화와 그의 아들 윤석순으로 이어지는 계보에서 우리가 주목해야 할 인물이 하나 더 있다. 국민의힘 인천 남 미추홀구 윤상현 의원이다. 결혼을 두 번 해서 전두환의 사위이자, 신준호 푸르밀 회장의 사위이기도 한 인물. 2024년 12월 3일의 윤석열 내란 사건에서 국민의힘을 이끌고 친 내란 선동을 일으키기도 한 그가 바로 윤종화의 손자이다. 참으로 얄궂다.

윤종화의 말년은 고달팠다. 해방 이후, 한반도 북부에 들어선 소련 군정에 의해 그가 체포되었다. 평양 삼합리 수용소에 갇혔다가 1946년 중국 훈춘으로 이송되었고, 또다시 소련의 하바롭스크로 이송되었다. 그 이후에는 행방불명이다. 아직까지도 그의 최후는 누구로부터도 증언된 바가 없고 공식 확인도 되지 않고 있다.

김창룡

우리나라 한반도 5천 년 역사에 가장 나쁜 사람 한 사람을 뽑아 보라고 나에게 물어본다면, 주저 없이 이 사람을 뽑을 것이다. 1920년에 태어나 1956년에 죽은 사람, 아니 사람이라고 말하기에도 몹시 부끄러운 김창룡이다. 김창룡은 현재 국립대전현충원 장군1묘역 69호에 묻혀 있다. 그가 왜 우리 국민의 추모를 받아야 하는가? 말하기에 몹시 부끄럽지만, 그가 죽었을 때 서울대학교 국사학과의 교수 이병도가 비문을 직접 써서 아부했을 정도로 어마어마한 권력도 누렸다. 고작 37살 인생에 일평생 배신과 아부 그리고 조작으로 엄청난 부와 권력을 함께 가졌던 사람.

일제 강점기 시절 김창룡은 만주를 주름잡던 일본의 관동군 헌병이었다. 함경남도 영흥군 출생으로 1942년경부터 일본의 사복 헌병으로 일했다. 1943년경에는 중국공산당의 왕근례를 상하이에서 체포하고, 왕근례가 이끌던 조직을 일망타진했다. 해방 전 2년 동안 그가 적발한 항일 조직은 무려 50여 개에 달했다. 일본 헌병대의 정보원으로 중국과 식민지 조선에서의 활약은 참으로 눈부신 것이었지만, 그래도 그는 철저한 민족 배신자였다.

해방된 이후, 고향 영흥으로 돌아왔다가 치안대에게 구속되었고, 북한에 소련군이 진주하고 다시 체포되었다. 두 차례나 사형 선고를 받았지만, 그때마다 탈출했다. 1946년에 전북 이리(현 익산시)에 있는 국군 제3연대에 입대한 후에 정보원으로 활약했다. 그냥 활약 정도가 아니라, 그는 이승만 정권의 반공정책을 가장 충실하게 따랐다. 김삼룡과 이주하를 간첩 혐의로 체포했고 송호성이나 오동기처럼 광복군 출신이었거나 독립운동가만 골라서 공산주의자로 몰아 처형하기도 했다. 여수 순천 사건에서 박정희 소령을 체포 구금 조사하다가 풀어준 스토리가 정말 유명하다. 1949년 1월 방첩대장이 되었고, 그해 6월 6일 반민족행위자 특별위원회를 폭압적으로 해산시켰다. 6월 26일에는 백범 김구 선생이 암살당했는데 그가 배후이거나 주동자였을 것으로 추정된다. 또한 6·25 전쟁 때는 부산 CIC 대장으로 임명되었다. **일평생을 이승만에게 충성하다가 결국 1956년 1월 30일 부하의 총에 암살되었다.**

유승운

유승운은 일본인들이 소위 불령선인(不逞鮮人)이라 부르던 독립운동가를 추적해서 잡아들이는 고등계(高等係)의 형사 부장을 14년 동안 수행하면서 '일본 신인 경찰들이 가장 존경하는 인물'로 꼽혔던 인물이다. 1936년 베를린 올림픽에서 손기정 선수가 금메달, 남승룡 선수가 동메달을 따고 돌아왔을 때, 인천 항구로 귀국한 손기정 선수를 가장 먼저 체포한 나쁜 놈이 바로 이 사람이다.

1934년 만주사변 반대공작사건 관련자를 검거한 공로로 만주사변 공로기장이 수여되기도 했던 신념형 친일파. 그는 1926년 7월에 6.10 만세 운동을 주도했던 조선공산당 책임비서 강달룡을 체포 후 고문했고, 1928년 7월에는 신민부가 군자금 모집을 위해 파견한 손봉현을 체포 후 고문했다. 8월에는 대구로 파견되어 대구경찰서 및 왜관경찰서와 공조하여 신현규, 손양윤 등을 체포한 뒤에 고문을 가했고, 1929년 경기도 양주에서 군자금 모금을 하던 최양옥을 체포한 뒤 고문을 자행했다. 또 1929년 12월 광주학생독립운동으로 구금되었던 학생들의 구금 장기화를 주도하였다.

1930년대에 들어서 3월 근우회 사건을 수사하면서 근우회 집행위원장 정칠성의 체포를 주도하였다. 1931년 9월부터 1934년 3월까지 만주사변이 일어나자 경기도 고등경찰서 부장의 자격으로 만주로 출동하는 일본군대에 대한 정보수집 및 시국과 관련한

 1부 반민족행위자특별위원회의 처절한 실패

민심의 동향을 예의주시하였다.

1935년 직후에 폐결핵에 걸려 사망한 것으로 추정된다는 각종 보도가 있다. 하지만 1945년 해방 직후, 김두한에게 남산에서 목이 잘려 처형되었다는 미확인 보도도 있는 만큼, 이 사람의 최후에 대해서는 좀 더 신중히 살펴야 한다. 종로경찰서의 고등계는 오직 유승운의 제안에 의해서 설립된 만큼, 친일 매국노 계의 제3인자(1인자는 이완용, 2인자는 송병준)라고 불러도 하등의 모자람이나 지나침이 없을 것이다.

노덕술

노덕술은 일제강점기 가장 유명한 친일 매국 경찰로 일본 이름은 마쓰우라 히로. 1899년에 태어나 천수를 누리다가 1968년 집안에서 편안하게 죽었다. 너무나 뻔뻔하게도 1960년에 제 5대 민의원 선거에 현 울산시 선거구에 출마하기도 했다. 무소속이라서 떨어졌기에 망정이지 참으로 구슬피 울 뻔했다. **1949년 1월 24일에 반민특위에 체포되었다.** 당시 이승만 대통령은 김상덕 반민특위 위원장을 불러 노덕술을 콕 찍어서 석방을 종용할 정도로 친일매국 세력 중에 그의 지위는 엄청났다.

1929년 광주학생독립운동이 일어났다. 우리 교과서에서는 이

학생항일운동이 전라도 광주 지역에서만 일어났고, 서울 지역으로 확산되려다가 고등계 형사들이 암약한 탓에 묻힌 것처럼 보인다. 사실(史實)은 전혀 그렇지가 않다. 부산에서도 동래고보 학생들에게 전파되어 활발하게 움직였다. 동래고보 차일명, 박수익 등이 동맹휴학으로 광주 학생들의 뜻을 함께하려고 하자, 동래 경찰서에 재직 중이었던 노덕술이 기민하게 움직였다. 이미 그보다 한 해 전인 1928년 동래청년동맹 및 동래 지역 신간회 간부 박일형을 체포하여 고문하고 그 외의 반일운동단체를 적발하였다.

1932년 경부로 승진해서 울산경찰서, 서울 본정(명동)경찰서, 인천, 개성, 양주, 종로경찰서 사법주임 등을 역임하고 1943년 경사로 승진해서 평안남도 경찰서 보안과장, 1944년 수송보안과장 등을 담당했다. 1945년 8월 15일 직후, 수도경찰청 수사과장을 지냈는데 약산 김원봉을 취조하며 뺨따귀를 날려 자존심에 큰 상처를 입은 약산이 월북을 결심하는 결정적인 계기를 마련한 것[2]으로 악명이 높다. 노덕술은 친일 매국노의 상징과도 같은 존재다. 그를 처벌하지 못하고 우리는 반백 년을 허비했다. 막말로 그를 부관참시라도 해야 떳떳하지 않겠나.

---

[2] 하지만 이는 약산을 오해한 것이다. 약산 김원봉은 인생을 임시정부, 의열단과 함께했는데, 필생을 함께한 동지 이종희 장군이 배편으로 충칭을 떠나 부산항구로 들어왔으나, 콜레라에 걸린 채 제대로 된 치료를 받지 못하고 결국 부산항구에서 안타깝게 희생되자 그 원망으로 월북의 마음을 굳혔다고 전해진다.

2장

친일 지주들은
어떤 사람들인가

김성수(1891년 10월 11일~1955년 2월 18일)

고려대학교와 동아일보, 경성방직, 중앙고등학교 창립자이자 한국민주당의 수석 총무, 후신 민주국민당의 최고위원, 제2대 부통령을 지냈다. 김성수는 전북 고창군 출신으로 대표적인 전라도 만석꾼 지주 김경중이 생부이고 친형 김기중이 양부다. 김성수는 와세다 대학교 졸업 후, 3.1운동에 참여하였고, 동아일보를 창간했다. 조국과 민족을 생각한 그의 행보는 딱 거기까지였다. 1921년 11월 11일 동아일보에 실린 춘원 이광수의 사설 〈민족개조론〉은 사실상 김성수의 조선총독부에 대한 항복 선언과도 같았다.

조선총독부의 기만적인 문화통치정책에 가장 충실하게 기여한, 아니 문화통치론을 사실상 주도한 매체가 바로 동아일보였다. 1936년 8월, 손기정 선수가 베를린 올림픽에서 마라톤 종목 금메달을 획득했을 때 현진건, 이필용 두 기자는 일장기를 지워 보도하는 쾌거를 이뤄냈다. 이때 김성수는 자발적인 정간을 선택함으로써 본색을 드러냈다. **막대한 호남평야에서의 대지주 자본을 교육**(보성전문학교), **언론**(동아일보), **기업**(경성방직, 삼양사), **정치**(민주한국당) **등 다각도로 전환 구현한 것을 공로로 보는 사람도 있지만 옳지 않다.** 적절한 때에 민족의 위기를 견디지 못하고, 일제의 조선총독부와 타협해서 온갖 특혜를 누린 매국노다.

그의 아들 김상만과 김상기가 동아일보를 대를 이어 운영하면서 김상기의 아들 김병국과 김병표가 이른바 〈무서운 아이들〉이라는 하버드 유학수기를 동아일보에 전재(全載)하는 등 지금 생각하면 우스운 플레이를 남발하기도 했다. 김병국은 국립외교원장을 맡았고, 이명박 정부에서 외교안보수석비서관을 역임하였다. 김성수의 친동생은 후술할 친일 기업인의 대표인 김연수이다.

친일 지주들의 논리는 항상 똑같다. 오늘날 대한민국 사회가 선진화된 데에는 자기네들이 일제 강점기 시절 축적한 자본이 기여를 가장 크게 했다고 말이다. 그들 입장에서는 우리가 얼마나 저항적인 민족이었는지, 얼마나 일제를 싫어했는지는 쓰지 않는다. 그러한 분위기를 읽기 싫어하는 것이다.

송병준(1857년 10월 7일~1925년 2월 1일)

2011년 5월 13일 친일반민족행위자 재산환수위원회에서 증조부 송병준, 조부 송종헌, 아버지 송재구 3대에 걸쳐 축적한 재산을 국고로 환수하라는 결정을 내리자, 송재구의 차남(둘째 부인의 자식) 송돈호가 "우리 증조부는 애국자다. 가난한 조선을 일본의 힘을 빌어 발전시키려 했을 뿐이다"라고 외쳐 큰 비난과 비웃음을 샀다. 나는 그것을 보고 너무나 기뻤다. 그래도 우리 조상들의 원혼이 저 사람의 부귀영화를 가로막는구나 싶었다.

송병준의 일본 이름은 노다 헤이지로. 그는 1884년 갑신정변 이후 일본으로 도망간 친일파의 원조 김옥균을 처단하라는 고종의 밀명을 받고 일본으로 건너갔지만, 도리어 김옥균의 능수능란한 달변에 감화되어 철저한 친일파가 되어 돌아온다. 이 죄로 감옥에 갇히지만, 나중에 자살하게 되는 민영환이 계속 고종에게 진언(進言)하여 풀려나온다. 경북 흥해군수 등을 역임하다가 체포령이 다시 떨어져서 일본으로 도망쳤다.

러일전쟁이 일어나자 일본군 통역으로 대한제국으로 돌아왔는데 1904년부터 친일파로 돌변해 활동한다. 대한제국에도 메이지 유신 같은 체제가 필요하다고 하여 유신(惟新)회를 구성했으며 후일 일진회를 만들어 매국의 기초를 닦았다. 1907년 헤이그 특사 사건이 일어나자 고종황제 양위 운동을 벌였고, 순종황제 즉위 후

농상공부대신과 내무대신을 역임해서 이토 히로부미의 사주를 받고 국권을 일본에 바치는 청원운동을 벌였다.

1910년 경술국치 이후, 훈1등 자작을 수여받았고, 조선총독부 중추원 고문이 되었으며 1920년 백작 작위를 받았다. 1925년 2월 1일 뇌경색으로 사망했다. **송병준의 사위는 구연수라는 인물인데, 을미사변 때에 민비(명성황후)의 사체를 소각할 때 석유를 뿌린 사람이다.** 구연수의 아들 구용서 즉 송병준의 외손자는 1945년 해방 직후, 조선은행 부총재가 되었다가, 1950년 한국은행 총재로 전격 발탁된다. 그 이후 그는 상공부 장관(1958~1960)까지 영예를 누린다.[3] 친일 관료로서 조선총독부로부터 받은 대토지 자본은 이승만에 있어서 가장 큰 체제 유지의 영양분이었다.

최린(1878년 1월 25일~1958년 12월)

최린의 일본 이름은 가야마 린. 이 책 전체를 관통하는 주제인 '대동아공영권', 다른 말로 '대동방주의'를 내세운 일제강점기의 사상에 감화하여, 일본을 따르면 대동아공영권의 두 번째 주자쯤 될 줄 알고 친일로 변절하여 매국의 길로 우리 민족을 이끈 민족반역자

---

3 강창일, 친일매국노 1호 송병준, 1990

다. 민족대표 33인 중 불교계 대표로 끝까지 간악한 일본 제국주의를 꿰뚫어 보고 변절하지 않았던 만해 한용운 스님과 선과 악처럼 대조되는 인물이기도 하다. 그런데 종교는 어디까지나 손병희와 같은 천도교였다는 반전도 있다.

총독부 기관지로 변해버린 대한매일신보의 사장이었으며, 조선언론보국회라는 친일단체를 조직하여 매일 중일전쟁을 일본 관점에서 찬양하는 글을 쓰기도 했다. 그에게 매일의 글 값을 주고 친일을 하게 만든 것은 원수 같은 돈이었다. 경제적인 부. 그에게 프랑스 파리에서 천도교로 유학하게 만든 것도 조선총독부였다. 그는 프랑스 파리에서 나혜석과 불꽃 같은 불륜을 저지르기도 했다. 나혜석은 다른 남편이 있는 몸이었으나 최린을 진심으로 사랑했는데, 문제가 불거지자 최린은 나혜석을 버렸다. 나혜석이 최린을 고소하기에 이르자, 동아일보 기자 등을 매수하여 나혜석이 소송에서 지도록 유도하기도 한 참으로 비겁한 남자였다.

1949년 반민특위에 정식으로 기소되어 잡혀간 최린은 자신의 잘못을 정식으로 뉘우친다. 재판정에 같이 섰던 춘원 이광수가 "일본이 이리 빨리 질 줄 누가 알았겠소. 나는 억울하오"라고 말하자 "입 닥치라"라며 일갈해 주변을 아연실색하게 만들었다. 사실 반민특위에서 거의 유일하게 반성하는 기조로 일관했던 사람으로, 과거 대동아공영권에 사상에 미쳐서 일본에 충성해야 아시아 2등 국민이 될 수 있다는 해괴망측한 논설을 휘갈겼던 걸 생각하면, 참으로 아이러니하다.

　3.1운동 당시 민족대표 33인이 전원 변절했다고 말하는 것은 역사의 과장이다. 오직 최린, 그리고 후술할 정춘수와 박희도 세 사람만이 변절 기록을 남겼다. 한반도와 간도를 포함 95%의 민족이 농림수산목축업에 종사하던 시절, 친일로의 변절의 대가는 오로지 농토였다.

목사 정춘수(1875년 2월 11일~1951년 10월 27일)

　일본 이름 가타니 슌주. 1919년 3.1운동 때 대한감리교의 목사로서 민족대표 33인에 기독교 대표로 이름을 올렸다. 그는 대표적인 기독교 감리회의 흑역사다. 1938년 5월 19일 흥업 구락부사건 이후로 친일의 길을 걷는다. 그가 이 단체에 이름을 올린 것은 1926년 미국에 있을 때였다. 대표적인 기독교 민족주의자였던 그는 서울로 돌아온 후 전격 연행되었다. 이승만을 중심으로 한 미주 독립운동 단체의 국내 지부 성격인 흥업구락부는 일제의 간악한 집단 전향 전술에 고대로 말려들었다. 그는 투옥 약 4개월 만인 9월 3일에 전향성명서에 이름을 올렸다. 조국과 민족을 팔아먹은 대가는 기소유예와 토지 보상이었다. 그는 조선총독부 체제의 질서에 충성을 다할 것을 다짐하며 본격적인 친일 행보를 시작했다.

일제가 내세운 대동아공영권의 가치에 충성하기 시작한 이후, 기독교 감리회는 절대적인 친일의 길을 걷는다. 1940년 12월 "구주 성탄을 축하하는 동시에, 황군을 동정하는 위문대금 2원 이상을 성심껏 준비해서 12월 20일까지 총리원으로 보내라"라고 설교하는 한편, 1941년 1월 **"국가에 대해 충량한 국민이 되고, 교회에 대하여 진실한 교인이 돼라"**라고 설교한다. 그는 기독교 감리회의 '통리자 춘수'를 내세워 성도들에게 **"지원병 입소에 다른 사람보다 앞서서 지원하라"**고 부추겼고, 국어(일본어) 강습소를 개설해 **"내선일체의 원동력이 되는 국어보급 운동에 전교회가 협력하라"**라고 설교했다.

1941년 10월 조선임전보국단에 최린을 단장으로 한 결성에 힘을 보탰다. 그는 박희도, 황신덕 등과 함께 평의원으로 임명된다. 1942년 2월에는 각 지역의 교회 지도자들에게 "황군 위문 및 철물 헌납건"이라는 공문을 보내 교회의 철물, 철책은 물론 교회 종(鐘)도 헌납했다. 1943년 10월에 총회에서 조선총독부의 변호로 다시금 최고 지도자가 되고, 감리교는 다시금 '일본기독교조선감리교단'이 되었다. 1944년 3월 그는 교회 39개 예배당을 폐쇄한다. 왜냐하면 일본에 전투기를 바치기 위해서였다. 그는 해방 이후에는 천주교로 개종했다. 인생이 끝없는 배신이었다.

이기용(1889년 11월 1일~1961년 3월 4일)

서울중앙지법 민사 46부(이원석 부장판사)는 2023년 11월 22일 정부가 이기용의 후손인 이모 씨 등 2명을 상대로 낸 부당이득금소송에서 "피고들은 원고(정부)에게 각 1억 460여만 원을 지급하라"[4] 고 원고일부승소 판결을 내렸다. 이기용은 서울 종로구 계동의 계동 사옥에서 태어났다. 일본제국주의는 우리 민족의 원수이기도 하지만, 조선 왕조에게는 불구대천의 원수다. 그럼에도 불구하고 그는 일제의 매국공채(나라 팔아먹은 대가로 주는 토지)가 눈에 밟혀 매국노의 길을 걷는다. 1910년 10월 7일 경술국치조약이후, 22세의 나이로 일본 정부로부터 자작(子爵)을 수여받는다. 그런데 이른 나이의 그에게 너무 많은 매국 공채가 들어왔는지는 몰라도 빚에 몰려서 파산을 하는 대단히 고소한 일이 생긴다.

조선 귀족을 일본 제국주의가 회유하기 위해 만든 조선귀족 관광단의 일원으로 일본에 건너가서 가쓰라 다로 수상 등을 만나 환대를 받고 이토 히로부미 묘소에 참배했으며 일본 천장절 관병식에도 참여하였다. 1911년 8월 매일신보에 한일병합 1주년 기념사를 직접 짓기도 했다. 경기도 남양군 장안면 소재 토지 이용권을 취득하고(조선총독부로부터 하사받고) 1932년 조선신궁에서 열린 행

---

[4]　2021가합 515007 원고(정부)일부승소

　1부 반민족행위자특별위원회의 처절한 실패

사에 조선 귀족 총대표로 참여하였으며 1935년까지 조선신궁에서 열렸던 각종 천황 행사에 조선왕실을 대표해서 참여했다. 1936년 강원도 금화군 임남면 소재의 금은광의 탄광광업권을 획득[5]하였다. 1937년 일제가 조직한 조선국방협회 발기인으로 참여했다.

1938년 전쟁협력단체인 '조선보국회' 발기인으로 참여하였다. 1945년 2월 일본 참의원에 조선인들이 진출하게 되자 귀족원 대표로 참여하였다. 자, 어떠한가? 우리 교과서에서 이 사람에 대한 것을 배운 적이 있는가? 슬픈 것이 이러한 노골적인 친일파를 우리는 전혀 모른다.

해방 이후, 반민특위는 1949년 1월 이기용을 체포했고 2년 6개월을 선고했다. 그리고 재산의 절반을 국고에 몰수했다. 그런데 이승만 정권은 이를 없던 일로 풀어준다. 반민특위 해산을 통해서 말이다.

---

[5] 이것도 조선총독부가 하사한 것.

3장

친일 기업인들은
어떤 사람들인가

김연수(1896년 8월 25일~1979년 12월 4일)

해방 이후, 반민특위는 1호 박흥식, 2호 이종형, 3호 최린을 체포한 데 이어 4호로 딱 보름 만에 김연수를 체포했다. 앞서 기술한 친일 지주의 대명사 김성수의 친동생이다. 전라북도 법성, 영광, 김제, 고창, 부안, 군산 등의 지역에 어마어마한 재산을 갖고 있던 대지주의 아들이며 경성방직의 만주지국장을 거쳐 삼양그룹[6]을 일구기까지 김연수의 공로가 아주 컸다. 형이 정치, 언론, 교육계

---

[6] 삼양그룹은 라면회사인 삼양식품과는 아예 뿌리가 다른 회사다. 절대 헷갈리는 일이 없기를 바란다. 삼양그룹은 뼛속까지 친일 회사라면, 삼양식품은 1963년에 설립된 라면제조회사이다.

의 거목이었다면, 동생은 아주 알차게 친일매국 행위를 통해 기업을 성장시킨 기업주의 면모를 보이고 있다.

김연수 본인이 쓴 자서전에는 1940년 5월 중추원 칙임참의에 임명되었다는 소식을 보도로 듣고 조선총독부 내무국장에게 달려가 항의했지만, 그의 힘에 굴복했다고 적혀 있다. 해방 이후 잡혀온 반민특위에서도 철저하게 반성하는 모습을 보여 주변을 놀라게 했다. 그래서 체포된 지 2달 만에 무죄로 방면되는 기적을 보여 준다. 그는 창씨개명을 하지 않은 경력을 내세우는데, 참으로 구차하다. 1924년 삼양사를 창업하였고, 형 김성수를 대신해 경성방직 등의 기업을 운영하기도 했다.

1927년 해동은행을 인수하여 전무이사 및 사장을 역임했다. 1928년 조선식산은행이 설립한 조선식산조성재단 평의원, 조선비행학교 발기인, 조선박람회 경성협찬회 상담역 등을 담당했다. 1934년 경성방직 설비 규모를 3배로 늘려 만주 지역으로 진출할 때 식산은행으로부터 자금을 차입할 수 있었다. 1934년 삼양사를 합자회사로 변경하고 경성방직 사업을 더욱 확장했다. 이때 각종 조선총독부 조직에 참여하고 전투기 성금 등을 헌납했다. 1938년 11월 만주 봉천 지역 동광중학교에 1만 원, 일본해군에 1만 원을 기부했다. 1940년 9월과 1942년 3월 2회에 걸쳐 일본 정부가 주는 감수포장(紺綬褒章)을 받았다.

일제의 만주침략과 만주국 수립 이후 만주로 사업을 확장했다. 1934년 9월 경성방직 만주 봉천 출장소, 1936년 삼양사 만주 봉천 출장소를 설치한다. 잉커우에 천일농장, 지린성에 반석농장 등 여러 곳에 농장을 세웠다. 1939년 12월 봉천 남측에 남만방적주식회사를 설립했다. 1940년 2월 조선총독부에 중국 조선인 자제교육비로 10만 원 상당을 기부했다. 1940년 만주 하얼빈에서 오리엔탈맥주회사를 인수했다. 북한의 비날론 개발로 유명한 이승기 공학박사에게 1만 원 상당을 기부하고, 6월 경성통제협력회 부회장으로 활동했다. 1940년 9월 선만척식주식회사[7]가 주최한 '만주개척인의 밤' 행사에서 일제의 만주침략과 만주국 수립을 진심으로 찬양했다. 1942년 1월 4일 일본군의 필리핀 마닐라 함락을 기념하여 삼양사 4만 원, 경성방직 4만 원, 중앙상공주식회사 1만 5천 원, 삼양사주식회사 5천 원 등 총 10여만 원을 모아서 국방자재비로 조선군사령부와 해군무관부에 기부했다. 11월에 국민총력조선연맹 사무국 후생부장에 선임되었다. 1943년 11월 최남선, 고원훈[8] 등의 친일파와 함께 일본에 가서 조선인 유학생들에게 학병 지원을 촉

---

7 선만척식주식회사: 1936년에 설립된 조선총독관할의 특수 회사, 조선내에서 남부의 인구를 서북부로 이주시키고, 조선인 노동자의 만주 이주를 장려하고 통제하는 기관.

8 고원훈: 친일반민족행위자, 1924년 중추원 참의 1930년대 후반부터 본격적인 친일매국의 길로 나섰다. 1937년 9월 경상북도 각지를 돌아다니며 내선일체와 황도실천을 주장하는 강연을 하였고 1938년 7월 경성여자고등보통학교에서 열린 총독부 후원 시국대책강연회에서 '일본의 수호신이 되어라'라는 내용의 강연을 하였다. 1938년 가을 조선축구협회 회장을 맡았으며 1941년 흥아보국단을 조직하여 상임이사를 지냈다. 1944년 그는 일제의 침략전쟁에 사용할 비행기를 생산하기 위해 김연수 등과 더불어 조선항공공업조식회사를 설립한다. 1950년 6·25 전쟁 중 납북되어 11월 자강도에서 강행군 도중 숨졌다.

구했다. 1944년 11월 징병제와 학도지원병 실시에 적극 협력한 공으로 조선군 참모장이 감사장을 수여했다.

여기까지 김연수의 악마 같은 친일 행각의 일부분만 실어놓은 것이다. 이따위 인물이 우리나라 제2대 부통령 인촌 김성수의 친동생이자, 제16대 국무총리(1982년 9월 21일~1983년 10월 14일) 김상협의 아버지이자, 제2대 국제사법재판소장(2009년 3월 12일~2015년 3월 11일) 송상현의 처조부다. 더구나 김연수는 1971년에 산업 발전에 기여한 공로로 금탑산업훈장을 받았고, 죽은 직후엔 1979년 국민훈장 무궁화장이 추서되었다. 이 어찌 통탄할 일이 아닌가?

박흥식(1903년 8월 6일~1994년 5월 10일)

1949년 1월 1일부터 활동을 개시한 반민특위의 체포 1호가 누구인가? 바로 박흥식이었다. 그럼에도 불구하고 왜 1호로 체포되었는지 잘 알려지지도 않았고, 또한 도대체 박흥식이 뭐한 사람이기에 그렇게 증오의 대상이 되었는지도 분명하지 않다. 많은 사람들이 기억하지 못하는 사람, 그러나 1949년 당시에는 온 민족이 증오의 감정을 다하여 미워했던 사람, 그 사람이 바로 친일반민족행위자 기업인 박흥식이었다. 지금 종로 워킹온더그라운드 건물이 바로 박흥식의 친일 행위의 상징인 화신백화점이 헐리고 세워진

건물이었다. 화신산업(주), 흥한화학섬유, 광신학원 이사장 등을 지냈다. 그렇게 천수를 다 누리고 92세에 죽었으니 참으로 개탄할 일이다.

이 자는 민족이념이나 독립 같은 건 모른다. 오로지 돈만 중요할 뿐이다. 돈 앞에 조선 돈이 어디 있고, 일본 돈이 따로 있나? 세상에 돈 앞에 안 되는 일이 어디 있나? 일제 36년 내내 이 박흥식이라는 인간이 이런 사고방식을 주도했다. 지금은 어떤가? 1945년 해방 이후, 지금까지 80년 동안 친일 매국노들의 사고방식이 바로 박흥식과 김연수 그리고 앞서 설명한 고원훈 류의 인간들이 오로지 천박한 자본주의 그리고 무조건적·냉전적 반공주의를 내세워, 약자를 위한 사회자본주의 그리고 남북한 평화통일주의를 일방적으로 눌러왔다.

1926년 경성으로 올라와 그해 6월 종이류 도매업을 전문으로 하는, 자본금 25만 원의 ㈜선일지물을 설립하고 대표이사를 맡았다. 사업 초반에는 일본 회사와 신문용지 특약점 교섭을 했으나 무산되었다. 그러나 스웨덴, 캐나다 등 수입선을 다변화해서 일본산보다 저렴한 대량의 지류를 확보했다. 박리다매 전략으로 동아일보, 조선일보, 매일신보 등 주요 신문사를 고객으로 만들었다.

1932년에 이르러서는 선일지물의 거래처가 전국 천여 개에 달했다. 1930년 12월 경성상공협회 회장으로 추대되었다. 1934년 6월 중간도매상을 배제하는 연쇄점이라는 새로운 방식을 도입하여 유통업에 진출했다. 조선 전역에 역시 천여 개의 연쇄점을 개점하고 화신상회가 자금과 상품을 제공하여 판매를 촉진했다. 연쇄점 사업이 순항하여 이를 토대로 1936년 3월 자본금 200만 원의 ㈜화신연쇄점을 설립했다.

1935년 1월 화신백화점의 화재 전소로 위기를 맞았지만, 조선총독부 총독 우가키 가즈시게의 도움으로 종로경찰서 구관을 임대하여 백화점 사업을 계속했다. 이와 함께 거금 40만 원을 들어 2년 만에 1937년 11월 지하 1층과 지상 6층, 엘리베이터 4대와 에스컬레이터 2대를 도입하여 최신식 화신백화점을 건축했다. 1937년 중일전쟁이 발발하자 각종 친일 단체에서 활동하면서 거금의 국방헌금 기부를 주도했다. 1937년 7월 노구교 사건이 일어나자 종로경찰서에 5천 원을 기부했고, 8월에는 조선신궁에 기원제 거행준비위원회 발기인, 9월에는 경기도 애국기 헌납발기회에 참석해 집행위원을 맡았다. 1938년 7월 국민정신총동원조선연맹 발기인, 8월 조선총독부 시국대책조사위 및 물가위원회 위원, 조선방공협회 경기도연합지부 평의원, ㈜조선생명보험 이사로 위촉되었다.

중일전쟁 이후는 더욱더 기가 막힌다. 1939년 ㈜대동직물을 설립해서 사장이 되었고, 4월에는 화신무역부를 개편하여 자본금 280여만 원의 화신무역주식회사를 설립했다. 12월에는 미쓰이물산과 합자하여 몽골 일대에 담배 재배 및 제조 판매를 목적으로 대동향연고빈공사(大同香煙股份公司)를 세웠다. 1939년 4월 협성실업

학교를 인수하여 이사장에 취임했고, 1940년 7월에는 광신상업학교로 개명했다. 1940년 9월에 삼천리 잡지에 '신정치체제와 근위(近衛) 신내각에 대한 조선인요망'을 발표해서 총독부의 환심을 샀다. 이에 조선총독부 공로상을 받았고, 10월에는 일본제국교육협회장이 주는 공로상도 받았다.

1944년 2월 전투기 제조를 목적으로 하는 조선비행기공업 설립위원장을 맡았다. 1944년 식량협회 조선지부 이사, 재단법인 기계화국방협회 조선본부 이사, 종로 총궐기위원회 위원, 국민동원총진회 감사 등을 담당했다. 1945년 8월 27일 해방이 되자, 곧바로 두 차례에 걸쳐 일본군 조선사령부로부터 청산자금 2천800만 원과 갱생 자금 명목으로 2천만 원 등 5천만 원의 보상을 받았다. 참으로 개탄스러운 일이다. 조국을 배신한 기업가 마지막까지 자기 잇속만 챙겼다.

김신석(1896년~1948년)

홍진기 전 법무부 장관, 내무부 장관, 중앙일보 사장의 장인어른이자 홍라희(故 이건희 삼성그룹 회장의 처), 홍석현(중앙일보 회장), 홍석조(전 광주고검장), 홍석규 (보광그룹 회장)의 외할아버지인 김신석 또한 악독한 친일파이다. 다시 말해서, 우리나라 최고의 재벌 가문

삼성그룹 이재용 회장의 외종조부가 바로 김신석이다. 경남산청에서 태어나 부산상고를 졸업하고 일제강점기에 매우 유능한 금융인으로 성장하였다. 1923년 호남은행 목포지점 지배인 그리고 1924년 호남은행 본점 지배인이 되었다. 1930년부터는 호남은행 전무이사가 되었다가 1942년 호남은행이 일본계 동일은행으로 합병되자 그 회사의 상무가 되었다.

1933년 광주국방의회 부회장을 역임하던 중 관선으로 전라남도 도의원이 되었다. 조선신궁 봉찬회 발기인 및 평의원과 고문으로 활동했다. 1936년 조선총독부 중추원 참의에 임명되고, 태평양 전쟁 중에는 대화동맹에도 가입하였다. 태평양 전쟁 막바지에 '미영격멸', '내선단결', '성전필승' 등의 구호를 내걸고 출범하여 친일 매국노의 본질을 드러냈다. 이 조직의 목표는 자발적으로 일본을 돕는다는 것이다.

1940년 일본 역사의 기원 2,600년을 축하하며, 일본군의 무운장구를 기원하는 광고를 게재하였다. 또 국민협회에서 일본 중의원에 제출한 중의원의원선거법의 조선시행청원서에 서명했다. 1941년 국민총력조선연맹의 이사직을 역임하는 한편 또다시 국민협회에서 일본중의원에 제출한 중의원 의원 선거법 청원서에 서명했다. 1942년에는 국민총력조선연맹 이사회에 참석하여 의견을 개진했고 그해 광주 세무감독국 소득심사위원회 위원 및 동일은행 상임이사를 역임했다. 1944년에는 국민총력조선연맹, 대정익찬

회, 익찬정치회, 중앙협화회에서 공동으로 주최한 조선출신 노무
자와 병사위문을 위한 파견 명사로 일본을 다녀왔다. 이후, 국민총
력조선연맹 평의원을 지내는 한편, 국민총력조선연맹 주최의 징
용참여 정신 보급을 위한 파견대의 일원으로 선정되었다. 1945년
대화동맹 심의원, 조선총독부 경제안정대책위원회 위원 및 대의
당 위원으로 광복 직전까지 활동했다. 얼마나 악랄한 친일파인가?
얼마나 참담한 나라의 현실인가?

방응모(1884년 1월 3일~???)

조선일보의 사장이자 민족 반역자. 평안북도 정주군 출신의
일제하 교동광산 사장도 겸했다. 조선에 금광이 붐을 이룰 당시 금
광왕의 자격으로 조선일보를 인수해 사장의 자리를 누렸다. 고당
조만식을 사장으로 영입했고, 조선일보의 계초 방응모, 조선중앙
일보의 몽양 여운형, 동아일보의 고하 송진우가 민족(?) 언론 3인
방으로 불렸다. 이중 조선중앙일보의 몽양 여운형을 제외하면 모
두 친일 매국노로 악명을 날렸다. 1924년 금광개발에 뛰어들어 평
안북도 삭주군의 교동광업소를 인수한 후, 1926년 7월, 3년간 계속
파봤자 아무 소용도 없는 금광후보지가 노다지의 금광이 쏟아지
는 호황을 누리게 되어 순식간에 거부가 된다.

1932년 6월부터 조선일보 영업국장으로 활동하다 1933년 3월 23일 조선일보의 경영권을 인수하고는 부사장에 올랐다. 1933년 3월 말 조선군사령부 애국부에 고사기관총을 구입비로 1,600원을 헌납했다. 1933년 7월 조선일보 사장에 취임해 1940년 8월까지 재임했다. 1935년 11월 수원군 팔탄면 노하리 일대 100만 평을 간척했고 함경남도 영흥군 10만여 정보를 임대해 제지업 목적으로 숲 조성 사업을 했다. 1937년 5월 심전 개발운동에 앞장서는 조선문예회 제2부 문학위원, 7월 경성군사후원연맹 위원에 위촉되었다. 1937년 경성방송국에서 중일전쟁의 정당성을 주장하는 시국 강연을 했으며, 9월 조선총독부 학무국이 중일전쟁의 정당성을 홍보하는 시국 강연의 연사로 포천, 파주, 김포, 강화, 부천 등에서 강연했다.

1938년 1월 조선총독부가 언론 통제를 위해 일간신문 25개사로 조직한 조선춘추회 발기인 겸 간사로 추대되었다. 2월 조선지원병 제도 제정축하회 발기인, 7월 국민정신총동원조선연맹 발기인, 9월 조선방공협회 경기도연합지부 평의원, 10월 국민정신총동원연맹이 주최하는 1회 생활개선위원회 2부 위원, 7월에는 영국타도를 목적으로 하는 배영 동지회 상담역이 되었다. 1950년 6월 경기도 양주군에서 무소속으로 국회의원에 출마했으나 친일매국 혐의가 부각되어 낙선했다. 6·25 당시 납북되어 정확한 생몰일이 미상이다.

김용주(1905년 7월 29일~1985년 1월 26일)

결론부터 말한다. 그는 친일매국 세력이다. 민족문제연구소가 제시한 자료에 의하면, 친일 기업인 김용주의 자의적 광고가 눈에 띄인다. 1943년과 1944년 두 차례에 걸쳐 태평양 전쟁 중인 일제에 군용기를 헌납할 것과 조선 청년들이 대동아전쟁에 적극 나설 것을 독려하는 광고를 아사히 신문이 조선에 배포하는 남선판과 중선판에 게재했다. 두 광고 모두 김용주 자신의 창씨명인 김전용주(가네다 류쥬)라는 이름을 내건 광고이다. 이준식 전 독립기념관장은 이에 대해 "본인이 적극적으로 전쟁에 협력하고 있다는 것을 일제에 과시하겠다는 뜻이다"라고 말했다.[9]

김용주라는 한 개인이 민족 반역자냐 아니냐 하는 것이 왜 중요한가. 그가 김무성 전 새누리당 대표의 아버지여서 그렇다. 김무성 전 새누리당 대표는 장인어른이 제주 4·3 민중항쟁에서 응원경찰의 대장까지 지낸 최치환 전 공화당 국회의원이다. 제주도에서 그토록 많은 도민들을 학살한 사람과 사돈을 맺을 정도면 말 다하지 않았는가? 지금 이 순간까지 김무성 전 새누리당 대표는 자기 아버지 김용주의 친일 행각에 대해서 아무런 말도 안 하고 있다. 1940년대에 들어서 본격적인 친일의 길로 들어선 것에 대해서는

9　뉴스타파, 김무성 아버지 김용주, '일제 군용기 헌납, 징병독려' 광고, 2015.9.17

아무런 할 말이 없는가? 처음에 야학 등의 민족투쟁의 길을 걷다가 엄혹한 40년대 모든 독립운동가가 그야말로 생존의 투쟁에서 너무나 힘이 들 때에 양심을 저버린 것은 용납해야 할 일인가?

김용주는 1943년 서울 부민관에서 열린 전선공직자 대회에서 "진정한 정신적 내선일체화를 꾀해 충실한 황국신민이 될 것"을 밝히고, 조선 청년들의 부모를 향해 "자신을 나라의 창조신께 기뻐하며 바치는 마음가짐"을 알아야 한다고도 말하고 "귀여운 자식이 야스쿠니 신사에 신으로 받들어 모시어질 영광"이라고 정말 강도 높은 친일매국 연설을 했다. 1942년 1월에는 조선임전보국단의 경상북도 지부 사업부장에 취임했다. 1943년 10월 2일에는 경북도회 의원 자격으로 전선공직자대회에 참석 감사의 뜻을 가져야 한다며, 친일 연설을 자행했다. 1944년 7월에는 일제에 전투기 헌납을 독려하는 선전 광고를 김용주의 이름으로 게재했다.

광주광역시와 '광주 친일잔재조사 태스크포스'는 2021년 8월 11일 오전 북구 임동 전남방직 인근 길가에 김용주에 대한 단죄문을 설치했다. 전남방직 터에는 김용주 동상이 있다. 광주시는 공장 터가 사유지라서 공장 바깥에 설치했다고 설명했다. 단죄문에는 김용주의 행적과 함께 "올바른 역사를 알리고 역사 정의를 바로 세우기 위해 친일 반민족행위자 김용주의 단죄문을 설치한다"라고 적혀있다.

4장

친일 지식인들은 어떤 사람들인가

이광수(1892년 3월 4일~1950년 10월 25일)

일본 이름 가야마 미쓰로. 그는 친일 지식인의 대명사이다. 처음에야 1919년 파리강화회의에 김규식을 대표로 보내는 등 신한청년당의 일원으로 몽양 여운형과 함께 뜻을 도모하기도 하였으나, 1922년 5월 《개벽》에 '민족개조론'을 발표하여 민족의 도덕적 타락이 한민족 쇠퇴의 원인이라며 악랄한 친일파이자 민족의 변절자로서 면모를 과시했다. 조선의 추존왕 목조(이성계의 증조부)의 후손으로 나름 왕족이라고 엄청나게 힘이 들어간 애국계몽운동을 주도하였다.

그러다가 부인이자 한국 최초의 여의사인 허영숙과 결혼하면서(1921년 3월) 서서히 사상의 붓끝이 친일매국 쪽으로 방향을 틀기 시작한다. 1910년 3월 남강 이승훈의 추천으로 오산학교의 교편을 잡았다. 이때 민족시인 소월 김정식의 담임을 맡기도 하며, 소설 『무정』을 발표한다. 그는 이제 민족의 지식인 신분이었다. 1919년 2.8 독립선언을 기초하고, 3.1 기미독립선언서를 육당 최남선이 기초하는 것을 감수하기도 했다. 도산 안창호 선생의 연설에 큰 감동을 받아 일생을 그를 존경하면서 지냈고, 상하이 임시정부로 건너가서 기관지 독립신문을 제작하면서 지내기도 했다. 그러면서 국내로 보내는 선전 홍보물 등을 통해 운영자금을 모금하기도 했으나, 실패로 끝나면서 기관지의 독자적 운영 등이 힘들어지자 '행동하지 않는 지식인은 무지한 자들만 못하다, 배움의 의미를 알 수 없다'면서 분개했다. 그리고 친일 매국의 길로 서서히 접어든다.

나날이 쇠락하는 조선과 대한민국, 나날이 세계의 강대국으로 자리 잡아 가는 일본제국주의 속에서 그의 선택은 일본 제국주의였다. 동아일보의 기자를 지내고 조선일보의 부사장이 되면서 1938년 12월 14일 전향자 중심의 좌담회 '시국유지원탁회의'에 참석하여 강연을 한 것을 시작으로 적극적인 친일 행위에 나선다. 생활방식의 일본화를 강조한다. 1940년 1월 조선총독 미나미에 의한 창씨개명에 솔선수범하면서 그의 친일은 이제 헤어 나올 수 없는 나락의 길로 접어들었다.

최남선(1890년 4월 26일~1957년 10월 10일)

1919년 3·1 운동은 온 국민이 아는 거국적 민족운동이다. 만주의 간도와 연해주로부터 한반도 전체를 지나 일본의 도쿄에 이르기까지, 삼천리 방방곡곡은 물론이고 한민족이 거주하는 중국, 일본, 러시아의 지금 땅에 이르기까지 '대한독립만세'라는 만세구호가 5천 년 민족 역사에 영원히 아로새겨졌다. 그 주동은 33인의 민족 대표이지만, 우리 민족 전체를 하나로 묶어버린 그 글귀는 '기미독립선언서'이다. 그 기미독립선언서를 다시금 읽어보면, 모든 우리나라의 문장을 통틀어서 최고의 명문장이다. 그 명문장을 쓴 사람이 바로 육당 최남선이다. 춘원 이광수, 벽초 홍명희와 함께 일제 식민지 조선의 3대 천재로 불린 최고의 문필가이자 사상가 그리고 역사학자로서 육당의 명성은 대단했다.

그런데 그가 일제 식민지를 통틀어 최악의 변절자가 되었다. 1928년 일본의 어용 역사연구단체인 조선사 편수회에 참여하면서 간악한 친일이 시작되었다. 횡보 염상섭과 함께 만몽일보[10]의 주필로 참여하면서 조선 중추원 참의가 되었다. 중추원 참의라는 것이 얼마나 일본 제국주의의 앞잡이인가 하면, 명목상의 국회 형식으로 식민지 조선에 놔둔 제도가 중추원이다. 따라서 참의직을 맡

10　만주에서 발간되던 친일 신문.

앞다는 것은 일제에 의한 조선 식민지배를 우리가 수락한다는 의미를 가진다. 우리 민족의 역사를 왜곡한 일선동조론, 민족성 교량론 등의 식민사관을 세웠다는 점에서 도저히 용서할 수 없는 죄악을 저질렀다고 보아야 한다.

최남선에 관해 이야기할 때, 빠질 수 없는 두 사람이 있다. 하나는 그의 동생 최두선이다. 그는 박정희 정권 초기에 국무총리를 지냈고, 70년대 남북적십자회담을 할 때에 적십자사 총재를 지내며, 박정희 정권의 대북정책을 이끌었다. 또 하나는 『사상계』의 장준하 선생이다. 장준하는 육당 최남선과 춘원 이광수에 대해 대단히 온정주의적인 시각을 가지고 있었다. 개인적으로 장준하 선생을 절대 온전히 인정할 수 없는 이유가 두 가지 있으니, 하나는 육당과 춘원을 인정한 것이고, 또 하나는 친일 소설가 김동인의 문학상을 제정해 기린다는 것이다.

서정주(1915년 5월 18일~2000년 12월 24일)

일본 이름 다쓰시로 시즈오. 일제 강점기에는 조선총독부와 천황에 충성하고, 해방 이후에는 독재자(이승만, 박정희, 전두환, 노태우)들의 독재를 찬양하는 시를 써 최악의 변절자로 불리는 '한때의 민족시인'이다. 전북 고창 출신이며, 아버지는 인촌 김성수 집안의 마름이었다. 그래서 "애비는 종이었다"라는 유명한 구절이 나왔다. 1929년 중앙고보 재학 중 광주학생운동에 연루되어, 1930년 1주년 기념식에 참여한 혐의로 퇴학당했다.

1940년대 친일 시를 많이 지어 수많은 원성을 샀다. 그래서 반민특위에 소환되었으나, "일본이 그렇게 쉽게 망할 줄을 전혀 몰랐다. 내가 그렇게 일찍 망할 것이란 걸 알았다면 그렇게 행동했겠느냐?"라는 전형적인 논리를 가져다 댔다. 전두환 정권이 들어선 뒤에는 충격적일 정도로 친군부적인 색채를 드러냈는데, 1987년 4·13 호헌[11] 조치 때에는 "위대한 구국의 결단"이라는 발언을 남겼다. 이 외에도 학생운동을 부정적으로 평가했다.

서정주는 1940년에 창씨개명을 하고 일제강점기 말기에 태평양 전쟁과 가미카제와 같은 전쟁범죄들을 찬양하며 조선인의 전쟁 참여를 독려하는 시와 글을 통해 친일 행위를 하였다. 나중에 이같은 전범 행위가 드러나자 이때 전범 행위를 종천순일파(從天順日派)라 명하면서 일본에게 친일 매국 행위를 하기는 했는데, 그에 대해 받은 경제적 대가가 전혀 없다는 식으로 변명했다.

한편 좌익 카프 계열의 강한 현실주의를 배격하며 순수문학의 지평을 열었다는 일각의 평가도 있다. 〈푸르른 날〉을 통하여

---

11 전두환, 노태우 등이 1987년 4월 13일 당시 성명을 발표하여 "현재 우리나라의 상황을 볼 때 직선제로의 개헌이 불가능하다는 것을 깨닫고 현행 헌법을 그대로 지키겠다"라고 선언한 호헌 조치.

이순신의 난중일기를 대중가요로 승화시켰다는 긍정적인 평가도 있기는 하다. **그런데 이런 변절 시인을, 권력에 빌붙어 온갖 명예와 명성을 누린 시인을 이제는 단호한 역사의 법정으로 끌어내어 처단해야 하지 않을까?**

이종형(1895년 4월 20일~1954년 2월 15일)

1945년 8월 17일, 몽양 여운형의 종로구 계동 자택에서 몽양 여운형이 한 명의 손님을 향해 소리를 지르고 있었다. "네 놈이 인간이라면 어찌 나를 찾아오느냐? 네 놈 죗값을 반드시 치르게 하겠다"라고 분노하자 그 손님은 "흥, 망할 노인네, 네 놈을 내가 반드시 죽인다"라고 하면서 나갔다. 이 손님은 당대 최악의 친일 매국노이자, 조선 총독부의 정식 고용 밀정인 이종형이었다. 2년 후 1947년 7월 19일 결국엔 여운형 선생이 암살로 사라졌다.

이종형, 1931년 만보산 오보 사건이 발생하자 이 사건에 대해 보도한 당시 조선일보 장춘지국장 김이삼을 납치해 살해했다. 그리고 여성 독립운동가 남자현을 하얼빈에서 밀고해 투옥당하게 만들기도 했다. 1941년 조선총독부 경무국 보안과장과 조선군 참모장 헌병사령부 특고과장 등의 밑에서 일제의 주구로 활동하면서 해외에 망명 중이었던 독립운동가나 가족들을 잡아가게 했으며, 교회를 박해하는 데에도 앞장섰다. 베이징에서 활동하던 박시목, 김만룡 등의 독립운동가를 밀고하기도 했다. 1942년에는 친일단체 총진회를 조직했는데, 정춘수 목사 등을 앞세워 신사참배를 강요하기도 했다.

해방 이후에는 몽양 여운형에 대한 온갖 음해와 조직적인 선동에 집중해,《대동신문》을 창간해 갖은 날조와 가짜 뉴스를 퍼트렸다. 자신이 시를 지어 대놓고 친일을 찬양해 놓고는 그걸 몽양이 지은 시라고 퍼트리고, 몽양을 공산주의자라고 악선전하는 일이 비일비재했다. 더구나, 몽양을 죽이라는 선동을 신문기사로 늘어놓아 미군정으로부터도 정간을 당하기도 했다. 반민특위에 2번 체포되었으나, 조금의 반성도 없이 "내가 무슨 죄를 지었다고 잡아가나?"라고 말했다. 재판 때에도 "반민법은 망민법이다", "반민특위 이놈들 때문에 내 자식이 8살 고아가 되었다"라는 등 망발을 일삼았다. 더구나 1950년 6월 제2대 국회의원 선거에서 강원도 정선군에서 대한독립촉성국민회 소속으로 당선되었다.

김활란(1889년 2월 27일~1970년 2월 10일)

1948년 5월 10일 우리나라 제헌국회의 서울 서대문구 국회의원 선거, 이 선거의 대진표는 김활란 대 김도연이었다. 한국민주당 소속으로 선거를 뛴 김도연은 상대 김활란에 대해 다음과 같이 말했다. "우리가 어떻게 이루어 낸 광복인데, 어떻게 만들어낸 해방인데, 제헌국회에 친일파가 말이 됩니까?" 김도연의 최종 승리였다. 김활란, 본명은 김기득이다. 하도 이름이 부끄러워서 세례명 헬렌을 자기 본명처럼 쓰다 보니, '활란'이라고 불렀다. 언니는 김애란. 언뜻 돌림자로 보이는데, 언니의 본명도 김신득이다. 일본 이름은 아마기 가쓰란이다.

1927년 여성들의 사회 참여를 중산층 여성에까지 넓히고자 한 그녀는 나혜석, 김일엽 등의 여성과 함께 조직화를 시도했지만 실패한다. 같은 해 4월 최은희, 황신덕, 주세죽 등의 쟁쟁한 여성들과 함께 근우회 창립 위원을 담당했고, 5월 회장에 피선된다. 1928년 미국 캔자스시티에서 열린 감리교 총회에 평신도 대표로 참석했고 1928년 사이공에 다녀온 후 근우회 활동과 결별했다. 1930년 미국에서 이승만, 유억겸 등과 교류한 뒤, 인도양의 실론 섬에서 열린 여자기독교 청년회에도 참석했다. 교회에 다닐 것을 권유하며 뛰어다닌 1930년대였다.

1936년 말 일제의 중국 진출이 가시화되면서 교육과 여성 계몽 분야에서 노골적으로 친일 활동을 했다. 1937년부터 애국금차회, 방송선전협회, 조선부인연구회 등에 참여했다. 모두 조선총독부가 결성하고 후원하는 단체였다. 일본제국의 한민족 말살정책인 신사참배 강요에 협력하고 징병을 권유하고, 정신대에 들어가

위안부가 되자고 연설하고 다녔다. 1941년 12월 17일 부민관에서 조선보국단 주최로 결전 부인대회라는 것을 열어 천황체제에 충성할 것을 맹세하였다. 어떠한가. 이쯤 되면 김도연 선생이 친일파라고 욕한 것이 충분히 이해가 가지 않는가?

5장

반민특위는
도대체 왜 실패했나

이승만과 김병로의 대립

우리는 1919년 4월 11일에 건국되어 약 106년의 역사를 가진 대한민국에서 살고 있다. 우리의 헌법이 제대로 된 민주주의 위에 국토를 가지고 실제 통치권을 행사한 역사로 본다면 1948년 8월 15일부터 78년의 실질적인 역사를 가지고 있다.[12] 1948년 7월 17일에 제정된 대한민국 헌법에는 부칙이 있다. 부칙 제101조 "이 헌법을 제정한 국회는 단기 4278년 8월 15일 이전의 악질적인 반민

---

[12] 분명히 말해두는데 1948년 8월 15일이 우리나라의 건국절이라는 말도 안 되는 주장에는 일절 동의할 생각이 없다. 우리 대한민국의 건국일은 1919년 4월 11일 상하이 대한민국 임시정부 수립일이다.

족행위를 처벌하는 특별법을 제정할 수 있다"라는 것. 이것은 반민족행위자처벌에 관한 특별법, 즉 반민특위를 구성할 수 있도록 근거를 달아둔 것이다.

그만큼 제헌국회의 가장 큰 임무는 바로 반민특위였다. 임기가 2년밖에 안 되기 때문에라도 가장 서둘러야 할 것이 바로 친일매국노의 법적 처단이었다. 김상덕(경상북도 고령군) 의원을 위원장으로 뽑고, 다시 김상돈(서울 마포갑) 의원을 부위원장으로, 권승렬 대검찰청장이 특별검사장으로 노일환 의원(전북 순창)을 특별부검사장으로 하고, 김병로 대법원장을 특별재판소장으로 하여 출범하였다.

반민특위는 1949년 1월 1일 출범하자마자, 화신백화점 사장 박흥식이 미국으로 도주하려는 것을 잡았다. 체포 1호였다. 2호는 친일 밀정으로 전국적인 증오를 사고 있던 이종형이었다. 3호는 최린, 4호는 이광수, 5호로는 악명 높은 친일 경찰 김태석, 그리고 친일 기업인 김연수 등을 붙잡았다. 신념형 친일파 박중양과 경찰 노덕술, 최운하 등을 체포해서 국민적 인기가 날로 높아졌다. 그런데 친일 경찰 김태석을 조사할 때에 특별재판부가 사형을 언도하자, 대통령 이승만의 반응이 차가워지기 시작했다. "처음에 반민특위를 도입할 때, 무기징역이 최고형이라고 약속하지 않았나?" 참으로 어이가 없는 반응이었다. 날이면 날마다, 대통령은 공식 성명을 발표하여 "이광수를 석방하라", "최린을 석방하라", "박흥식을 석방하라" 등으로 난리였다. 이에 잠자코 보고 있던 가인 김병로가 발끈했다.

"도대체 대통령 당신이 뭔데 자꾸만 옆에서 난리요?"

악질 친일 매국노 이종형의 거짓 선전

해방 직후, 몽양 여운형과의 담판이 거절로 끝난 후 이종형은 복수를 다짐하면서 칼을 갈았다. 이종형이 선택한 길은 신문 창업, 즉 언론의 길이었다. 《대동신문》은 1945년 11월 25일 서울 북창동에서 이종형이 창간한 극우 언론이다. 당시에 문해율, 즉 신문 구독률이 고작 해봐야 10% 내외였던 것을 생각하면, 이들 신문은 논조상 거의 이승만 계열의 독립촉성중앙협의회 계열의 시민들이 주요 독자였다. 따라서 정치적으로 볼 때, 이 신문이 노리는 대상은 당시의 여론조사 1위, 몽양 여운형이 될 수밖에 없었다.

조선총독부의 고용 밀정 이종형은 막무가내였다. **지금으로 치자면 진위 여부를 따지지 않고 영상을 올리는 렉카 유튜버들을 떠올리면 딱 거기에 들어맞는다.** 1946년 1월 극단적으로 좌익 세력을 비난하고 신탁통치를 반대하는 논조에 반감을 가진 청년들에게 신문사가 습격당했다. 이때 받은 충격이 얼마나 컸던지 무려 5일이나 휴간되기도 했다. 1946년 3월 18일에는 주간지 《청년신문》, 3월 12일에는 《가정신문》을 자매지로 발행했다.

이 신문의 성격은 그냥 극우신문이다. 즉, 객관적인 사실 보도보다는 각 개인의 감정 배설이 우선이었고 선전 전단지 같은 인상을 주며 보통 언론과는 매우 이질적인 존재라는 평가를 받았다. **이런 신문의 애독자는 누구일까? 그렇다. 이승만 초대 대통령이었다. 이건 마치 윤석열이 대통령 노릇을 할 때 극우 유튜버들의 방송을 참된 언론이라 운운하면서 "고것만 본다"라고 했던 것을 떠올리게 한다.**

1946년 5월 16일 여운형 피습 사건 때는 범인으로 검거된 박임호라는 청년을 민족의 애국지사, 반공지사 등으로 표현하면서 노골적으로 찬양해, 미군정으로부터 3주간의 정간 처분을 받기에 이른다. 같은 해 3월에 몽양 여운형이 식민 지배 시절에 일본군에 징용가는 청년들을 찬양하는 시를 썼다고 허위 보도를 했는데, 이 시는 정작 이종형 자신이 쓴 것이었다. 이와 같은 행동에도 이승만은 그저 허허 웃으며 맹목적인 지지를 할 뿐이었다. 그가 반민특위에 붙잡혔을 때, 이승만은 분개했다. '반민법은 망민법'이라며 거짓 선전을 일삼았으니, 그만큼 민심과 이승만은 철저히 분리되어 있었다.

국회 프락치 사건

1949년 2월 "외군 철퇴와 남북 협상을 통한 통일"이라는 주장을 담은 진언서를 노일환 등의 국회의원이 유엔한국위원단에게 제출했다. 이 진언서에는 당시 13인의 소장파 국회의원들이 미군 철수를 주장하는 내용이 적혀 있었다. 이승만 정권은 분개했다. 곧바로 오제도 검사 등 공안당국은 이들과 북한 공산당과의 연계성을 찾으려 했다. 그런데 도저히 엮을 수가 없었다. 증거를 찾을 수가 없었던 것이다. 1949년 5월 하순 이승만 정부의 공안당국은 남파 공작원 정재한(여, 당시 42세)의 은밀한 신체 부위 속에서 이미 포섭된 남측 국회의원 12명의 명단이 나왔다고 하면서 이들을 전격 체포했다.

이어 6월 초, 제2차 국회 프락치 사건을 일으켜 노일환, 서용길, 그리고 국회부의장 김약수를 체포하여, 1차와 2차 국회 프락치 사건에서 무려 13명이 구속되었다. 이를 좀 더 잘 이해하기 위하여 제헌국회의 국회 구성을 살펴보면, 대통령 이승만의 여당인 대한독립촉성국민회가 54석, 인촌 김성수계의 친일 지주가 주를 이룬 한국민주당 29석, 무소속이 85석이다. 총 제헌국회의원수가 198명(2석은 제주도에서 선거 불성립)이니까 당시 무소속 85석, 즉 몽양 여운형계와 백범 김구계가 85석을 차지해 원내 1당의 지위를 누리고 있었다. 그러니까 반민특위도 개설될 수 있었던 것이다. 그런데, 김약수 의원 등 당시 소장파 즉, 반민특위에 적극 나섰던 13인의 국회의원들이 모조리 용공조작사건에 휘말려 들어간 셈이다. 국회에서 이들 김약수, 노일환, 서용길 등이 모조리 숙청되고, 곧바로 반민특위의 존재 의의 자체가 희미해졌다.

친일 매국노 이종형이 "이런 민족 분열의 법을 만드는 것은 국회 안에 있는 공산당 프락치의 소행이다. 국회 내의 김일성 앞잡이들을 숙청해야 한다"라며 《대동신문》에 욕설에 가까운 사설을 실었는데, 이를 지지한 국민은 고작 10%가 될까 말까였다. 그럼에도 집권자 이승만과 장경근 법무비서관, 이인 법무부장관, 박마리아 프란체스카 통역비서관은 국민 정서와 반대로, 친일 매국 합리화의 길로만 움직이고 있었다.

반민특위 폭력 해산, 김구 선생 암살

국회 프락치 사건이 2차에 걸친 처절한 국회 투쟁을 보여줬다면, 1949년 6월 6일 새벽 5시는 우리 민족의 역사에 부끄러운 오점을 영원히 남긴 시간이었다. 바로 이날, 반민특위의 본부가 폭력적으로 분쇄당한다. 반민특위 본부, 반민특위 특별재판부, 반민특위 특별검찰, 반민특위 특별경찰대는 각각 친일파 경찰인 최운하가 이끄는 서울시 경찰대에 의해 폭력적으로 해체됐다. 대통령 이승만이 특별 허가하고, 법무비서관 장경근이 주도하고, 박마리아가 뒤에서 모사를 꾸민 반민특위의 폭력적 해체 앞에 김상덕 반민특위 위원장과 김상돈 부위원장은 항복했다. 아니, 처절하게 저항했지만 무자비한 폭력 앞에 무릎 꿇을 수밖에 없었다.

당시의 법무부 장관은 이인이었다. 그는 일제강점기 시절, 수많은 독립운동가의 옥중 재판에서 무료 변론을 해줘서 수많은 칭송을 받았지만, 해방 이후 몽양 여운형 선생과의 자리싸움에서 밀리면서 반민특위가 일제 하의 행동들을 재판하는 것은 '형사상 불소급의 원칙'을 위반하기 때문에 불법[13]이라고 외친 기가 막힌 자였다. 이인의 이름은 지금 아무도 모른다. 친일 매국노의 척결이라는 민족사적 과제 앞에 자기의 영리 영달과 개인감정을 내세웠기 때문이리라. 어쨌거나, 그는 반민특위 2기 위원장을 맡았다. 친일 매국을 심판하기 위해서가 아니었다. 오로지 반민특위를 해산하기 위함이었다.

1949년 6월 26일 오후 3시 우리 민족의 위대한 지도자 백범 김구 선생이 서울 자택 경교장 안에서 암살당했다. 안두희에 의해서였다. 2차 국회 프락치 사건, 반민특위 폭력적 해체, 백범 김구 선생 암살. 이 세 가지는 친일 극우 세력들의 6월 대공세로 불린다. 참고로 그날은 미군이 한국에서 철수하기 시작한 날이었다. 백범 선생은 임시정부의 주석이었다. 당연히 이승만과 척을 지고 있었고, 반민특위의 정신적 지주였다. 그래서 죽였다. 도대체 정치란

13　근데 이 논리는 스스로도 말이 안 되는 것이, 1961년과 62년 쿠데타로 집권한 박정희와 소위 혁명세력들이 혁명재판을 시작하자, '구국의 결단'이라고 칭송한 것에서도 알 수 있다. 그 법이 정해진 때로부터 과거의 일을 논할 수 없다는 것이 형사상 불소급의 원칙인데, 혁명재판은 이승만 정권 때의 행위를 모두 법의 테두리로 끌고 왔다.

것이 존재하기나 했나? 이승만 정권이 대한민국 전체를 친일의 색채로 뻘겋게 물들여버린 수치스러운 순간이었다.

극동군사재판의 처절한 실패

제국주의 일본에 대한 증오

포츠담 선언(1945년 7월 26일)과 결n호 작전

일본 제국주의에 대한 감정은 공포와 증오 그것뿐이었다. 제발 이 일본 제국이 멸망하지 않기를 바라는 사람들은 오직 일본 사람들뿐이었다. 한반도에 살던 사람이든, 타이완섬에 살던 사람이든, 저 멀리 버마에 살던 사람이든 같은 마음이었다. 예외라면 동아시아와 남태평양 그리고 호주 북부에 살던, 일본에 충성하는 댓가로 단꿀을 빨던 사람들뿐이었다. 1945년 7월에 이르러서는 일본 제국주의의 수탈은 그 극을 달린다. 미국과의 전쟁이 전면전(全面戰)으로 치닫게 되면서, 동아시아 전체에서의 수탈은 그 끝 간 데를 모르게 된다. 여성을 수탈하고, 더 나아가 인간 자체의 노동력을 소모하게 된다. 영국, 프랑스, 네덜란드, 포르투갈, 미국, 소련, 중국 등 7개국과의 전면전은 일본 제국에게도 정말 무리였다. 따라서 한반도, 타이완, 중국 전체, 몽골, 베트남, 태국, 캄보디아, 라오스, 미얀마, 말레이시아, 싱가포르, 인도네시아 전역, 필리핀, 파푸아 뉴기니, 사이판, 괌, 호주 대륙 북부 등 모든 점령지에서 쥐어짜듯 수탈하는 것은 그들에게는 어찌 보면 당연한 처사였다.

1945년 7월 26일 나치 독일의 항복 이후에 남아 있는 인류의 적인 일본 제국에게 항복을 강력하게 요청하기 위하여, 미국 대통령 해리 트루먼, 영국 총리 클레멘트 애틀리, 소련의 스탈린, 중국의 장제스가 포츠담에 모여 선언을 발표했다. 회담장에는 소련의 스탈린도 참여했지만 일본에 대한 성명서에 이름을 올리진 않았다. 그리고 장제스는 회담장에 오지 않았지만 성명서에는 이름을 올렸다. 이 포츠담 선언 중 제10조, 11조, 13조는 다음과 같다.

---

(10) 우리는 일본 민족의 노예화나 일본국의 파괴를 꾀하지 않지만, 우리의 포로들을 학대한 이들을 포함한 전쟁범죄자들에게는 엄격한 응보가 내려질 것이다.

(11) 일본에게는 그 경제를 지탱하고 정당한 현물 배상을 이행할 수 있게 하는 산업들이 전쟁을 위한 재무장을 가능케 하는 산업을 제외하고 허가될 것이다. 이를 위해 원자재에 대해, 통제와는 구별되는 이용이 허가될 것이다. 최후에는 세계 무역 관계에의 일

본의 참여가 허가될 것이다.

⒀ 우리는 일본 정부에게 일본군의 무조건 항복을 지금 선언할 것
과, 그 행동 속 선의에 대한 예의 있고 충분한 확언을 제공할 것
을 촉구한다. 일본의 다른 대안은 즉시 완전한 파멸이다.

일본 제국주의는 이에 대해 조금의 동요도 하지 않았다. 일본은 1억 명 인구의 총옥쇄(總玉碎)[14]에 정신이 팔려 있었기 때문에 미군은 즉시 포츠담 선언 13조를 가동시켜 원자력 폭탄 투하의 명분으로 삼는다. 포츠담 선언의 목적이 일본 제국주의의 무조건적 항복이었기 때문에 항복 이후의 상황을 그린 10조나 11조보다는 13조가 훨씬 미국의 마음에 화급한 불을 댕겼으리라. 10조는 전후의 특별재판부를 설치하는 근거가 되었다. 도쿄에 설치한 재판부로 그 이름을 극동국제군사재판이라고 부른다. 11조는 전후에 일본을 어떻게 국제무역관계 혹은 세계 체제로 끌어당기느냐의 문제이다. 이로써 나온 것이 1952년 샌프란시스코 국제조약이다.

1945년 7월 26일 포츠담 선언 당일도 마찬가지이지만, 결국엔 일본의 발악은 모든 일본 국민의 총저항인 '결n호 작전'이었다.

---

14 전부 자살.

원자폭탄 투하(1945년 8월 6일, 8월 9일)

원자폭탄을 처음부터 쓰려고 한 건 아니었다. 원래 미국의 작전이란 것이 '1945년 2월경, 일본이 항복하지 않겠느냐?' 하는 것이었다. 얄타회담이 45년 2월 4일부터 11일까지였으니, 절대 무리한 생각은 아니었다. 그런데 일본은 더욱더 악랄하게 기승을 부렸다. 4월 28일은 이탈리아에서 파시스트 무솔리니가 죽었고, 5월에는 나치 독일이 항복하였다. 역사상 가장 괴랄한 정권으로 불리는 나치 독일의 패배로 유럽에서는 사실상 모든 전쟁이 끝났다. 이제 남은 것은 일본 제국주의뿐이었다. 소련은 나치와의 전쟁에서 희생이 너무 컸다. 그러니 일본에는 가능한 선전포고를 하지 않으려고 애를 썼다. 포츠담 선언에서는 스탈린이 일본 제국주의에 대한 적대적 성명에 이름 올리기를 거부하기까지 했다. 그러나 결국 8월 8일 일본 제국주의 전체에 대한 선전포고를 공식적으로 거명했다. 굳이 8월 8일인 이유는 얄타회담에서 소련이 **"나치 독일이 항복하면 3개월 이내에 일본에게 선전포고한다"**라고 약속했기 때문이었다.

원자폭탄은 어마어마한 위력의 폭탄이다. 이 폭탄을 떨어트리기 직전까지도 해리 트루먼 대통령은 망설였던 것으로 알려져 있다. 1945년 1월부터 미국은 일본인이 거주하는 거의 모든 도시에 재래식 폭탄 폭격을 퍼부었다. 도쿄, 오사카, 후쿠오카, 삿포로를 포함해, 상하이, 베이징, 타이베이, 가오슝, 사이공, 방콕 등 한반도를 제외한 거의 모든 도시에 공습을 가해 일본 제국주의를 거의 절벽 끝까지 몰아붙였다. 그럼에도 일본은 굽히지 않았다. 오히려 결7호 작전의 본거지 현 대한민국의 제주도를 중심으로 전원 옥쇄(자살) 작전까지 대비해 놓고 결사 항전을 하고 있었다.

결국 파국이 다가왔다. 인류 역사에 핵무기를 실전(實戰)에 쓴 것은 처음이자 마지막이었다. 8월 6일에는 리틀보이가 히로시마에, 8월 9일에는 팻맨이 나가사키에 각각 투하되었다. 히로시마는 1894년에 조선의 동학농민전쟁에 발맞추어 일본의 대본영이 설치되었던 곳으로써 45년 당시엔 제2사령부가 위치해 있었고, 각종 병참기지와 통신 센터가 들어선 곳이었다. 나가사키는 일본의 재벌 기업인 미쓰이 그리고 미쓰비시의 군함 제조 공장들이 들어서 있는 최고의 해군 관련 도시였다.

이 두 곳에 각각 원자폭탄을 떨어트리자 그 파괴력에 초기 4개월 동안 히로시마에서 16만 명, 나가사키에서 8만 명이 사망했다. 이 두 폭탄은 모두 맨해튼 프로젝트에 의해 제작되었는데, 첫 실험은 1945년 7월 16일이었다. 핵실험이 있은 지 10일 뒤인 7월 26일에 포츠담 선언이 발표되었다. 일본은 스즈키 긴타로 내각총리대신은 **"포츠담 공동선언은 이집트 카이로 공동선언의 재탕이라고 생각하며, 일본 정부는 이 선언을 중대한 가치를 가진 것이라고는 인정하지 않아서 묵살하며, 단호하게 전쟁 완수에 매진한다"**라고 발표하였다.

1945년 8월 8일 미국은 도쿄 라디오로부터 히로시마 폭격을 알리는 내용을 담은 보고를 받았다. "사람, 동물, 모든 생명을 가지고 있는 것이 말 그대로 죽음 속에 그슬렸습니다." 포츠담 선언을 만약 일본이 받아들였더라면, 그래서 이틀 후인 7월 28일에 전격적으로 항복했더라면, 스즈키 긴타로 내각총리대신이 고집을 꺾었더라면, 우리나라의 분단도 없었을 것이다. 세계 최초의 핵무기 사용도 없었을 것이다. 일본 천황 히로히토(일명 쇼와 천황)는 최측근 내무대신 기도 고이치에게 무조건 항복과 소련과의 상호불가침 조약 파기에 대한 사후 처리를 지시했다.

기나긴 전쟁이 마침내 끝이 났다. 그러나 포츠담 선언 제10조 전쟁포로 처리에 관한 국제군사재판 설치 문제가 곧바로 현안으로 떠오르고 있었다.

2장

아시아 각국 전범재판에 대한 놀라운 기억

극동국제군사재판

전후 일본은 폐허 그 자체였다. 특히 일본의 수도인 도쿄는 목조 건물이 주를 이루었기 때문에 거의 제대로 된 건물이 남아 있지 않았다. 전쟁 당시에 연합국 특히 미국의 대대적인 무차별 폭격으로 인한 화재 때문이었다. 따라서 석조 건물이 귀했다. 일본 육군사관학교의 건물의 2층 대강당이 극동군사재판을 하기에는 안성맞춤이었다. 1945년 8월 15일 직후부터 전후 전쟁포로 및 전쟁범죄 처벌을 위한 특별재판소 설치를 서둘렀던 더글러스 맥아더는 일반명령 1호를 발표하여 극동군제재판소 헌장에 따라 1946년 1월 19일에 설치했다. 이후 미국, 영국, 중화민국, 소련, 캐나다 자치령 호주 자치령, 뉴질랜드 자치령, 프랑스 제4공화국, 인도 제국, 필리핀 자치령, 네덜란드에서 12명의 재판관이 임명되어 재판을 진행했다.

재판 추진에는 강경파와 온건파가 있었는데, 강경파의 기소 1호 인물은 일본의 히로히토 천황이었다. 맥아더는 강경파의 소원은 들어주지 않았다. 일본 전체의 민심이 돌아선다는 이유였다. **이는 쓸데없는 양보의 시작이었다.**

독일의 경우 총통 히틀러와 괴벨스라는 나치당의 넘버 1, 2가 잡히지 않고 모두 권총 자살했고 이탈리아의 경우에도 파시스트당의 1인자 무솔리니를 시민의 손으로 재판 없이 처형했다. 그러니 일본의 1인자인 천황을 봐준다는 것이 밖에서 볼 때는 매우 이상했다. 아니 몹시 분노를 일으켰다. 또 하나, 만주 731 마루타 부대의 이시이 시로 대장 및 부대원들도 전원 불기소 처리 되었다. 이 이해할 수 없는 조치를 두고 맥아더는 생체실험 데이터를 미군에게 넘기는 조건으로 죄를 용서해 주었다는 믿을 수 없는 사실을 공개해 문제가 커지기도 했다.[15] 유럽 지역에서의 전후 재판이었던 뉘른베르크 재판이 비교적 공정하게 처벌되었다면, 극동지역의 군사 재판은 매우 불합리하고 때로는 억울하게 진행되었다. **전후 오늘에 이르러서는 일본 극우 세력들이 툭하면 "일본은 미국에 의해 희생**

극동군사재판 사형 집행 7인

이름	계급 및 작위	직책	혐의 및 역할	비고
도조 히데키	육군 대장	내각 총리대신	진주만 공격, 태평양전쟁 총책임자	자살 시도 후 치료 감호, 총살형 거절 이후 교수형
이타가키 세이시로	예)육군 대장	관동군 참모장	중국에서의 전쟁책임자	민간인 신분
도이하라 겐지	예)육군 대장	제12방면군 사령관	봉천 습격 및 대륙에서의 각종 학살	민간인 신분
기무라 헤이타로	육군 대장	버마방면군 사령관	버마에서 강제노동을 통하여 포로를 학대한 죄	
마쓰이 이와네	예) 육군 대장	중지나방면군 사령관	난징 대학살	
무토 아키라	육군 중장	제14방면군 총참모장	필리핀 포로학살	
히로타 고키	남작	내각총리대신	태평양전쟁 시 침략전쟁의 정책 입안자	

극동군사재판 종신형

이름	계급	직책
아라키 사다오	육군 대장	헌병사령관
고이소 구니아키	육군 대장	제8대 조선총독
하시모토 긴고로	육군 대령	전 야전중포 13연대장
우메즈 요시지로	육군 대장	참모총장
사토 겐료	육군 대장	육군성 군무국장
하타 슌로쿠	육군 원수	제2 총사령관
오시마 히로시	중장	독일과의 협정가
시마다 시게타로	해군 대장	군령부총장
오카 다카즈미	해군 중장	진해요항부 장관
미나미 지로	대장	제7대 조선총독
스즈키 데이이치	중장	기획원 총재

되어 오늘에 이르고 있다"라고 일본의 억울함을 이야기하는 주요 원인이 되고 있다. 특히 쓰지 마사노부[16]라는 관동군의 장교는 도대체 왜 기소조차 되지 않았는지 지금도 미스테리하다.

승전국 미국은 일본을 강하게 처벌하지 않았다. 그것은 중국과 소련에 대한 극동 지역에서의 이른바 '공산주의 방파제'의 역할을 일본이 맡아줘야 함을 의미했다. 그러기 위해서는 최대한 약하게 처벌하고 어서 정상 국가로 회귀해야 했다. 따라서 냉전체제의 조기 구축이 일본을 살렸다고 말해도 된다. 중화민국은 공산당을 치는 게 우선이었고, 한국도 북한을 이기는 것이 우선이었다.

그 외의 일본군 전쟁범죄 관련 재판

난징 대학살 재판

1937년 12월 13일부터 1938년 2월까지 6주간에 걸쳐 일어난 난징 대학살은 일본군이 저지른 수많은 전쟁범죄 가운데 단연 최강급이다. 이 범죄는 전후에 따로 중화민국에서 재판을 열어 치죄했다.

- 다니 히사오 중장 이상 1947년 4월 26일 총살형
- 무카이 도시아키 육군 소위, 노다 쓰요시 육군 소위, 다다카 군키치 육군 대위 이상 1948년 1월 28일 총살형
  - ♣ 위 두 사람은 난징 대학살 당시 100인 참수 경쟁을 벌인 사이이다.

16 일본 제국주의 관동군의 괴벨스라고 불린 가장 나쁜 인물, 싱가포르 화교 대학살의 주범이자, 필리핀 바탄반도 미군 포로 강제 행군의 주범이다. 극동국제군사재판에서 불기소처분되었다. 후일 중의원 의원으로 당선된다. 최후엔 라오스에서 실종되었다. 일본군에서 가장 기분 나쁠 정도로 개자식이다.

 2부 극동군사재판의 처절한 실패

치치시마 식인사건(오가사와라 식인사건) 재판

1945년 3월 이오시마의 일본군이 미군 포로들을 상대로 식량이 부족하지도 않은데, 사람의 인육과 내장을 요리해 먹는 기도 안 차는 범죄를 저질러 따로 미국의 재판을 받았다.

- 다치바나 요시오, 마토바 스에오, 요시이 시즈오, 이토 기쿠지, 나카지마 노보루 : 1947년 9월 24일 교수형
- 모리 구니조 : 무기징역

싱가포르 군사재판

1941년 12월 7일 일본에 의해 점령당한 싱가포르는 이듬해 초부터 대대적인 학살에 시달린다. 중국인, 영국인, 말레이인 할 것 없이 모두 죽이는 일본군 앞에서 10만여 명이 학살당했다. 이에 대한 재판이 영국에 의해 싱가포르에서 열렸다.

- 히라다 구마키치 1947년 5월 28일 교수형
- 후지와라 이와이치 : 무죄
- 무타구치 렌야 : 징역 2년

남방작전 학살 재판

직전의 네덜란드 식민지였던 인도네시아 전역에서 벌어진 포로학살 혐의로 모리 쿠니조 해군 중장이 체포되었다. 이는 네덜란드의 인도네시아 자바에서 재판이 열렸다.

- 호리우치 도시유키 : 1948년 9월 25일 총살형
- 모리 구니조 : 1949년 4월 22일 교수형

마누스 재판

일본 제국주의 침략의 손길은 오스트레일리아 북부에도 뻗쳤다. 다윈 대폭격으로 희생당한 전쟁 포로들을 추념해서 파푸아뉴기니 마누스섬에서 열린 재판이다.

- 지시무라 다쿠마 육군 중장 : 1951년 6월 11일 교수형

필리핀 마닐라 군사재판

미국의 식민지이기도 했던 필리핀에서 루손섬 바탄반도의 포로 도보 강제 행군 과정에서 온갖 모욕과 강간 그리고 살해 및 학살 혐의로, 마닐라에서 재판이 열리고 집행되었다.

- 야마시타 도모유키 : 1946년 2월 23일 교수형
- 혼마 마사하루 : 1946년 4월 3일 총살형
- 홍사익(한국사람) : 1946년 9월 26일 교수형
- 가와네 요시카타 : 1949년 2월 12일 교수형
- 구로타 시네노리 : 종신형

이렇게 보면 우리나라의 재판도 시도되었던 것을 적어야 한다. 당시 장택상 외무부장관은 일본에서 재판하려던 미나미 지로와 고이소 구니아키 두 조선 총독을 한국에서 재판하려고 교섭했었다. **그러나 맥아더 사령관의 불허로 실패한다.** 우리나라가 그때는 그런 나라였다.

야마다 오토조	관동군 사령관	대장	25년 강제노동
가지쓰카 류지	관동군 군의부장	군의 중장	25년 강제노동
다카하시 다카아쓰	관동군 수의부장	수의 중장	25년 강제노동
사토 슌지	관동군 제5군 군의부장	군의 소장	25년 강제노동
가와시마 기요시	세균제조부 부장	군의 소장	20년 강제노동
가라사와 도미오	세균제조과 과장	군의 소좌	20년 강제노동
니시 도시히데	세균제조과 과장	군의 소좌	12년 강제노동
오노우에 마사오	731 부대 하이린/무단장 지부장	군의 소좌	20년 강제노동
히라자쿠라 젠사쿠	무단장 지부장	군의 소좌	10년 강제노동
미토모 가즈오	부대 연구원	수의 중위	15년 강제노동
기쿠치 노리미쓰	731 부대 하이린/무단장 지부	위생병	2년 강제노동
구루시마 유지	731 부대 린커우 지부	위생병	3년 강제노동

하바롭스크 전범재판

구소련은 하바롭스크 장교 회관에서 일본군 전범 피고에 대해 6일간 세기의 이벤트를 개최했다. 1949년 12월 25일부터 30일에 이르기까지 소련군에게 포로가 되었던 1939년 노몬한 사건, 1940년 관동군의 특종 연습, 731부대의 생체실험 등을 기소 혐의로 재판에 전범들을 세웠다. 731 세균부대의 처벌이 미국 주도의 극동국제군사재판에서는 불기소로 끝났지만, 소련 주도의 하바롭스크 전범재판에서 마침내 기소 의견으로 재판을 받게 되었다.

3장

끝까지 일본 편을 들었던 인도

인도라는 나라와 일본의 관계

영국의 윈스턴 처칠은 티베트 고원을 관통하는 이른바 '랭군 루트'를 통해, 당시 충칭에 임시정부를 꾸리고 있던 장개석(장제스)의 국민당 정부를 계속 지원했다. 이 사실을 알게 된 일본 제국주의의 도조 히데키는 "영국의 강압적 지배로부터 버마와 인도를 해방시킨다"라는 명분을 내세워 영국과 중국의 랭군 루트를 파괴하려고 대규모 병력을 출동시켰다. 1944년 3월 8일부터 시작되어 그해 7월 3일까지 계속된 소위 임팔 전투에서 일본군은 사령관 무타구치 렌야의 전술적 실수와 무더위, 그리고 말라리아의 대유행, 대한광복군의 정보부 활약 등으로 결국 패배했다. 영국이 결국 이겼다는 말이다.

이 전투가 우리 대한민국 사람들에게는 속이 시원한 결과일지 모르겠지만, 인도 사람들에게는 뼈아픈 패배였다. 영국 제국주의에게 200년이 넘는 박해와 탄압을 받고 있던 인도 사람들에게는 일본이야말로, 대동아공영권 사상이야말로 최고의 구세주요, 이념이었다. 그야말로 한 줄기 희망이었다. 따라서 당시 인도 독립운동 4인방(마하트마 간디, 자와할랄 네루, 사르다르 발라바이 파텔, 수바스 찬드라 보스) 중 폭력 노선을 열렬하게 주장했던 수바스 찬드라 보스가 이 일본 제국주의를 열렬하게 떠받들었다. 임팔 전투, 콰이강의 다리 전투, 버마 전투 등 크고 작은 전투에 일본 편에 서서 영국 제국주의를 몰아내기 위해 싸웠다. 그리고 일본이 패배하면서 이 시도도 실패로 끝났다. 인도 국민군까지 동원해 일본 편에서 싸운 찬드라 보스는 1945년 타이완에서 항공사고로 죽었다. **그럼에도 불구하고, 그의 오른팔과 같은 부하가 전후 극동국제군사재판에 판사로 등장했다.** 이 판사가 유일하게 "전 일본전범 무죄"를 외치며 끝까지 전체 분위기에 재를 뿌린 라다비도느 팔 판사이다.

라다비노드 팔 판사

라다비도드 팔은 1946년 5월 인도를 대표하여, 일본의 전범들을 모두 재판하는 극동국제군사재판에 판사 12명 중 하나로 참여하였다. 그는 민주주의와 자유, 평등, 비폭력 등을 배격하였고, 소수의 엘리트가 지배하며 때로는 폭력도 불사하는 체제에 대한 숭배로 가득 찬 사람이었다. 팔 판사 때문에 전범들을 사형으로 혹은 종신형으로 기소하는 데 애를 먹기도 했다. 12인의 판사들은 안건마다 과반수로 결정하기에 형을 확정하는 데는 아무런 지장이 없었지만, 매 안건마다 팔 판사의 반론과 필리버스터를 방불케 하는 방해 공작으로 상당한 심적 장애를 안게 되었다.

영국의 인도 식민 지배를 뼈저리게 겪은 그는 영국, 미국, 호주, 네덜란드, 독일, 프랑스의 판사들이 일본 제국주의를 심판한다는 것이 영 마뜩잖았다. **"우리 인도를 얼마나 착취했는데, 너희들이 일본을 심판해? 똥 묻은 개가 겨 묻은 개 나무라는 격이지"**라는 생각으로 취조와 재판에 임했다. "피고인 전원 무죄", "형사상 불소급의 원칙[17] 엄격히 적용" 등의 주장을 펼쳤으며 어디까지나 인도는 일본의 편이었다. 법의 불소급 원칙을 들어 지금 만든 법으로 이전의 범죄를 처벌하는 것은 단순한 보복 행위에 지나지 않는다고 역설했다.

문제는 이것이 단순 주장에 그치지 않았다는 점에 있다. 우선 그는 일본이 중국을 침략한 뒤에 펼쳐진 난징대학살에 대하여 일

---

17 한국의 반민특위 반대 논리도 이거였다. 어떤 특정 법률이 정해졌다면, 그 법률이 존재하기 전의 잘못은 따지지 말라는 원칙이다.

본 무죄를 주장하며 그러한 대학살이 아예 펼쳐진 적이 없다고 주장했다. 퇴각하는 중국 군대가 자기 책임을 면피하려고 저지른 짓이라는 것이다. 재판장에서 "학살이 실제로 벌어졌다면 왜 싸우지 않고 가만히 보고만 있었는가"라는 황당한 반론을 펼치기까지 했다.

그는 원자폭탄 투하와 홀로코스트를 대등한 개념으로 파악했다. 나치 독일의 유대인 홀로코스트와 미국에 의한 히로시마-나가사키 원자폭탄 투하를 똑같은 인류에 대한 학살범죄 행위로 본 것이다. 이는 그의 정신적 지주, 찬드라 보스가 영국 제국주의에서 벗어나기 위해 나치당의 인도 대장을 자임했던 것의 연장선상이다. 팔 판사를 이해하려면 그가 인도 사람이라는 것과 인도가 영국의 식민 지배를 무려 200년 동안 받아왔다는 사실을, 그것도 세포이 항쟁(1857년)부터 암리차르 대학살(1919년)에 이르기까지 사실상 영국의 제국주의가 폭압에 기반한 체제였음을 양해해야 한다. 그렇지 않으면 일말의 이해마저도 불가하다.

더군다나 그는 일본이 일으킨 중일전쟁이나 태평양전쟁 전체를 일종의 서구 제국주의에 대한 해방전쟁으로 간주했다. 모나코와 룩셈부르크 같은 유럽의 소국(小國)이더라도, 그 상황이면 전쟁하지 않을 수 없을 것이라는 정말 말도 안 되는 논리를 법정에서 펼쳤다. 일본군은 전쟁 중에도 학살과 약탈을 전혀 하지 않았다는 논리마저 폈으니, 나머지 11명의 판사들 모두에게 엄청난 악영향을 미쳤다. 재판에서 불기소 처분을 받은 무타구치 렌야 장군의 경우, 인도로 쳐들어가는 전쟁의 한복판에서 영국군에게 저지른 만행이 주요 죄목이었고 임팔 전투의 패배 책임을 함께 물었으나, 팔 판사의 변호로 불기소로 처분되었다. 기시 노부스케의 경우에도 팔 판사가 계속 불기소 처분을 주장하자, 재판장인 호주의 윌리엄 플러드 웨브 경이 그대로 인정하며 역사의 심판을 피해 갔다.

　2부 극동군사재판의 처절한 실패

4장

친일 청산과 일본의 자기방어 발악(현재와 비교하여)

일본의 우익사관과 헐 노트

임진왜란과 정유재란은 도요토미 히데요시가 조선을 친 다음, 중국 명나라를 치고 다시 인도를 쳐서 인도의 관백이 되겠다는 허무맹랑한 광기(狂氣)로 일으킨 전쟁이다. 또 전국시대(戰國時代)를 통일한 도요토미가 전쟁을 하게끔 훈련된 사무라이들의 심신을 달래주기 위해 칼끝을 조선으로 돌린 사건이다. 이를 우익사관은 조선의 선조가 조선 해적들을 양성하여 자주 일본에 보내 약탈하니, 참다못한 일본이 조선을 정벌한 것으로 묘사하고 있다. 조선을 정벌하여 연전연승하였으나, 더 싸우기 귀찮아서 그냥 후퇴하였다고 적고 있으니 기가 찰 노릇이다.

이러니 일본이 조선을 식민지화한 것은 뭐라고 할지 안 봐도 비디오다. 임진왜란과 정유재란을 가르치면서, 이순신 장군의 한산도 대첩 같은 것은 가르치지도 않고(자기네들의 참패니까) 오직 정신승리만을 주장하는 것처럼, 조선 식민지에 관한 것은 물론 관동군의 침략으로 개척된 만주국을 오족협화(일본인, 중국인, 조선인, 만주인, 몽골인)의 모범이었다면서 찬양한다. 그러면 내가 하나만 물어보겠다. 만주국이 선진국이고 세계사의 모범이었으면 1945년 8월에 소련군이 쳐들어왔을 때 왜 중국인들은 소련군에게 관동군들을 죄다 팔아넘기고 공격했을까?

태평양전쟁에 있어서도 일본 우익들의 논리는 명쾌하다. '헐노트'라는 것이 있다. 1941년 미국 루스벨트 대통령의 국무장관 코델 헐이 노무라 기치사부로 주미일본대사에게 건넨 협의서다. 1941년 11월 26일 건네어진 협의서에는 미국과 일본이 다자간 불가침 조약 체결을 위해 노력하라고 적혀 있다. 또 중국과 인도차이나에서 일본군 및 경찰력을 즉각 철수하고 대일본 석유 수출을 재개하는 등의 내용을 담고 있다. 이것이 충격적인 이유는 헐 노트가 11월 26일에 일본에 전해지고, 불과 2주 만인 1941년 12월 7일 미국령 하와이의 진주만에 우리가 너무나 잘 아는 진주만 공습이 시작되었기 때문이다. 미국이 진주만 공습을 당하기 2주 전, 국무장관 코델 헐을 시켜서 중국과 동남아 전역에서 일본을 철수시킬 생각을 먼저 했다니, 이는 솔직히 조금 충격이다.

 2부 극동군사재판의 처절한 실패

일본은 이 협의서를 외교상의 최후통첩으로 받아들였다. 따라서 일본이 제국주의의 꿈을 이루기 위해서는, 대동아공영권의 꿈을 이루기 위해서는 미국과의 한판 전쟁 외에는 방법이 없다는 사실을 깨달았다. 일본 우익은 이를 미국의 간악한 외교술책으로 보고, 이 술책에 의해서 일본이 미국과의 전쟁으로 '유도'되었다고 해석한다. 일본 제국주의 자체의 침략성에 의해서 영국, 프랑스, 중국, 네덜란드, 포르투갈, 미국 등을 차례대로 공격한 것을 인정하고 반성부터 할 노릇이지, 무슨 침략 유도설 운운하는 것인지.

일본의 현재와 헐 노트

1. 미국과 일본 두 나라는 영국, 중국, 일본, 네덜란드, 소련, 태국, 미국 간 다자간 불가침 조약을 체결을 위해 노력할 것.
2. 두 나라는 프랑스령 인도차이나에 대해 프랑스의 영토 주권을 존중하고 인도차이나와의 무역이나 통상에 있어서 차별적 대우를 하지 않을 것.
3. 중화민국 및 인도차이나에서 일본군 및 경찰력의 전면 철수.
4. 두 나라는 장개석 정부 외에는 군사적, 정치적 경제적 지원을 하지 않을 것.
5. 영국과 기타 열강들이 중국에서의 치외 법권을 포기하게끔 미일이 노력할 것, 치외 법권 외에도 1901년 베이징 조약에서 보장한

외국인 거주지와 관련 권익도 포함한다.

6. 최혜국 대우를 기초로 하는 통상 조약 재체결을 위한 협상 시작.

7. 미일 상호 간의 자산 동결 해제.

8. 엔-달러 환율 안정에 관한 협정 체결 및 통화 기금의 설립, 기금은 양국이 절반씩 부담.

9. 미일 두 나라가 제3국과 체결해 놓은 협정들이 이 합의의 참뜻과 태평양의 평화 유지를 침해하게 해석되지 않도록 미일 양국이 노력할 것.

10. 이 협약의 기본 원칙을 다른 나라들도 따르도록 미일 두 나라가 함께 영향력을 행사할 것.

일본 우익들은 이 헐 노트를 지금에 와서 전면적으로 띄우고 있다. 8번 조항을 보면 미국의 헐 국무장관이 제안한 문서인데, 엔이 먼저 나온다. 일본 우익들은 이런 지엽적인 것에 매우 기뻐한다. 더구나 기금을 미국과 일본이 5:5로 부담하자고 한다. 그러니 미국과 일본은 헐 노트에서는 적어도 같은 위상의 같은 국력의 나라였다는 것이다. 그러면서 **태평양전쟁도 루스벨트가 사주했으며, 그 최대 피해자는 오로지 일본 제국주의라고 궤변**하고 있는 것이다. 어림 반 푼어치의 값어치도 없는 주장이다.

전 동아시아에서 20세기 전반기에 일본 제국주의가 저지른 폭력의 결과로 지금도 대한민국을 비롯한 모든 나라가 상처를 안고 살아가고 있다.

5장

미국과 일본
샌프란시스코에서 손 잡다

샌프란시스코 조약에서의 청구권 및 재산

샌프란시스코 조약은 1951년 9월 8일 태평양 전쟁 종전 6년이 지나 전후 처리를 하기 위해서 미국 샌프란시스코에 연합국 48개국과 일본이 모여 강화 회의 후 체결한 조약이며, 1952년 4월 28일 발효되었다. 이 조약으로 연합국의 점령하에 놓였던 일본이 공식적으로 세계 무대에 복귀하였다. 일본은 이 조약으로 한반도에 대한 모든 권리를 포기하면서 한국의 외교적 독립을 확인하였다. 소련이 1945년 8월 8일에 일본에 선전포고를 했는데, **이는 정확하게 말하면 만주에 있는 관동군을 대상으로 싸운 것이다. 소련군은 9월까지 만주 전략공세작전을 너무나 빠르게 진행시켰다.**

　　미국과 영국은 애초에 일본의 북방영토 중에 쿠릴열도와 사할린을 소련에 넘겨줄 생각이 없었다. 따라서 샌프란시스코 조약문에는 소련의 강요에도 불구하고 쿠릴열도의 4개 섬[18]을 소련에게 돌려준다는 것을 명문화(明文化)하지 않았다. 그래서 현재까지 쿠릴열도 4개 섬이 러시아와 일본의 분쟁 지점이다. 모든 것이 소련군이 일본군을 북방 만주 및 쿠릴열도 그리고 사할린에서 너무나 쉽게, 너무나 빠르게 무너트렸기 때문에 벌어진 일이다. 미국이 태평양의 각 섬(대표적으로 이오지마나 사이판 전투 등)에서 온갖 막대한 희생을 치러가면서 일본군을 패퇴시킨 것을 생각하면 참으로 배아픈 일이 아닐 수 없다.

　　한반도 역시도 미국과 영국은 소련과 남북으로 나눌 생각 따위는 없었다. 애초에 오키나와섬만 제대로 처리되었어도, 한반도를 통째로 미국과 영국이 신탁통치했을 것이다. 협상의 대표 격인 미국의 포스터 덜레스 국무장관과 일본의 요시다 시게루 총리대신은 소련에 대한 분노에 가까운 미국과 영국의 감정을 너무나 제대로 이해하고 있었다. 샌프란시스코 조약에 참여한 연합국 48개국 가운데는 한국과 북한은 빠져 있었다. 6·25전쟁이 터져 대판 싸우고 있었기 때문이다. 조약에 연합국으로 참여하지 못한 것은 일본에게 식민지인 동티모르를 공격받아 함락되었지만 전쟁에 참전

18　쿠릴열도 쿠나시르, 이투루프, 시코탄, 하보마이 군도 등 4개 섬

선언하지 못했던 포르투갈도 마찬가지였다.

조약 반대를 외치던 주요 당사국에는 중화인민공화국(마오쩌둥의 중국) 그리고 타이완(장제스의 중국)도 포함되어 있었다. 둘 다 확실한 일본 제국주의의 피해자였음에도 불구하고 미국에게 초대받지 못했다. 누가 중국을 대표하는지에서 이해관계가 첨예하게 대립하여 결국 접점을 찾지 못했다는 것이 초청받지 못한 이유였다. 중화인민공화국은 이 샌프란시스코 조약이 아예 불법이라고 강력하게 외치기 시작했다. 9월 18일에 말이다. 조약이 맺어진 지 열흘 만에 국제사회에 "이 조약은 불법이다"라고 외쳤지만 공염불이었다.

샌프란시스코 조약은 각국의 손해배상권을 대부분 포기시키거나 축소시켰다. 인도네시아와 필리핀 등은 별도의 조약이 필요하다고 목소리를 높였다. 나머지 대부분의 나라는 손해배상권을 포기했으나 국회에서 조약 비준이 포기된 인도네시아가 있었고, 아예 배상청구권을 포기하지 않았던 필리핀과 남베트남이 있었다. 여기에 중화인민공화국과는 아예 차원이 다른 배상 문제가 또아리를 틀고 있었다. **일본은 1955년부터 버마와 손해배상 업무를 시작한 것을 선두[19]로 해서,** 1959년까지 인도네시아, 필리핀, 남베

---

[19] 일본이 버마부터 손해배상을 실시한 것은 매우 얄팍한 그들의 속내를 보여준다. 1943년부터 1945년 까지 일본이 식민지배를 했으니 당연히 가장 적은 액수를 배상할 수 있으니 말이다.

트남에 손해배상을 실시했다. 다른 나라에 대해서는 경제 원조를 하거나 무상 경제 협력을 하는 것으로 대신했다. 대표적인 경제 원조 사례가 1965년 한일기본조약을 맺은 대한민국이다.

제 14조

(a) 일본이 전쟁 중 일본에 의해 발생한 피해와 고통에 대해 연합국에 배상을 해야한다는 것은 주지의 사실이다. 그럼에도 불구하고 일본이 생존 가능한 경제를 유지하면서 그러한 모든 피해와 고통에 완전한 배상을 하는 동시에 다른 의무들을 이행하기에는 일본의 자원이 현재 충분하지 않다는 것 또한 익히 알고 있는 사실이다.

따라서

1. 일본은 현재의 영토가 일본군에 의해 점령당한 그리고 일본에 의해 피해를 입은 연합국들에게 그들의 생산, 복구 및 다른 작업에 일본의 역무를 제공하는 등, 피해 복구 비용의 보상을 지원하기 위한 협상을 시작한다. 그러한 협상은 다른 연합국들에게 추가적인 부담을 부과하지 않아야 한다. 그리고 원자재의 제조가 필요하게 되는 경우, 일본에게 어떤 외환의 부담이 돌아가지 않도록 원자재는 해당 연합국들이 공급한다.

2부 극동군사재판의 처절한 실패

미국, 일본을 세계 무대로 강제복귀 시키다

제1조

ⓐ 일본과 각 연합국과의 전쟁 상태는 제23조에 규정된 바와 같이,
일본과 관련된 연합국 사이에서 현 조약이 시행되는 날부터 중지
된다.

ⓑ 연합국은 일본과 그 영해에 대한 일본 국민의 완전한 주권을 인
정한다.

이 샌프란시스코 조약의 제1조만 읽어보더라도 미국과 영국
이 일본을 어서 국제 사회에 복귀시키려고 하는 저의가 바로 보인
다. 제1조의 (a)는 전쟁을 중지시키려는 영국의 수작이고, (b)는 독
립 주권을 보장하려는 미국의 수작이다. 미국과 영국의 막후 실력
싸움은 중화민국(장제스)과 중화인민공화국(마오쩌둥) 중 어느 나라
가 중국을 대표하는가를 두고 참가국 자격 싸움을 벌인 것에서 극
에 달한다. 영국은 마오쩌둥을 참여시키고 싶어 했다. 중화인민공
화국이라야 소련의 인도양 및 태평양 진출을 제대로 방어할 수 있
다고 봤기 때문에 국제 사회에 제대로 얼굴을 비추고 싶었던 것이
다. 미국은 그 반대였다. 자유민주주의의 대표 격인 미국은 이제
소련의 대양 진출을 견제하는 그레이트 게임 따위는 안중에 없었
다. 오히려 일본과 타이완의 해양전선 연합으로 중국과 소련의 전체
주의 공산국가를 견제하는 것이 훨씬 더 필요했다.

대한민국은 이 조약에 참가하지도, 서명하지도 못했다. 이는 미국 때문이다. 일본제국주의의 실질적인 피해 당사자였던 대한민국과 북한이 여기에 참여하지 못한 것은 정말 아이러니하다. 당시 주미한국대사였던 양유찬 대사에게 미국의 국무장관 포스터 덜레스가 **"태평양 전쟁 당시에 한국은 일본과 교전국이 아니었으므로, 이번 샌프란시스코 조약에 참가하지 못할 것이오"**라고 말했다고 한다. 그러자 양유찬 대사는 **"우리 한국이 대한민국 임시정부의 자격으로 이미 일본에 선전포고를 하고 투쟁하지 않았소이까? 어째서 교전국이 아니란 것이오?"**라고 따졌다. 그러자 덜레스는 **"대한민국 임시정부? 그런 것이 도대체 다 무어요? 우리 미국은 그런 정부를 인정한 적이 없소이다"**라고 답변했고, 참가도 서명도 무산되었다고 하니 기가 찰 노릇이다.

미국과 영국의 바람대로 일본은 국제 사회에 복귀했다. 총리대신 요시다 시게루와 대장성 대신 이케다 하야토(후일 총리대신)가 참여해 샌프란시스코 항구에서 뜨거운 9월을 보냈다. 전쟁 중인 한반도를, 그리고 공산당 세력에게 넘어간 중국 대륙을 바라보면서, 저 정치적 격변들이 모두 자기들이 1894년부터 청일전쟁, 갑오농민전쟁 등 크게 일 벌여서 시작된 것이라는 사실에 이들은 모두 만세를 불렀을 것이다.

일본은 6·25 전쟁 중에 미국과 유엔군의 후방 보급기지 역할을 하면서 군수공장을 착실하게 돌리고 있었다. 미군과 유엔군의

휴가 기간에는 휴가지로서의 온갖 유흥(여성 위안부 제공을 포함해서)
도 제공하면서 말이다. 그러니 미국에서도 중화인민공화국과 소
련의 전체주의적 공산주의를 온전하게 막아내기 위해서는 일본
의 공식적인 재등장 외에는 방법이 없겠다고 생각한 것이다. 맥아
더는 저 멀리 태평양 건너 거대한 공산주의의 파도를 막을 수 있는
방파제는 일본뿐이라고 생각했음에 틀림없다.

중국 대륙의 격동
(1938~1949)

1장

대륙타통작전과
장제스

대륙타통작전

1944년 4월 19일 일본의 히로시마 대본영이 태평양 전쟁 막바지임에도 불구하고 중국 대륙에 마지막 타격을 했던 작전이 대륙타통작전이다. 정식 작전명은 '1호 작전'이지만 그걸 알 수가 없는 일본의 신문사에서 '대륙타통작전'이라고 이름 붙였다. 이는 일본에 무조건 항복을 천명한 카이로 선언 3인방(미국 루스벨트, 영국 윈스턴 처칠, 중국 장제스) 중 가장 약한 고리인 중국의 장제스의 대일항전 의지를 꺾어버림으로써, 미국에 밀리고 있는 본국 국민의 자존심을 다시 살리려는 계획으로 봐야 한다.

가장 중요한 것은 베이징 펑타이역에서 출발해 저 멀리 중국 남방에 있는 광저우역까지 가는 '철도'를 완전히 장악하는 것이었다. 이를 통해 결국 인도차이나 등 남방의 자원 지대와 중국의 점령지를 철도로 연결하는 것을 노렸다는 분석이 많다. 당시 미국해군과 공군에게 파괴작전으로 밀려서 해상보급은 더 이상 불가능한 상황에서 출국의 철도를 확보해서 병참 라인을 새롭게 구축하여 병력 및 물자 운송을 활발하게 함과 동시에 전선 병력의 기동력을 높인다는 전략도 포함했다. 베이징에서 우한까지 철도를 '경한철로'라고 했고, 다시 우한에서 광저우에 이르는 철도를 '월한철도'라고 불렀다. 이는 중국 내 국민 총생산의 당시 절반에 이르는 부유한 지역을 통과하는 철도였다.

이 작전을 시작할 당시인 1944년 4월 19일을 놓고 보자면 베이징과 우한은 이미 점령했고 광저우도 일본군 손아귀에 있었지만, 그들을 연결하는 철도 변 지역은 전혀 장악하고 있지 못했다. 일본 제국주의는 이 작전을 밀어붙이면서 철도만으로, 즉 육상 교통로만으로 중국과 동남아시아를 연결하겠다는 '정신 나간' 전략을 밀어붙인다. 전쟁광 도조 히데키마저 이를 미친 전략이라고 폄하하고 제한적으로 실시하도록 명령했으나, 작전 입안자인 핫토리 다쿠시로 대좌는 이를 공식적으로 거부하고 원안대로 밀어붙였다.

당시 지도상에서 중국 대륙의 많은 부분이 일본의 점령지였는데, 다른 부분을 다 점령해 놓고 고작 철도를 못 뺏어서 밀렸나 싶은 생각이 들 정도다. 하지만 그 철도 변은 전통적으로 중국 국민당 군대의 곡물창고라고 불릴 정도로 어마어마한 곡창지대이다. 따라서 그곳을 점령하려면 일본군도 1억 총옥쇄 정도는 각오해야 가능한 수준이었고, 장제스가 무저항으로 물러날 리가 없었다. 그런데 장제스는 내부의 적이 하나 더 있었다. 바로 마오쩌둥의 공산당 군대가 강력한 대일 항쟁을 기치로 확 늘어난 것이다. 병력 수만 놓고 보자면, 국민당 군대를 능가할 정도로 성장해 있었다.

결국 이 일본의 대륙타통작전이 추후에 벌어질 중국 국공내전에서 마오쩌둥을 120만 대군을 갖춘 지휘자로 올려세웠다. **중국 공산당 군대는 대장정**[20] **때문에 중국을 지배한 것이 아니고, 실제로 일본군의 대륙타통작전으로 국민당과 장제스에 대한 반감이 커지면서 중국을 장악하게 된다.**

자살 어뢰 카이덴 그리고 제주도

1944년 11월경에 다다르면 일본 제국주의는 막장에 가까워져 다른 수가 없었다. 거의 '모두 죽자' 수준이었다. 최소한의 항복 조건이라고 내세우는 것이 '천황제 유지', '조선을 포함한 태평양 전

---

[20] 1934년 10월 국민혁명군의 제5차 초공작전을 견디지 못하고 중국공산당이 기존의 주둔지였던 장시성을 떠나 서북부 산시성 시안으로 대이동한 사건, 그동안 붉은 중국의 탄생 신화라고 떠받들어졌다.

쟁 개전 이전의 식민지 유지', '일본 자체적인 전범 처벌 및 자의적인 무장해제' 등 정말 말도 안 되는 것들이었다. 이 시기의 역사를 보는 사람이라면 이제 곧 끝(1945년 8월 15일)이 온다는 것을 알고 있으니, 조금만 더 버티라고 역사 안에다 대고 소리라도 지르고 싶은 심정이다.

'국민의용대'라고 하며 2,800만의 민간인을 조총으로 무장시켜 전장에 내보내겠다는, 소위 1억 총옥쇄 전략이 먹힐 것이라고 보는가? 이때의 일본군 수뇌부의 정신상태를 보면 거의 미친 사람들이라고 할 정도로 카미카제 요법에 돌아버린 상황이었다. 전투기 한 대를 만드는 데 얼마의 예산이 들어가며, 그 비행기를 조종할 조종사를 훈련하는 데에 얼마나 많은 시간과 돈이 들어가는가? 어떻게 그것을 미군 전투함에다가 그대로 쳐박아버릴 생각을 하는가? 그런데 이런 움직임이 공군에만 있는 게 아니었다. 해군에도 있었다. 바로 어뢰(魚雷)의 가미카제 버전, 신요와 카이덴이었다. 사람이 직접 어뢰선에 탑승해 몰고 미국의 전함에 가서 처받아 그대로 폭발해 버리는 것이다. **어뢰선을 적에게 명중시키기까지의 연료가 없기 때문에 사람이 몰고 가서 부딪힌다는 미친 생각이 공식 전술이 된 것이다.**

연료의 경우에는 믿을 수 없겠지만, 소나무에서 나오는 송진유 따위를 쓰고 있었다. 하도 연료가 없어서 오직 여름뿐인 동남아시아 지역에서 전쟁하는 것이 하늘의 도우심이라고 말할 정도였다. 보르네오섬의 브루나이 지역은 이미 미군과 연합군의 합동작전인 오보에 작전(1945년 5월)으로 석유 수송이 불가능했고, 인도네시아 팔렘방 유전은 영국의 동양함대가 1945년 2월에 일본군을 총공격함으로써 궤멸 상태에 빠진 상황이었다.

자살 어뢰 신요와 카이덴을 배치한 곳은, 그리고 그 조종사들을 뽑아 훈련시킨 곳은 바로 제주도였다. 제주도는 동북아시아 전략상의 요충지였다. 제주도민 20만 명은 일본군 최종 작전 결n호 작전 중 결7호 작전의 수탈과 약탈에 그대로 노출되었다.

화산암, 현무암 지대였던 제주도는 쌀이 거의 나지 않는다. 지형적인 이유로 벼농사가 거의 안된다. 그나마 제한적인 벼농사와 바다에 나가서 해녀들이 잡아 오는 전복 밖에는 당장 돈이 되는 것이 없다. 일본 제국주의는 그것마저도 모조리 수탈했다. 제주도에 정뜨르 비행장(현 제주국제공항), 알뜨르 비행장 등을 인력을 강제 징용하여 정비한다. 그렇게 20만 제주도민들을 모조리 희생시켜가면서 제국주의를 미국 및 연합국으로부터 지키려고 애를 썼다.

2장

충칭(重慶) 대폭격과 장제스

중국 국민당 정부와 대한민국 임시정부

중국에서 4대 직할시를 꼽으라면, 베이징, 상하이, 톈진, 그리고 충칭을 꼽는다. 경제력이 가장 강한 5대 도시를 꼽으라면, 베이징, 선전, 광저우, 상하이, 그리고 충칭이다. 또다시 인구 규모로 꼽으라면 충칭이 첫손에 꼽히고, 상하이, 페이징, 청두, 광저우 순이다. 무엇을 꼽아도 충칭시가 꼽힌다. 양쯔강 중상류에 위치한 이 도시는 중국 국민당 정부에 있어서, 다름 아닌 장제스에게 있어서 너무도 중요한 도시다. 1937년 중일전쟁이 일어난 후, 중국 난징시가 무너지자 장제스는 재빨리 1938년 중앙군사위원회를 충칭시로 옮기면서 본격적인 대일 항쟁을 준비했다. 그 뒤로 1945년

8월 15일에 일본이 무조건 항복을 하면서 철수할 때까지 무려 7년 동안 국민당 정부를 이끌었다.

당시 중국은 천하삼분, 삼국지 상태였다. 먼저 장제스의 충칭 국민당 정부, 마오쩌둥의 옌안 공산당 정부, 마지막으로 왕징웨이의 난징 친일 정권[21] 이렇게 세 개의 중국이 존재했다. 이때, 중국인들은 서로를 감시하고 정보를 주고받는 일이 일상이었다. 따라서 그들 중 최강의 존재는 국민당 충칭 정부의 조사통계국장 다이 리였다. 소련 KGB 정보부에 라브렌티 베리야 국장 같은 존재였던 다이 리는 그 막강한 인적 정보력 때문에 항상 장제스의 오른팔로 불렸는데, 약산 김원봉 선생, 백범 김구 선생마저 다이 리의 충실한 정보원이었다는 후문이다.

오히려 우리에게 익숙한 것은 장제스의 중국이다. 마오쩌둥의 중국은 우리에게 잘 알려져 있지만, 심리적인 거리감이 백만 킬로미터이다. 왕징웨이의 중국은 영화 『색, 계』가 나오기 전까지는 우리 국민이 존재 자체를 몰랐던 중국이다. 이 중 지금 대륙을 차지하고 있는 중국이 마오쩌둥의 중국이고, 타이완을 차지하고 있는 것이 장제스의 중국이다. 왕징웨이는 멸망했고, 역사상 매국노로 취급받고 있는 것이 현실이다.

[21] 탕웨이 주연 영화 [색, 계]에 잘 나오듯이, 1940년 3월 30일에 건국되어 1945년 8월 16일까지 존속한 왕징웨이가 주석을 맡은 국민정권. 왕징웨이는 1944년 11월 10일에 사망하였으나, 일본군에 의해 어찌어찌 계속 연명하다가 일본 패망 직후에 말 그대로 처단되었다.

1945년 8월 29일부터 장제스는 마오쩌둥을 충칭시로 불러 일본군 철수 이후에 중국을 어떻게 다스릴지에 대하여 회담을 열었다. 10월 10일에 종료되었다 하여 '쌍십협정'이라고 부른다. 중국인들은 전쟁에 지칠 대로 지쳤다. 평화를 위한 협정이었지만 결국 결렬되고 치열한 국공내전으로 접어들었다. **1946년 7월 장제스의 국민당 정부는 공산당 토벌을 위한 총동원령을 선포했다. 처음부터 장제스는 마오쩌둥과 평화협정을 할 생각이 없었다. 중국을 나눌 생각이 없었고 무조건적인 굴복을 웃으면서 강요했다.** 즉, 국민당 정부 하부조직으로 공산당을 둘 생각만을 제안했던 것이다. 또 쌍십협정이 이뤄지고 있던 순간에도, 산시성 지구에서는 공산당과 국민당이 싸우고 있었고, 허베이와 동북 삼성인 요령성, 지린성, 헤이룽장성 등에서도 국민당군과 공산당군과의 치열한 전투가 벌어지고 있었다.

인구 3천만 명이 넘는 단일 규모 세계 최대의 도시 충칭시, 그 옆을 흐르는 양쯔강은 어마어마한 규모로, 중국 최대의 댐 싼샤댐을 이루고 하류로 흘러간다. 충칭시에게 세계 최대의 항구 상하이는 오히려 아무것도 아닌 도시이다. 중국 현대사의 최대 격변지인 양쯔강 중상류의 충칭시와 하류의 상하이시, 두 도시는 오늘날 중국의 번영을 상징하지만 1945년에는 일본 제국주의의 온갖 폭탄에 희생당했으며 중일전쟁, 태평양전쟁의 비극을 상징하는 도시이기도 하다. **충칭이 워낙 넓다고 해서 그냥 '피란 가서도 할 일 다하고**

살았겠지' 그렇게 생각하면 안 된다. 그것은 폭력적인 일본 제국주의가 저지른 충칭 대폭격이라는 전대미문의 참상을 알았다면 절대로 하지 못할 소리라는 점을 말해두고 싶다.

충칭(重慶) 대폭격의 참상

일본 제국주의의 제일 잔인한 참상이 과연 무엇이었느냐라고 물어본다면 너무 많아 꼽기 힘들지만 누구나 가장 먼저 꼽을 것이 확실한 사건 중 하나가 바로 충칭 대공습 사건이다. 1938년 2월 18일 첫 공습을 시작으로 1943년 8월 23일까지 일본군은 폭격기 제로센을 띄워 계속 폭격을 가했다. 1938년 5월까지의 공습은 일본 육군 항공대가 저지른 것으로 규모도 작았고, 충칭은 워낙 안개가 악명이 높아 민간인 지역에는 아직 폭격이 없었다. 그러나 5월에 접어들면서 폭격은 민간인과 군수공장을 가릴 것 없이 무차별로 쏟아졌다. 설상가상으로 안개도 걷혀나가고 있었다.

영국 대사관에도 일본의 공습은 무차별이었다. 민간인들이 영국이라서 안전한 줄 알고 뛰어들었다가 몰살당하기도 했다. 충칭의 부자들 250여 명이 한꺼번에 방호시설로 들어갔다가 폭격에 전부 희생당하기도 했다. 1941년 6월 5일의 폭격에서는 많은 민간인들이 제18터널로 피신했는데 방공호를 강제로 폐쇄해서 그 안

충칭 대폭격 당시 희생당한 민간인의 모습.

에서 민간인들이 오히려 질식사한 사건이 벌어지기도 했다. 무려 4천여 명이 질식하는 어마어마한 피해였다. 장제스의 리무진도 예외 없이 민간인들의 대피 및 수송차량으로 징발되었다. 일본군은 총 5년 동안 218차례, 총 9,513대가 출격해 포탄 21,593발을 쏟아부

     3부 중국 대륙의 격동 (1938~1949)

었다.[22]

　　상하이, 난징, 우한 등 양쯔강 중하류 지대를 일본군이 잇달아 **차지한 것은 결국 충칭까지 날아서 폭격하는 제로센 폭격기의 왕복 비거리를 확보하려는 노력이었다.** 이러한 공습의 과정을 지켜보던 미국은 즉각 일본으로의 비행기 부품과 석유를 수출 금지했다. 이에 일본은 동남아시아 보르네오섬 및 인도네시아 자바섬 공격으로 대응했다. 석유 공급을 중단하고 비행기 제조법 공수를 금지시키자 **곧바로 한반도와 만주 등의 수탈과 약탈이 빈번해졌다.** 친일파 기업인 김연수, 김신석 등은 비행기 헌납, 헌금 등을 통해 변절했다. 일본 제국주의는 석유 한 방울 안 나오는 만주[23] 대신에 석유와 자연 자원이 많이 나오는 동남아시아 쪽으로 침략의 총구를 바꿔 겨눴다. 이 때문에 충칭에는 오래된 건축물이나, 고층 불탑 같은 것이 하나도 남아 있지 않다. 혹시 있다면 현대의 모조품이다.

22　김명호, 《중국인 이야기 6》, 한길사 2017
23　그때는 맞았는지 몰라도 지금은 만주 다칭유전이 개발(1959)되어 전혀 아님.

3장

중국의 한국인 혐오:
민생단 사건

조선 사람들이 싫다, 민생단 사건

여기서 잠시 1930년대 만주로 눈을 돌리자. 1932년부터 1936년까지 만주의 중국 공산당에 의해서 우리 대한 사람이 500여 명이 희생된 사건이 있었다. 이름은 정말 좋은 '민생(民生)단'. 이 단체는 1932년 2월에 동만주에서 조직되었다가 조선인 사회가 강력하게 저항하자 7월에 스스로 해산한 친일 반공 조직이었다. 그런데 중국 공산당이 이 단체의 반공 이념의 꼬투리를 잡아 우리 대한 사람들을 거의 모조리 숙청하기 시작했다. 약 4년 여의 시간 동안, 마오쩌둥의 휘하들에게 우리 대한 사람들은 무작위로 죽음을 당했다. 오로지 대한 독립을 외치기 위해, 공산주의가 도대체 뭔지 모르지만 일본에 저항하는 생각만큼은 똑같아서 참여했던 혁명이었는데, 중국 공산당은 이런 대한 사람들을 모조리 일본 제국주의의 간첩이라고 생각해서 죽음으로 내몰았다.

1932년 8월에 송 노인이라는 사람이 일본 경찰에 체포되었다가 무려 13달 만에 풀려났다. 중국 공산당 연길현위원회에서 일했던 사람이었다. 그런데 체포 및 구금 과정에서 뭔가 석연치 않은 것이 있어서 다시 공산당에서 체포해 조사했더니, 친일 조직 민생단의 세포 20여 명이 줄줄이 불려 나왔다. 동만주 지역의 중국 공산당 조직인 동만특별위원회의 대한 사람 대숙청의 서막이 올랐다.

1936년까지 지속된 중국 공산당의 대대적인 숙청 조사는 아무런 물적 증거도 나오지 않았다. 오로지 중국 공산당의 강압적인 고문과 압수수색 그리고 불법 체포 및 연행, 무자비한 연좌제 등 한 명의 민생단 소속 의심자가 잡히면 수십 명이 잇따라 체포되는 방식이었다. 1935년의 중국 공산당의 긴급임무는 반 민생단 임무로써 그것의 특별위원회를 이른바 '숙반위원회'라는 조직으로 만들 정도였다.

동만주 지역에서만 벌어진 이 반 민생단 투쟁은 점점 그 위력이 더해갔다. 동만주 지역 위원회의 최대 90%가 이미 민생단 조직으로 포섭되었다는 유언비어가 중국 사람들 사이에 널리 널리 퍼졌다. 처음에는 70%라더니 점점 말이 생명력을 얻어 악마의 속

삭임처럼 중국 사람들 사이에서 확산된 것이다. 반 민생단 투쟁은 민생단원이 공산주의가 가장 싫어하는 민족주의자이며 일본의 밀정이라는 관점에 입각하여 오랫동안 지속된 것이다. 중국의 공산당 사람들은 이로써 대한 독립 운동 세력들과의 오랜 협업을 끝장냈다. 우리 민족은 민족주의자들이 확실히 많았다. 반 민생단 투쟁에서 민족주의자들을 끝장냈기 때문에, 해방 이후 북한으로 들어온 김일성 유격대 집단은 "민족 독립보다는 우선 무산계급의 해방"이라는, 지금 들으면 매우 잘못된 이념에 경도되어 있었다.

그러나 동만특별위원회의 위원장인 위증민(중국인)이 모스크바에서 열린 국제공산당 제5차 대회에 참석하고 돌아와 1936년 3월에 개최한 동만특별위원회와 제2군 영도간부회의를 계기로 반 민생단 투쟁은 정지되었다. 남아 있는 대한 사람들에게 중국 공산당 간부들은 대한 독립을 지지한다고 밝혔다(남아 있던 대한 사람들은 정말 어리둥절했을 것이다). 대한 독립을 위해 한반도에 진출하는 군대를 조직할 수도 있다고 했다. 민족주의를 외치고 대한 독립을 말해도 일본 간첩으로 몰리던 위험이 사라진 것이다. 재만한인조국광복회가 이때 결성되었고, 대한 독립을 위한 무장투쟁이 드디어 가능해지는 시점이 왔다. 그런데 역전의 용사들이 모두 중국 공산당의 악랄한 고문과 처형으로 죽었고, **남아 있던 사람들은 모두 민족주의자라는 딱지가 붙을까 봐 눈치만 보는 상황이었다. 나라 잃은 민족의 서러움이 이렇게 북받칠 데가 없었다.**

간도특설대

친일 반민족 행위자 이범익을 알고 있는가? 아마 이 책을 읽는 사람 모두가 처음 들어보는 이름일지도 모른다. 그는 나라 팔아먹은 매국노의 역할을 하면서 이범익이라는 이름보다는 키요하라 노리마스라는 일본 이름을 쓰고 다녔다. 그래서 일본 사람인 줄 아는 사람이 많지만 엄연히 대한제국의 왕손 출신이다. 그가 당대엔 유명했지만, 지금에 와서는 나 같은 사람에게만 악명 높은 사람으로 분류되고 사람들은 잘 모르는 이유는 아마도 '간도특설대'를 창설한 사람이라서 그렇지 싶다. 조선총독부 충추원 참의원 출신인 **그는 만주국이 만들어지자마자, 충성을 다시 맹세해서 만주국 참의원이 된다. 그러고는 1937년 마침내 "조선 항일 세력은 같은 조선인이 잡자"라는, 지금 생각하면 머리가 쭈뼛해지는 악랄한 문구로 간도특설대를 창설했다.**

이범익의 이런 주장은 간도특설대 내에서 큰 영향을 미쳐 장교와 부사관 그리고 일반병의 상당수가 조선 사람으로 채워졌다. 특히 일반병들은 거의 100% 조선 사람이었다. 1937년 10월 25일 만주 각지에서 간도특설대 창설을 축하하는 행사가 열렸는데, 만주국군 비행대 소속 비행기가 간도성 내 각지 상공을 돌면서 기념 비행까지 선보일 정도로 성대한 축하 행사였다. 이후 일본 제국주의 패망까지 7기 생이 모집되었는데, 지원병을 뽑는 것은 1, 2기 때

뿐이었고, 3기부터 7기까지는 징집병으로 채워졌다. 창설 목적에 걸맞게 임무는 항일 세력에 대한 토벌 작전이었고 연변 지역을 중심으로 활동하는 동북항일연군이 주적이었다. 열하성, 하북성까지 활동 반경을 넓혀서 추후에는 중국 공산당 군대인 팔로군과도 교전했다. 친일인명사전에 따르면 간도특설대에게 살해된 항일 무장세력과 민간인은 확인된 것만 172명이다.

선발 7기로 가장 유명한 것은 백선엽이다. 많은 사람이 1943년에는 대한 독립군 세력들이 모두 궤멸되었고 따라서 그는 독립 운동을 탄압하지 않았다고 주장한다. 국가보훈부장관 박민식 검사의 주장에 따르면 "역사 공부를 하면 할수록 백선엽은 친일파가 아니다"라고 말한다. 웃기는 소리다. 당시 만주의 팔로군은 거의 대다수가 항일 정신으로 똘똘 뭉친 우리 대한 사람, 몽골의 독립운동가들이었는데 이들과 싸운 것은 친일 행위가 아닌가? 결과적으로 이들이 일본 제국주의의 번영과 승리를 위해 싸운 것은 엄연한 사실 아닌가? **무엇보다 자신이 쓴 '대게릴라전-아메리카는 왜 졌는가'에서 백선엽 스스로가 "추격한 게릴라들 중 조선인들이 많이 섞여 있었다. 자신이 동포들에게 총을 겨눈 것은 사실이고 이를 비판받아도 어쩔 수 없다"라고 분명히 밝히고 있다.**

4장

마오쩌둥과 김일성의 비밀협약

김일성 그 가짜와 진짜의 신화적 이야기

앞서 민생단 사건을 길게 설명한 이유가 바로 김일성의 이야기를 하기 위해서다. 동만주를 살육의 현장으로 몰아넣었던 반 민생단 투쟁에서 공산주의자들 한가운데 있었던 사람이 바로 젊은 날의 김일성이다. 그때 당시 이름은 김성주, 그는 민생단 사건이 절정에 달했던 1935년 22살의 나이로 중국 공산당 연변지역위원회에 체포되었다. 그럼에도 워낙에 중국어에 출중해 결정적으로 왕윤성이라는 인물을 중국어로 설득해, 사형까지 언도 받았음에도 풀려나게 된다. 대신 정치위원까지 올라간 자기 자신을 평대원으로 무려 6계단이나 하강시켰다.

민생단 사건으로 죽을 위기에 몰려서 총살 위기에 처한 김일성이 중국 공산당 간부 왕윤성의 도움으로 한밤중에 가까스로 살아나와서 저우바오중 부대로 도망친 것이다. 이것을 북한에서는 일본군의 토벌 위기에 처한 저우바우중 부대가 김일성의 극적인 구원을 받은 것처럼 묘사하는데, 참으로 역사의 진실을 아는 입장에서는 개그 프로 뺨치는 조작이라고 하지 않을 수 없다. 독립 운동가였던 항일 1로군 사령관 양정우가 유격대 길강성 지휘부 사령관인 이종락을 압송한 후 직접 처형한 것도, 북한에서는 김일성이 직접 이종락을 처형한 것처럼 날조한다. 도대체 김일성의 인생에 진실이란 것이 조금이라도 있는가? 진실은 오히려 일본군에 투항하려고 했던 김일성의 마음을 항일 유격대 총사령관이 손을 잡고 만류했다는 것이다.

조선인민혁명군은 1930년대 만주 지방에서 민족주의자들을 중심으로 결성된 조선혁명군과 중국공산당 만주성위원회가 소비에트 홍군이란 명칭을 쓰는 걸 취소하고 다시 설립하면서 코민테른의 1차 서한에 따라 결성한 동북인민혁명군의 명칭을 다시금 조합해서 만든 가공의 조직이다. 따라서 김일성은 그 어느 조직에서도 항일에 기여한 바가 없다. 김일성은 동북항일연군 내에 말단 조직원 중 하나로 당의 지도하에 생활하던 자이다. 조선인민혁명군은 아예 존재하지 않는 거대 군사 조직이며, 지도자 김일성이라는 것도 아예 말도 안 되는 이야기이다. 그럼에도 북한은 4월 25일을 조선인민혁명군 창군기념일이라고 아직도 주장한다. 이는 1962년 4월 25일에 창건 30주년에 북한을 방문한 중국 공산당 간부이자 역사학자 팽진(彭眞)이 정면으로 반박한 적이 있다. 그런데 지금도 그날이 되면 한밤중에 평양에서 열병식까지 열린다.

또 한편으로는 위대한 독립운동가 양세봉 장군[24]의 조선혁명군을 그의 사후에 김일성 부대로 섭렵해서 거대 독립군 조직으로 확대했다는 말을 한다. 완전한 거짓말이다. 사실(史實)은 최대한 봐줘도, 김일성 항일 빨치산이라는 몇몇 대원이 동북항일연군 1로군에 자발적으로 끼었다고 봐야 한다. 앞서 민생단 사건에서 반 민생단 투쟁을 중지시키고 조선 독립 군대 창설을 승인했던 위증민이 만든 재만한인조국광복회도, 김일성은 자신이 만들었다고 거짓말한다.

이를 특별히 강조하는 이유는 재만한인조국광복회를 김일성이 여운형 선생과 같이 만들었다고 조작하고 있기 때문이다. **당시 김일성은 만주에 있었고 여운형 선생은 국내에 있었는데 어떻게 둘이 같이 단체를 만드나.** 몽양 선생이 생전에 김일성이 자신의 명성을 악용하고 있다는 것을 알고 얼마나 억울해하셨는지. 1936년 몽양 여운형 선생은 가르미슈파르텐키르헨 동계올림픽과 베를린 하계올림픽에서 각각 김정연, 이성덕[25], 손기정, 남승룡 등의 선수를

---

24 양세봉 (1894년~1934년) : 조선총독 처단작전을 꾸몄던 조선독립군 총사령관.

25 남자 스피드 스케이팅 1만 미터 출전자로, 당시 와세다 대학교 학생이었다. 스라소니로 유명한 이성순이 친동생이었다.

출정시키고, 또한 후일 일장기 말소 사건에서 총독부의 언론 말살에 대항하느라고 정신이 없을 때이다. 김일성이 이 같은 허언을 뿌리고 다닌 것을 지금 보노라면 얼마나 분노에 휩싸이는지.

마오쩌둥과 김일성의 비밀 손잡기

일본 제국주의가 패퇴한 후, 1946년 7월 중화인민공화국 중앙동북국은 북한에 특수 임무를 목적으로 연락 사무소 같은 걸 내고 싶어 했다. 북한에는 다롄의 지하당과 남만주 일대의 동북민주연군 부대들이 평양을 비롯한 여러 곳에 중구난방으로 사무실을 운영하고 있었다. 중화인민공화국 중앙과 동북국은 통합기구 설립이 절실했다. 동북국 서기와 동북민주연군 사령관을 겸하던 린뱌오(우리에겐 임표라는 이름이 익숙하다)는 이 업무를 천원과 사오징광에게 맡겼다. 8월 중순 주리츠와 함께 평양에 온 사오징광은 김일성을 만나 사정을 털어놨다. 김일성도 동북국 조선주재 연락 사무소 설립에 동의했다. 그리고 이 같은 사정이 밖으로 드러나는 것을 피하기 위해 평양이민공사라 하기로 했다.

공작 인원은 100명 남짓이었다. 조선어와 러시아어 통역도 고용했다. 동북과 교통이 편리한 지역과 항구 도시에 지사까지 냈다. 진남포, 신의주, 만포, 나진 지역에 지사를 내고 관리를 시작했다. 팔로군과 신사군에서 차출한 간부만 100명이 넘었고 전체 인원은 600명에 달했다. 평양이민공사의 업무를 원활히 하기 위해 조선노동당도 기구를 설립했다. 국민당의 지도를 받던 화교 연합단체 중화상회까지 해산시키고 화교위원회를 발족시켰다. 중국인이 비서장을 맡아서 모든 일을 처리하게 했다.

평양 이민공사는 동북야전군이 승리하기까지 2년간 존속했다. '부상병 안치와 전략물자 이전, 홍콩과 국민당 점령 지역에 있던 민주인사와 무당파 인사들의 귀국, 북한 측에 대한 원조 물자 요청과 식량 구매, 양국 국민과 정당 간의 우호합작, 화교 공작'등 5가지를 잘 수행했다는 평가이다.

국공내전에서 왜 만주 동북 3성 지역을 마오쩌둥의 공산당이

기어코 쟁취하고 말았는지 이해가 되는가? 일본이 세워서 당시에는 최첨단을 달리던 만주국 지역을 놓고 장제스와 마오쩌둥이 한판 대결을 벌였던 일은 결코 한반도와 무관하지 않다. **오히려 승리의 결정적인 열쇠를 북한 지역에서 제공했다.** 국공내전 시절, 마오쩌둥의 중공은 52만 톤 전략 물자, 18개 부대 등을 북한을 경유해서 만주 지역으로 진입시켰고, 국민당군이 단둥을 점령하자 2만 중화인민공화국 부상병과 가족들을 신의주를 통해 피신시켰다.

우선 장제스의 직계 부하였던 두위밍의 동북군은 지상군과 공군을 이용해 중화인민공화국의 184사단에 맹공을 퍼부었다. 압록강변까지 쫓겨간 이들은 더 이상 물러설 곳이 없었다. 김일성은

▌ 북한을 거쳐 중국 단둥에 도착한 인민공화국 측 인사들.

파격적으로 이들의 국경 넘기를 허락했다. 앞서 민생단 사건에서 등장한 저우바오중의 부인이 바로 184사단의 여군대장 왕이즈였다. 생사의 갈림길에 있던 184사단은 북한에서 휴식을 취하며 전력을 정비했다. 그러고는 두만강을 건너 만주로 이동해서 국민당군과 다시 싸워 크게 이긴다.

1947년만 해도 북한을 경유한 전략물자가 21만 톤이었다. 1948년에는 31만 톤에 달했다. 1946년에는 189개 부대가 북한을 경유해서 만주 동북 3성으로 진입했다.[26] 1947년에는 1만 명에 웃돌았다. 상하이에 있던 공산당 부대 지휘관들도 서해 건너 남포항에 들러서, 북한이 내준 열차를 타고 랴오둥반도로 향했다.

---

26 한겨레 21, 김명호 교수의 북 중교류 60년, 2019.10.19

중국 국공내전

국공내전의 전개

이 책에서는 제2차 국공내전(1946년 3월 31일~1950년 5월 1일)까지만을 다룬다. 이 전쟁의 결과 장제스는 중국 대륙을 잃고 타이완으로 몸을 도피해야 했다. 1949년에 중화인민공화국이 베이징에 깃발을 올렸다. 일본 제국주의가 패퇴한 뒤, 중국 대륙에는 중화인민공화국(마오쩌둥)과 중화민국(장제스) 두 거인이 패권을 다투고 있었다. 여기서 양쯔강 정도를 군사 분계선으로 삼아 분단되었으면 될 것을, 중국 대륙 전체를 공산당이 차지하고 원래 일본 식민지였던 타이완섬으로 장제스가 쫓겨난 것은 또 뭐란 말인가.

1945년 8월부터 중국 충칭시에서 장제스와 마오쩌둥의 중국

민주화를 위한 평화 회담이 열렸다. 마오쩌둥에게는 철천지원수와 만나는 것이라 혹여 자기가 죽을까 봐 소련의 유력 인사에게 피난처를 부탁하는 등 마지막까지 준비했다. 그도 그럴 것이 친척들, 무엇보다도 그토록 사랑했던 아내 양개혜와 하자정 두 여인을 장제스 부대의 추격전에 비통하게 잃었던 터였다. 그 외에도 혁명의 가치를 걸고 함께 일어났던 수많은 동지를 장제스 때문에 잃어버렸다. 아니 정확히 말하면, 조사통계국장이자 비선조직이었던 남의사의 대장 다이 리 때문에 잃어버렸다.

전쟁의 승패는 이미 1946년 7월 장제스가 초공전(공산당을 초토화시켜라)을 선언하면서 국민당 쪽으로 확 기울었다. 그런데 여기에 역전의 변수가 하나 있었다. 장제스는 그것을 무시했다. 그게

충칭시에서 평화회담을 열고 있는 마오와 장제스

뭐냐면, 중국 동북 3성 지역의 구 만주국 첨단 설비였다. 일본 제국주의의 침략 산물로 만주에는 1932년경부터 영국, 미국, 프랑스, 스웨덴 등의 최첨단 산업과 기술 그리고 인적 물적 자본 등이 집중적으로 투자되어 각종 사회 간접 자본들을 쌓아나갔다. 이 시설들을 먼저 탈취하는 쪽이 결정적으로 유리했다. 나머지 지역들은 모두 농촌 지역이라, 공업 중심 지역인 만주와는 확실하게 비교되는 지역이었다. 장제스는 병력을 만주 지역으로 집중시켰다. 그리고 단둥을 중심으로 심양, 하얼빈 등 점과 선을 그어 방어했다.

그러나 마오는 참모장 린뱌오를 시켜 숨겨둔 히든카드 북한을 300% 활용했다. 중국의 화남 지방에 있던 공산당 병력을 모두 배편으로 서해를 건너게 해 북한의 진남포와 신의주 철산 지역으로 후송한 후, 거기에서 편하게 휴식한 뒤에 국민당군의 뒤를 치는 전술을 주로 사용했다. 또는 철도로 강계군을 지나 무산군을 통과하여 두만강을 건너 만주에서도 국민당군의 수비를 뒤로 돌아 공격하는 형세를 띠었다. 이리되니, 만주에서 완전한 승세를 굳힐 수 있었다. 1948년 11월 랴오선 전역이라는 대규모 이벤트를 가지고 1948년 봄에 이르러 중공군은 만주 교외를 장악하며 선양, 창춘, 진저우를 따로 고립시켰다. 또한 선양과 창춘의 보급선이 되는 철도를 장악하면서 중국 국민당 측은 항공기를 통해 국민당군에 필요한 물품을 보급해야 했다.

공산당군의 린뱌오는 요충지 창춘에서 약 5개월 동안 기아(饑

餓)의 생지옥을 만들었다. 결국 국민당군은 장제스의 다급한 탈출 명령에도 이를 도저히 수행할 수 없었다. 결국 1948년 11월 2일 중국 동북 3성 최고의 요충지 센양이 함락되었다. 이 전역으로 인해 국민당 측은 만주에 대한 지배를 상실하였고 중대한 전략적 실패를 겪었다. 장제스가 전략적으로 배치한 버마 원정군 출신의 정예 병력은 랴오선 전역에서 모조리 붕괴했다. 정예 병력을 잃은 장제스에 비해 마오쩌둥은 중국 전역에서 가장 유리한 심리적 고지를 점령했다. 이에 따라 베이징과 톈진에 있던 국민당 정부군의 푸쭤이의 군대가 공격을 받게 되었다.

1949년 10월 1일 마오쩌둥은 베이징 자금성에서 드디어 중화인민공화국의 수립을 선포했다. 11월 30일 중화민국 임시정부의 수도였던 충칭을 함락시켰다. 12월 10일에는 청두에서 타이완으로 장제스가 옮겨갔고, 미처 타이완으로 탈출하지 못한 국민당군은 윈난성, 버마 국경 지역[27]에서 게릴라전을 벌였다. 중국 공산당 정부는 지금도 '하나의 중국'을 표방하면서 타이완 지역을 무력으로라도 합치려 하고 있다. 1950년 6·25 전쟁이 일어나자 미국 대통령 해리 트루먼은 타이완과의 관계에서도 똑같은 일이 벌어질 수 있음을 강조하며 타이완해협에 제7함대를 파견했다.

---

[27] 버마(미얀마) 국경 지역으로 도망친 국민당정부군의 잔당 세력이 그곳의 토착 부족인 샨족과 힘을 합쳐 세계의 마약인 양귀비를 다루는 골든 트라이앵글을 이루게 되고, 그 대장이 마약왕 쿤사이다.

쉿! 북한과 중국의 1948 비밀 동맹

1945년 8월 15일 일본 제국주의 완전 철수 이후, 한반도 북부와 만주 지역에는 소련군이 들어와 있었다(1945년 8월 25일). 이 소련군의 등에 타고 김일성과 김책 그리고 최용건과 김일 등의 항일유격대 혹은 동북항일연군 출신들이, 1945년 9월 19일 한꺼번에 함경남도 원산 항구를 통해 북한으로 들어왔다. 같은 해 10월 14일 평양 공설운동장에서 열린 소련군 환영대회에 김일성은 처음으로 대중들 앞에 정치인 김일성으로 소개된다. 이때부터 김일성은 무조건 위원장급의 대우를 받았다. 이는 스탈린의 계책이었는데, 러시아어와 중국어에 능통했던 김일성의 어학 실력이 십분 기여했다는 평가다. 1946년 2월 8일 북조선 임시 인민위원회가 수립되자 김일성은 그 위원장으로 정식 선출되면서 북조선의 지도자가 된다. 이때부터 간부들 사이에 '지도자 동지'라는 말이 생겨났다.

1948년 3월 16일 아직 정식으로 정부 수립이 되지 않은 비공식 두 나라 사이에 비밀 조약이 맺어진다. 바로 마오쩌둥의 중화인민공화국과 김일성의 조선민주주의인민공화국의 비공식 정상회담에서 맺어진 가칭 '조중군사협정'이 그것이다. 이 협정에는 첫째 서로의 정부 수립을 위하여 노력하고, 둘째 상호 간의 비상한 일이 있으면 적극적으로 서로 돕는 내용이 담겨 있다. 이는 대한민국으로 방향을 정한 백범 김구가 장제스의 중화민국과 충칭 임시정부 시절부터 서로 긴밀한 관계를 맺어 온 것을 의식한 것이다. 중국 대륙의 주인이 누가 될지도 모르는 와중에 이 협상의 배경에는 백범 김구, 약산 김원봉의 그림자가 짙었다.

1948년의 한반도를 둘러싼 숨 가쁜 움직임을 정리하면 다음과 같다.

1. 1월 27일 백범 김구, 남북 주둔군(미국과 소련) 철수 후, 자유 선거 주장.
2. 2월 8일 북한에서 조선인민군 창설.
3. 2월 10일 백범 김구, 〈3천만 동포에게 읍소함〉 통일 정부 수립 발표.
4. 2월 26일 국제연합, 한반도에서 UN 감시 가능한 한반도 남부에서만 총선 실시 가능 발표.
5. 3월 8일 백범 김구, 남북협상을 제의.
6. 3월 12일 백범 김구, 자신은 한반도 남부 총선에 불참할 것이라 예고.
7. 3월 16일 북한과 중국 공산당이 비밀리에 군사 협정 체결.
8. 3월 26일 북한, 백범 김구의 회담 제안을 수락함.
9. 4월 3일 제주도에서 4.3 사건(민족통일운동) 발생.
10. 4월 26일 김구, 김규식, 김일성, 김두봉 평양에서 남북연석회의 개최.

11. 5월 10일 한반도 남부와 제주도 1개 선거구에 1대 총선 실시.

　　중국 대륙에 공산당 정권이 들어서는 데 있어서 김일성의 북한의 기여를 냉정하게 생각해 보면 약 30% 정도의 지분이 있다고 본다. 그러나 중화인민공화국은 이를 지금껏 모조리 비밀에 부치고 공개하지 않았다. 지금도 공식 문서로는 북한과 중국 공산당의 비밀군사조약 체결을 부인하고 있다. 앞에서 서술한 국공내전에서의 김일성과 북한의 도움은 최근에야 알려진 것들이다. 중화인민공화국은 타국의 도움을 받지 않고 오로지 자주적으로 중국 대륙을 혁명했다고 하는 이상한 사조에 휩싸여 있는 것 같다.

세계 최악의 국제 관계 : 중국과 타이완

1장

류큐 열도,
그중에서도 오키나와 섬

오키나와, 소철지옥, 철의 폭풍

원래 이름은 난세이(南西)제도 혹은 류큐였다. '오키나와'라는 이름은 그 섬 중에 가장 큰 섬의 이름에 불과했다. 류큐 열도라는 이름을 일본 정부는 잘 쓰지 않는다. 일본 측의 행정 구역 명칭은 오키나와현이다. 일본 규슈섬 최남단 가고시마현으로부터 보자면, 아마미오, 기카이, 도쿠노, 오키노에라부, 요론섬까지가 아마미 군도, 그다음 오키나와섬과 게라마 제도, 그리고 센카구 열도, 미야코 열도, 아에야마 열도 이렇게 나뉜다.

이 섬들은 17세기까지는 류큐 왕국으로 불렸다. 그러던 것이 일본 규슈 최남단 가고시마현 즉 사쓰마번의 식민지로 아마미와 류큐가 차례로 넘어가면서 오늘날의 비극이 잉태되었다. 그들에겐 우선 자유가 없었다. 온난한 열대기후인 이 섬들에 사쓰마가 허락한 것은 오로지 설탕뿐이었다. 즉 다른 토착 작물들을 싹 밀어버리고 사탕수수만이 비즈니스 작물로 재배되었다. 류큐 사람의 다른 직업(원양어업 등)은 하나도 인정하지 않고, 심지어 반란을 일으킬까 봐 일체의 쇠붙이 같은 것도 허가해 주지 않아 **그들 스스로 '빈손 무술 자경단'이라는 것을 만들어 활동했다. 이 빈손 무술이 바로 공수도(쏲手道)로 가라테라는 일본 전통 무술이 되어 내려오고 있다.** 일본 고유의 무술이 아니라, 전혀 이질적인, 사쓰마의 류큐 식민 지배에서 유래한 것이다. 17세기부터 사쓰마의 폭압적인 식민 지배에 시달리던 류큐는 메이지 유신 이후 오키나와현으로 일본 중앙정치 무대에 강제 편입된다. 이때 명목상의 류큐의 왕은 도쿄로 끌려가 사람들 앞에 강제로 노출되는 수모를 겪는다.

1920년대 사탕수수 작물에 전염병이 돌면서 사탕수수의 생산량이 제로에 수렴하게 되자, 소위 소철(蘇鐵) 지옥이라는 것이 자리한다. 소철이라는 한해살이 식물의 씨앗과 열매를 제독(除毒)한 후 죽을 끓여서 먹어야 하는데, 이때 류큐 주민들은 너무 굶은 나머지 제독 순서를 지키지 않고 조리해 먹었다. 이 일로 거의 4만 명 가까운 주민들이 안타깝게 희생되었다. 또 1923년 일본 관동대지진 때에 일본에서 조선인들이 희생될 때, 류큐 사람이 조선인으로 오해를 사면서 같이 죽었다고 한다. 또한 오사카시의 다이쇼구 같은 경우는 '리틀 오키나와'라고 불릴 정도로, 1920년의 사탕수수 대기근은 오히려 전쟁국가 일본 제국주의의 군수 공장 오키나와에 저렴한 노동력을 무한대로 공급하는 최고의 시스템이 되었다.

1945년 3월 22일에 시작한 오키나와 전투는 미국 해공군과 일본군 전체의 운명을 건 한판 승부였다. 일본은 일본 본토로 미 해군이 들어오는 최악의 상황을 피해야 했다. 이미 일본의 도쿄와 오사카 등에서는 매일 엄청난 미 공군의 폭격이 퍼부어지고 있었다. 그래도 일본군은 절대로 항복하지 않았다. 3월 22일부터 6월 23일까지 미국은 오키나와 전체를 향해 폭격을 가했고 12,281명을 전사시키고 36,631명을 부상 입히는 어마어마한 희생을 치른다. 일본군의 희생은 더욱 커서 10만 7천 명이 전사하고 2만 명 가까이가 부상을 입었으며, 1만 5천 명이 포로로 잡혔다.

이 오키나와 전투에 있어서 가장 중요한 지점은 막대한 규모의 민간인 희생이다. 애초에 일본 제국주의자들의 머릿속에는 류큐 사람들의 인권이나, 그들이 자국민이라는 생각이 조금도 없었다. 그저 어찌하면 이들을 잘 활용해서 '우리 일본군의 희생'을 조금이라도 줄일 수 있을까 생각뿐이었다. 생각해 보자. 1895년부터 타이완에 모든 해군력을 동원해서 일본인으로의 동화 정책을 펼치고, 1905년부터 사실상의 식민지가 된 대한제국에 모든 육군력을 동원해서 동화 정책을 펼쳤기 때문에, 돈도 안 되는 류큐 왕국에는 관심이 매우 적을 수밖에 없었다. 따라서 오키나와에서 미국을 상대해야 하는 일본군으로서는 "당연히 이 조그만 섬은 우리 일본에 대한 충성심[28]이 적을 수밖에 없을 것"이라고 생각했다.

특히나 중일전쟁에서 각종 범죄를 터트린 후에 동원된 일본 제국주의 군대는 오키나와에서의 범죄 행각이 극에 달했다. 가장 많은 수의 민간인이 희생당한 것은 이른바 '스파이 색출'이었다. 현지 사정을 잘 아는 민간인이 방어 시설의 위치나 일본군의 병력 수를 미군에게 말해버리면 어떡하느냐 하는 것이 일본군에게는 심각한 문제였다. 삐라를 주운 주민을 무조건 살해하거나 오키나와어를 말하면 무조건 죽이고, 항복을 권유했다는 이유로 그 자리에서 총살을 하기도 했다. 전투가 끝난 이후에도 패잔병들이 미처 항복하지 못한 경우에 이런 불상사가 계속 일어났다.

가장 심각한 것은 일본군 특유의 '총옥쇄 집착'이다. 청산가리가 든 우유를 민간인에게 줘서 함께 마시고 자살을 강요하기도 했다. 하도 일본군이 '미군은 아들을 잡으면 죽여버리고 딸을 잡으면 강간한 후에 성노예를 만든다'라고 거짓 선전을 하자 이를 믿고 자기 아들딸을 죽여버린 일도 있다. 해당 주민은 미군이 오히려 식량과 약품을 지급해 주자 선전과는 전혀 다른 미군의 대우를 보고 자기가 죽인 아들딸의 시신 앞에 땅을 치고 울었다고 전해진다. 일본군은 오키나와 주민들이 항복하는 것마저 무조건 막으려고 들고,

---

28 일명 애국심, 즉 야마토 다마시(야마토 정신으로 재무장)라는 일본 특유의 광기와도 같은 제죽주의.

  4부 세계 최악의 국제 관계 : 중국과 타이완

항복하려는 기미가 조금이라도 있으면 무조건 사살하는 만행을 저질렀다. 이런 사례만 보더라도 이들 일본군의 심리는 정말 정상이 아니었다. **강요된 자살 사건 중에는 300명가량의 오키나와 주민이 자살당한 사건도 존재한다.** 800명 이상의 부상병들이 독극물로 '처리'된 사례도 보고 되었다니 참 할말이 없다.

2007년 일본 문부과학성은 역사 교과서 검정 과정에서 오키나와 전투 당시 일본군이 민간인들에게 집단 자살을 강요했던 부분에 대한 서술을 축소 및 삭제 그리고 왜곡하려고 시도하다 큰 반발에 직면했다. 문부과학성 검정위원회가 2008학년도 고교 역사 교과서의 검정 과정에서 5개 출판사 7종의 교과서에 대해 오키나와 전투 당시 민간인 집단 자살 사건에 관한 내용 중 '일본군의 명령', '강제' 등의 서술을 '실제 오키나와 전투에 관한 모습을 오해

히메유리 학도대로 선발되기 직전 오키나와 사범학교 여학생들.

할 우려가 있다'라면서 수정을 요구했던 사건이다.

오키나와 미군기지

남자는 끌어다 군대의 막노동꾼 혹은 졸병으로 쓰고, 여자는 끌어다 간호조무사로 쓰고, 정 안되면 일본군 성노예로 쓰고. 참, 류큐의 100만 도민(島民)들은 식민지 주민이 당할 수 있는 온갖 수탈을 죄다 당했다. 그래서 그런가? 태평양전쟁 이후에도 오키나와 전체는 미군에게 거의 식민 지배를 당했다. 원래 일본군과의 처절한 전투를 치른 미군에게는 오키나와를 그대로 일본에 줄 생각은 처음부터 없었다.

1945년 당시에는 공산주의 중화인민공화국의 태평양 진출을 막기 위해서는 오키나와의 가데나 공군 기지와 후텐마 기지가 최적의 장소였다. 오키나와는 동북아시아를 한 가운데 두는 최상의 전략적 위치였다. 미군의 식민지 상태는 1945년부터 1972년까지 계속되었다. 가데나 공군 기지는 주택 밀집 단지 한 가운데에 위치해 있다. 따라서 세계에서 가장 위험한, 그럼에도 불구하고 아무런 조치도 하지 않는, 그런 공군 기지로 악명을 드날리고 있다.

1945년부터 미국이 신탁통치를 실시 한 곳은 일본 난세이 제도와 류큐 제도 전체이다. 아마미 열도와 토카라 열도 두 가고시마에서 가까운 열도는 1952년과 53년에 각각 일본에 반납했다. 1952 년에 요시다 시게루와 맺은 샌프란시스코 조약 제3조의 내용은 다음과 같다.

일본은 북위 29도 이남의 난세이 제도(류큐와 다이토 제도), 소후암 이남의 남방 제도(보닌 제도, 로사리오, 화산열도), 파레세 벨리와 마커스섬을 미국이 유일한 관리 기관인 신탁 통치 체제 하에 두고자 하는, 미국이 유엔에 제시한 제안에 전부 동의한다. 이런 류의 제안과 그에 따른 긍정적인 조치가 취해질 때까지 미국은 그 영해를 포함한 그 섬들의 영토와 주민에 대해 일체의 행정 입법 사법권을 행사할 권리를 가진다.

사실상 오키나와를 미국이 포기할 경우 동북아시아 전체가 전쟁의 위협에 시달리는 형국이 되며, 중국의 태평양 진출로가 뚫려버리는 것이다.

최근 중국과 일본의 한판 실력대결이 가시화되고 있다. 다카이치 사나에 일본 총리가 "대만에 전쟁이 벌어지면 우리 일본의 존립이 어려워진다(臺灣有事 卽 日本有事)"라고 발언한 것을 두고 중국의 심기가 제대로 긁혔다. 이때 일본은 재빨리 고이즈미 신지로 방위상을 오키나와현 최서단 요나구니섬으로 보냈다. 그리고 그는 거기서 일본의 방위상으로서 일본 방위에 최선을 다할 것임을 선언했다. 이때 미사일을 배치해서 바로 가까이 바라다 보이는 중국 푸젠성을 겨냥하며 말했다고 한다. 이걸 바라보는 오키나와 주민들의 마음이 또 얼마나 내려앉았을까? 말 그대로 철렁 내려앉지 않았을까? 또다시 악몽이 되살아난다는 느낌이 아니었을까?

류큐 섬사람들은 각종 위기에도 발군의 생존력을 보여주었다. 그들은 강제 징용을 당하고 일본군 성노예로 동원되고 미군 기지에 본인의 고향을 내어주는 수모를 당하고도 일본 오사카에 리틀 오키나와를 건설해서 살아가고, 또 하와이로 대규모 이주를 해서 거기 하와이 주지사를 재선시키는 등 건설적인 면을 보여주었다. 또 한편으로는 세계에서 가장 많은 미군이 주둔하는 섬이라는 슬픈 역사도 함께 가지고 있는, **어찌 보면 우리 대한민국과 가장 유사한 아픔을 지니고 있는 곳이기도 하다.**

2장

1949년 국부천대와 진먼다오 격전

국부천대(國府遷臺)

장제스는 중국 대륙에서 마오쩌둥에게 졌다. 처음엔 무조건 이
긴다고 했다. 그런데 일본 제국주의의 막판 대륙타통작전 때문에,
그걸 극복하느라고 바닥으로 추락하다 못해 지하에 처박혀 버린
중국 대륙 전체의 민심을 도저히 이겨낼 수 없었다. 절대로 패할
수 없을 것 같았던 만주 동북 3성 전투, 랴오선 전역에서 일방적이
면서도 너무나 절망적으로 패배하면서 사실상 전의(戰意)를 상실
했다고 봐야 한다. 실제로 장제스의 회고에 의하면 랴오선 전역에
서 패배하면서 베이징과 천진으로 공산당 병력들이 대거 몰려들
자, "아, 내가 지겠구나. 더 이상 버티기가 어렵겠구나"라는 현실적

인 판단이 들었다고 한다. 1946년 다이 리 대장이 비행기 사고로 죽었을 때, 장제스 자신에게 드리워진 짙은 구름을 애써 무시했었다. 그런데 고작 3년 뒤, 이 넓은 중국 대륙과 5억에 가까운 인구를 모두 버리고 **국부천대(國輔遷臺)했다. 이는 '나라의 아버지가 천대를 받았다'라는 게 아니라, 또한 '나라의 아버지가 대만으로 옮겨갔다' 라는 건 더더욱 아니라, '국민당 정부가 대만으로 옮겨갔다'라는 뜻 이다.**

장제스의 중화민국 군대는 주로 쓰촨성을 포함한 중국 남부 지방에서 활동하다가 타이완으로 피신했다. 타이완으로의 철수는 1949년 10월 1일 마오쩌둥이 베이징에서 중화인민공화국을 수립 한 후에 4개월 동안 계속되었다. **타이완섬은 1895년부터 일본의 식 민지였다.** 그러던 것이 1952년 샌프란시스코 조약으로 일본이 완 전 철수하고 법적으로도 영유권을 포기할 때까지 일본의 일부로 남아 있었던 것이다.

여기서 우리가 잊지 말아야 할 포인트가 하나 있다. 장제스가 중국에서 타이완으로 건너온 것이 1949년 11월의 일인데, 1952년까 지 타이완이 일본의 일부였다고? **즉 장제스의 중화민국이 타이완 에서 자리 잡을 때까지 일본 대만총독부의 도움이 있었다고 봐야 한 다.** 일본은 우리나라와 타이완에 친일 정부를 세우기 위해 치밀하 게 작전을 짰다. 우리나라 초대 대법원장 김용무와 악랄한 친일파 배구자의 남편 김계조의 친일 정권 세우기 작당에 대해서 얼마나

알고 있는가?(부록 1 참고)

타이완은 조선과는 완전히 다른 식민지였다. 고려부터 조선까지 약 1,000년에 달하는 시간 동안 단일 중앙집권 국가였던 조선과 달리, 타이완은 정성공이 청나라 초기에 약 23년 정도(1661~1883) 동녕국을 세워 느슨한 부족연맹체 성격(물론 타이완에서는 조선왕조처럼 빛나는 중앙집권 국가였다고 가르친다고 들었다)을 띤 나라로 그저 우리 제주도 같은 섬이었다. 여기를 장제스가 1949년 11월에 치고 들어온 것이었다. 스페인의 식민지이기도 했다가 다시 네덜란드의 식민지이기도 했다가 또다시 포르투갈의 식민지이기도 했던 작은 섬 타이완. 이전에는 완전히 잊혔다가 1895년 청일전쟁의 전리품으로 일본이 차지하게 되면서, 영국과 일본의 해양 무역 중계지로 역사 속에 등장했다.

그 넓은 중국 대륙을 내버려두고 전에는 신경도 쓰지 않던 바다 건너 섬으로 가는 장제스의 심정은 어떠했을까? 이 역사의 장면을 떠올리면 나는 장제스도 장제스지만 장제스를 따라가는 국민당 계열의 마음이 어떠했을까 싶다. 그 수많은 역사적 문화재를 챙겨서 타이완의 고궁박물관에 한 점 한 점 넣으면서 언젠가는 저 중국 대륙을 완전히 차지하고 말겠다는 각오를 하지 않았을까? 실제로 국광(國光) 작전이라고 해서 우리나라 6·25 전쟁 때 맥아더 사령관에게 "이번 기회에 우리는 미 7함대와 함께 중국 푸젠성을 향해 올라갈 테니, 미국과 유엔군은 대한민국 군대와 함께 압록강을 건너시라"라고 말한 적도 있다. 그러나 그것은 한여름밤의 꿈으로 끝나고 말았다. **작전의 전모를 눈치챈 마오쩌둥이 원래 타이완을 침공하려던 쑹스룬 부대를 한국전쟁에 참가시켰던 것이다.**

구닝터우[29] 전투

장제스의 중화민국 군대는 1946년경부터 마오쩌둥의 인민해방군에게 연전연패였다. 원래는 중국 최남단 하이난섬도 타이완과 마찬가지로 국민당군의 최후 철수 보루였으나 인민해방군의 공세 앞에 무기력하게 내주고 말았다. 여기에는 해군과 공군의 열세마저 무력화시켜 버린 하이난섬 자체 공산당 게릴라의 활약을 빼놓을 수 없다. 따라서 타이완은 국민당군에게는 무조건 지켜야 하는 최후의 요새였다. 그 타이완을 가기 위해서는 반드시 통과해야 하는 지점이 있었다. 바로 진먼다오(금문도)와 마쭈다오(마조도)라고 하는 아주 작은 섬 두 개(정확히는 13개)였다. 타이완 측에 붙어 있는 섬이 아니라, 오히려 중국 대륙에 찰싹 붙어 있는 섬들이다.

난징과 상하이가 공산당의 수중에 떨어진 1949년 6월, 이 두 도시에 마지막 희망을 걸고 있던 장제스는 패배 소식을 들은 직후,

---

29　고(古)령(寧)두(頭) 전투(戰鬪): 진먼섬 북서쪽 해안의 지명, 인민해방군의 유일한 상륙 가능 지점.

저 멀리 남측의 타이베이로 도망칠 결심을 굳혔다고 한다. 그러곤 바로 진먼다오의 요새화를 서둘렀다. **진먼다오는 원래 일본이 중국의 침략(?)으로부터 타이완을 지키는 요새였다고 하며,** 중일전쟁기에 더욱 강화되었다고 한다. 원래 상하이 남동쪽 양쯔강 하류 삼각지의 군도들, 그리고 하이난섬까지 모두 지키는 전략이었지만, 마쭈다오와 진먼다오, 그리고 펑후제도와 타이완, 이렇게 방어했다.

1949년 10월 24일 밤, 인민해방군 상륙대는 진먼다오를 정벌하기 위해 군대를 출동시켰다. 그런데 승리에 대한 확신 말고는 아무런 사전 준비를 하지 않은 상태였다. **가장 큰 문제는 저녁에 출발했다는 점이다. 즉 썰물이 시작되는 시점에 출발했으니, 정상적으로 진먼다오에 상륙하지 못하고 전원 '펄'에 갇히는 사태가 일어난다.** 거기에 우연히도 자정 무렵에 한 명의 순찰병이 지뢰를 잘못 건드려 폭발 사고가 발생했는데, 이를 인민해방군의 공격 신호로 오인한 국민당군은 해안선 전역을 수색하다가 펄에 갇혀서 오도 가도 못하는 인민해방군들을 발견하여 총공격을 가하기 시작한다.

10월 26일 새벽, 인민해방군은 상륙대를 증원 파견하려고 시도했으나, 이번에는 국민당 군대의 공군에게 집중 폭격을 당한다. 그러고 보니 아직도 제공권(制空權)은 국민당 군대에게 그대로 있었다. 또한 펑후 열도에서 출발한 호위구축함 타이핑호가 새벽 2시에 진먼 열도에 도착하여 상륙을 저지하기 위한 함포를 쏘기 시작하고, 섬에 주둔해 있던 중화민국군이 공중 지원을 받으며 공격을 시작하자, 인민해방군은 속수무책으로 밀릴 수밖에 없었다.

10월 27일 밤, 드디어 보급품(식량만을 말하는 게 아니다. 가장 중요한 보급품이 바로 탄약과 포탄이다)이 다 떨어진 인민해방군 생존 부대는 철수하려고 시도했으나 구닝터우 해안에 고립되었고 교전 끝에 500명가량이 전사하였다. 나머지 병력만으로는 전투가 불가능했다. 마오쩌둥은 패배를 인정할 수가 없었다. **그 거대한 중국 대륙을 모조리 장악했는데, 어찌 이 작은 섬 하나를 정복하지 못할 쏘냐?** 계속 증파를 했으나 도착한 병력들이 그대로 포로로 잡혔다.

결국에는 10월 28일, 저항하던 나머지 병력들 마저도 모조리 사살되거나 포로로 잡히면서, 구닝터우 전투는 패배를 거듭하던 중국 국민당 정부군에게 오래간만의 대승을 안겨주었다. **장제스는 타이완을 수호해 냈다.**

소3통(小3通), 중국과 타이완의 소통, 한반도는?

마오쩌둥의 중화인민공화국과 장제스의 중화민국은 구닝터우 전투 외에도 1958년 다시 진먼다오에서 국지전을 통해 전 세계에 긴장과 갈등을 퍼뜨렸다. 우리나라의 6·25 전쟁 때에도 국광 작전을 통해 중국 본토 수복 의지를 보였던 장제스였다. 또한 마오쩌둥도 1949년 구닝터우 전투, 1958년 구닝터우와 진먼다오 전면전을 통해 갈등을 표출하고 있었다. 소위 '양안 관계'라는 세계 최악의 국제 관계를 한 치의 양보 없이 전 세계에 보여주고 있다.

중국은 1979년 덩샤오핑의 집권 이후, 개혁과 개방 우선 정책을 통해 이제 정치적으로는 공산주의 일당독재를 관철시키지만, 경제적으로는 완전 자본주의를 실현하고 있다. 덩샤오핑, 장쩌민, 후진타오를 거쳐 최근에는 시진핑에 이르기까지 중국의 개혁 개방은 전 세계적으로 G2 체제[30]를 구축하고 있다.

타이완은 장제스 시절부터 계엄령 체제 구축을 통해 국민당 1당 독재를 진행하다가, **1991년 리덩후이 총통의 계엄령 해제로 국민당과 민주진보당 양당제를 성공적으로 정착시킨 '민주주의-자본주의' 체제를 자랑한다.** 이는 한국과 비슷한 발전 양상이다. 특히 반도체 단순 제조 분야에 있어서는 대만의 국민기업 TSMC가 전 세계 단순 반도체 80%를 제조하는 압도적 시장 점유율을 보여준다. 이는 더 이상 거대 국가 중국에게 억압받지 않겠다는 타이완의 독립 선언으로 나타나고 있다. 물론 공산당의 중국은 이를 전혀 인정하지 않고 오직 '하나의 중국[31]' 원칙 만을 고수하고 있다.

---

30 중국의 개혁개방 노선은 세계의 공장 지위를 유지하여 1차 농림수산업, 2차 단순 공업 제조업 등에서 누구도 도전할 수 없는 1인자로 군림하고 있다. 참고로 G2란 미국과 중국을 말한다.

31 하나의 중국의 기치 하에 신장 위구르 자치주, 내몽골 자치주, 티베트 자치주, 회족 자치주, 연변 조선족 자치주, 광서 좡족 자치주에 이어서 마카오와 홍콩까지 중국은 민주주의를 전혀 인정하지 않고 공산당 1당 독재 체제를 밀어붙이고 있다. 따라서 타이완은 이런 강압적인 중국의 외교 원칙을 조금도 인정하지 않고 있는 것이다.

틈만 나면 중국은 타이완을 선제공격하려고 노리고 있다. 많은 국제 문제 전문가가 이를 가짜 뉴스라고 말하지만, 2029년 중화인민공화국 수립 80주년을 맞이해서 중국이 타이완을 선제공격할 것이라는 시나리오가 돌고 있기도 하다. 그런데 이 같은 주장에는 **한 가지 더 들여다 봐야 할 요소가 있다. 바로 '소3통 전략'이다.** 이는 중국 공산당과 타이완 민진당 사이에 맺어진 외교 정책으로, 양안(兩岸) 사이의 경제 교류를 강화하고 중국에 대한 대만의 경제 의존도를 높여 경제 통합이라도 이루자는 데에 주안점을 두고 있다. 타이완의 마쭈다오와 중국 푸젠성 푸조우, 타이완의 진먼다오와 중국 푸젠성 샤먼, 그리고 타이완의 펑후열도와 중국 광둥성의 신터우 간에 말 그대로 작은 교류를 이어가자는 전략이다. 그동안 홍콩 단일 경로를 통해 교류를 이어왔던 두 나라는 이 소3통 전략을 통해 엄청난 물류비용 감소 효과를 예상한다.

실제로 타이완 정부는 2001년부터 진먼다오와 마쭈다오를 개방해서 소3통 전략을 실천해 왔다. 국공내전은 아직도 끝나지 않았다. 만약 중국이 타이완을 침략할 경우, 일본 오키나와에 있는 가데나 공군기지에서는 즉시 미군 전략 폭격기가 출동하여 중공군에게 타격을 입힐 것이다. 마쭈다오와 진먼다오는 오늘도 긴장감이 날로 더해간다. 그럼에도 불구하고, 두 섬은 중국과 타이완 정부 간의 소3통 전략이 제대로 먹혀 들어가는 현장으로 사람 간의 통혼(通婚), 물자 교류, 전자통신상의 자유 등을 누리고 있다.

3장

일본은 타이완을 어떻게 식민통치했나

청일전쟁의 전리품과 미쓰비시 대기업

1894년 조선의 동학농민전쟁 진압을 빌미로 청나라 군대가 평택항을 통해 조선으로 들어왔다. 톈진조약의 '청나라와 일본 중 하나라도 조선에 들어가게 되면 상대방에게 통보한다'라는 조항을 어겼다는 이유를 들어, 히로시마 대본영의 내각총리대신 이토 히로부미가 출병을 명했다. 결국엔 조선의 법궁(法宮)이었던 경복궁을 범궐하여 고종의 항복을 받아내고 뒤이어 청나라와 서해에서 해전을 벌이고 평택에서 육지전을 벌였고 이겼다. 그 승리 뒤에 시모노세키에서 강화 회담이 열렸다. 그 회담에서 청나라 전권대신으로 왔던 리훙장에게 내각총리대신 이토 히로부미가 달라고 한 땅 중 일 순위가 바로 포르모사(FORMOSA), 즉 포르투갈어로 아름다운 섬이라는 뜻의 청나라 영토, 타이완이었다.

장제스가 중국 대륙을 다스리던 시절의 중화민국 정부는 이 시모노세키 조약을 대표적인 식민지 시절의 불평등 조약으로 간주해서 폐기를 주장했으나, 결국 관철되지는 못했고 타이베이에 중화민국 영사관을 두었다. 일본의 타이완 실효 지배를 인정하는 꼴이었다. 일본은 류큐 지배 이후, 청나라의 바닷길을 반드시 장악하고 말겠다는 야욕을 드러낸바, 이는 멀리 영국과의 바닷길 왕래를 위해서는 타이완을 반드시 제 것으로 해야 한다는 욕심이 작용한 것이었다. 1895년 청일전쟁 승리의 전리품으로 타이완을 먹어버리고 50년 동안 타이완은 일본의 식민지로 전락해 있었다. 일본 제국주의에게 타이완 전체가 넘어갈 것으로 보이자, 청나라 일부 인사들이 '대만 민주국'을 건설해서 일본과 싸웠으나 첫 식민지 총독으로 임명받은 가바야마 스게노리에게 그대로 진압당했다.

사담이지만 타이완 전체의 기후는 아열대라 매우 습하고 더웠다. 일단 말라리아를 전염시키는 모기가 정말 극성이었다. 게다가 물이 낯설었기 때문에 설사병인 이질, 장티푸스까지 더해저 괴롭기 그지 없었다. 이 고통을 돌파하기 위해 온갖 지혜가 다 나오는데, 그 결과로 도쿄대학교 의학부와 규슈제국대학교 의학부의 의학 기술이 발달했고, 아이스크림 셔벗을 개발했다. 지금도 일본 의학계를 대표하는 두 의학 명문과 아이스크림 제빙기라는 체온을 획기적으로 낮추는 발명품이 여기서 나온 것이다.

일본은 대만 통치에 정부 기관이 앞장서지 않았다. 기업 즉, 재벌 집단을 내세웠는데, 바로 오늘날까지 건재한 미쓰비시 그룹이다. 미쓰비시 그룹은 일본 정부의 대만 정벌에 선박을 제공하면서 협력하기 시작한다. 일본 정부는 미쓰비시에 많은 수의 선박을 무상으로 불하하고 보조금을 지급하는 등, 전폭적인 지원을 아끼지 않았다. 미쓰비시는 해운업을 중심으로 식민지 사업에 깊이 관여하였다. 지금도 미쓰비시-델리카, 미쓰비시-콜드 플러스 등 자동차 관련하여 수많은 대만형 모델들을 개발해서 여전히 수익을 창출하고 있다. 대만 폭스콘 센터와도 인공지능 데이터 협력을 통해 소위 친일 이미지를 구축하고 있다. 따라서 일부 일본 우익들은 "조선(대한민국)은 왜 대만이나 인도네시아처럼 일본 제국주의에 감사할 줄 모르나?" 하는 망언을 서슴지 않는다.

그런데 타이완의 경우, 최대의 빌런은 역시 대륙의 공산당 중국의 존재이다. 14억 중국의 위력 앞에, 늘 떨어야 하는 타이완의 존재. 중국은 푸젠성 하나에 타이완 정책을 맡기고[32] 윈난성 하나에 전(全) 인도차이나반도 정책을 맡기는 오만함을 저지르고 있다. **우리 대한민국은 그와 반대로 시진핑이 전체 중국을 통째로 동원해**

---

32 현재의 중국 국가 주석 시진핑은 1985년~2002년까지 17년 동안 푸젠성 샤먼, 닝더, 푸저우 일대에서 공산당 서기로 근무했다. 따라서 대(對) 타이완 정책에 있어서는 제1인자이기도 하다.

관리하는 몇 안 되는 나라이다. 참고로 북한은 랴오닝성 하나가 관리한다.

고토 신페이 부총독과 아카시 모토지로 총독

1895년부터 타이완에는 일본 제국주의의 대만총독부가 있었다. 식민지 대한제국보다 15년이 긴 시간 동안 존속했다. 일본은 청나라 세력의 민주대만국을 무찌르고 일본 식민지를 실현한 1대 총독 가바야마 스케노리를 시작으로, 2대 총독은 1905년 대한제국을 일본에게 할양한 조건으로 유명한 가쓰라-태프트 밀약의 가쓰라 다로였고, 다시 3대 총독은 1904년과 05년 러일전쟁의 만주 다롄 203고지전투로 악명 높은 노기 마레스케였다. 이러한 육군 대신들이 초기 타이완 식민지를 장악하는 동안, 청나라의 지배 세력들은 뒤늦게 결사항전을 외치면서 리훙장의 매국 행위(타이완을 일본 식민지로 팔아먹은 행위)에 대한 불복종을 외치고 있었다.

1898년 3월 일본의 저명한 의사이기도 했던 고토 신페이가 사실상의 부총독 직책과 다름없는 민정장관에 취임했다. 그는 그로부터 1906년 11월 12일에 물러나기까지 8년 동안, 일본 제국주의의 식민지 대만 통치에 하나의 모범을 보인다. 이게 무어냐 하면, 당근과 채찍 정책이었다. 당시의 대만에는 아편 중독자들이 많았다.

아편을 재배하고 사탕수수를 재배하는 풍토 때문이기도 했지만, 아편을 재배해 바다 건너 푸젠성과 광둥성에 파는 것이 막대한 이익을 가져다 주었기 때문이다. 고토 신페이는 아편을 재배하는 사람들과 중독된 사람들에게 보건증을 하나하나 지급하면서 중독자 비율을 점차 줄여나가는 획기적인 정책을 펼쳤다.

채찍 정책은 우선 소수민족 탄압 정책이 있었다. 타이완 동부 즉 태평양 방면의 산악지대(타이완은 굉장한 산악지대가 동부 전체에 걸쳐서 있다. 한반도 최고봉 백두산의 높이는 2,744m인 데 반해, 타이완의 최고봉 옥산은 무려 3,952m이다)에 사는 산악 소수민족을 철저히 차별 대우하고, 저항하는 경우 살려두지 않았다. 두 번째는 일본에서 건너온 일본인들과 대만인을 "광어의 눈을 도미 눈알로 만들 순 없다"라는 원칙 하에 차등 정책으로 대우했다. 이 때문에 당시 무려 3천여 명이 군·경에 의해 희생되었다.

이외에도 대만총독부의 특기할 만한 총독으로 아카시 모토지로가 있다. 그는 일본 근현대 최고의 모략가이자 스파이의 수장이다. 믿어지지 않겠지만, 러일전쟁의 승패를 좌우한 인간이었다. 제정 러시아의 혁명 분위기를 배후에서 조종하고 당시 일본 제국주의 군부의 최고 실력자 야마가타 아리토모의 결단으로 100만 엔, 지금 가치로는 400억 엔 이상의 자금을 러시아 레닌 등의 혁명 자금으로 제공해서 제정 러시아를 그 뿌리에서부터 무너지게 만들었으며 러일전쟁에 대한 반전 분위기를 고조시켰다고 한다. 이토 히로부미는 아카시 모토지로의 이 같은 활약에 대해 "혼자 10개 사단의 역할을 해냈다"라며 칭찬했다.

그는 대한제국으로 부임(러시아에서의 행동 때문에 유럽에서는 기피 인물 1호였다고) 후, **13도 창의군의 대장 왕산 허위 선생을 서대문형무소에서 직접 심문하고 사형시키는 등** 제국주의 초기 운동에 기여하였다. 그런데 러시아에서의 스파이짓, 대한제국에서의 고문 등 모진 일을 너무 많이 겪었는지, 1918년 대만 총독으로 갔을 때에는 '아주 어진 총독'으로 자리한다. 대만의 기본적인 사회간접자본 시설들을 짓고 경제를 안정시키는 데 중요한 역할을 담당했다. 리위에탄 수력발전소를 짓는 등 긍정적인 역할을 다한 아카시 모토지로는 마지막 사업으로 일본 국회로부터 1918년 2천6백만 엔의 예산을 추가로 받아내 1만 6천여km의 카난 관개시스템을 건설했다.

그는 자기 고향 후쿠오카를 방문하다가 지병으로 사망하였다. 유언으로 대만에 안장되기를 원한다고 밝혔으며, 이를 두고 후대에는 자신을 대만을 지키는 상징적 존재로 남기고자 했던 의지의 표명으로 해석하기도 한다. 결국 다이호쿠에 있는 묘지에 매장되었고, 그는 타이완에 묻힌 유일한 대만 총독이다. 대만인들은 아카시의 가족을 위한 모금을 하고, 기념비를 세우기 위해 3백만 달러라는 거금을 모아 기부했다.

조명하 사건과 우서 사건

　대만이 일본 제국주의의 식민지였을 시기, 우리와 특히 때어 놓고 생각할 수 없는 것이 바로 조명하 의사 사건이다. 1905년에 태어나 1928년 23살 나이에 희생되었다. 황해도의 공무원 서기로 일하다가 1926년 6·10만세운동에 자극받아 고향을 떠난 그는 오사카에서 메리야스 공장 직원으로 일하다 1927년 11월에 일본을 떠나 타이완으로 갔다. 상하이의 대한민국 임시정부로 합류하려 했지만, 금전적인 이유 등으로 타이완에서 와신상담(臥薪嘗膽)하던 중, **"타이완 현지에서도 항일 운동의 마음만 있으면 해낼 수 있다"**라는 결심으로 현지 항일 운동가들과 교류하면서 일본인이 경영하던 찻집에 종업원으로 일단 취직했다.

　1928년 5월 14일 일본 쇼와 천황의 장인인 구니노미야 구니요시 왕이 육군 특별 검열사로 타이완에 파견되자. 그를 저격하기로 마음먹고 타이중에서 열린 환영식 도중에 개똥을 칼에 발라 던졌다. 이는 구니노미야의 목을 스치고 운전사의 등을 찔렀고, 그는 현장에서 경찰에게 체포되었다. 이 사변으로 인해 대만 총독 가미야마 만노신이 즉각 사임했고, 조선에서도 조선인 관리를 잘못해서 벌어진 일이라고 야마나시 한조 총독이 사임한다. **구니노미야는 칼이 목에 스친 상처를 가볍게 여겼다. 때마침 온천욕을 하러 일본 아타미로 이동하**

다가 맹장염이 발발했고, 그때 대만에서 얻은 상처가 패혈증[33]으로 번져서 이 사건 7개월 후 1929년 1월 27일에 사망했다. 조명하 의사는 심한 고문을 받다가 타이완에서 사형을 선고받고, 1928년 10월 10일 타이베이 형무소에서 총살당하며 순국한다. 일제 강점기 황족을 암살 대상으로 삼았다는 점에서 거의 유일한 사례이다.

우서 사건은 1930년 10월 27일 타이완 동부 타이중주 관할이던 우서에서 세디그족이 일으킨 무장 저항이다. 1895년 이후 누적되어 온 민족 차별과 식민 권력의 폭압에 맞서, 약 300명의 세디그족이 봉기해 일본 민간인과 군·경 인원 등 134명을 살해했다. 사건의 주동자인 모나 루도는 이후 전개된 일본 제국의 대규모 보복 작전 속에서 생을 마감했다.

이 사건은 타이완의 원주민인 세디그족 특유의 저항 정신과 전투성이 일본군의 식민지 근대화론과 결국 화해하지 못하고 벌어진 살육전이었다. 보복전으로 일본은 무려 2천 명의 병력을 우서로 보내고, 독가스가 주입된 산탄을 살포하기도 했다. 세디그족도 11월 4일부터 전사를 조직해서 일본 제국주의에 저항했다. 그 수는 천 명이 넘었다. 3개월간의 봉기 끝에 1930년 12월 17일 진압이 완료되고, 남은 세디그족은 500여 명이었다. 다시 1931년 4월 25일에 일본 측에 달라붙은 친일파 세디그족에 의해 반일 세

---

33 이때나 지금이나 아주 먼 미래에도, 패혈증은 예방주사 외에는 약도 없는 증세이다. 한 번 발병하면 죽는다.

디그족 220여 명이 살해당했다. 5월 6일에는 살아남은 세디그족이 모두 타지(신베이시, 혹은 타이베이시)로 강제 이주되고 협력자 적발도 계속되었다.

반란 봉기의 주도자였던 족장 모나 루도는 1895년부터 일본군 침략자에 대해 저항했지만 실패했고, 여동생인 티와스 루도가 일본군 일개 경찰관 콘도 요시자부로의 첩이 되어 사실상 성적 노리개가 되는 수모를 당한다. 이후 35년간 발톱을 숨기고 살아가다가 1930년 저항을 시작했는데, 슬하의 8남매 중 장녀 하나를 제외하고 7남매가 모조리 일본군의 칼날과 총 대포 앞에 순절(殉節)하게 되는 비극을 맞이했다.

4장

2·28 타이완 민중 학살과 백색 공포시대

타이완이 원래부터 친일이라고?

타이완에서의 일본 제국주의는 우서 사건에서 보다시피 아무리 좋게 포장하려고 해도 절대 좋아질 수 없는 것이었다. 1945년 8월 15일 태평양전쟁에서 패한 일본은 타이완에서 그동안 비교적 온건한 제국주의를 했다고 포장했다. 일본은 국공내전에서 국민당 정부에게 타이완을 넘겼지만, 그래도 호시탐탐 친일 정권을 세우려고 애를 쓰고 있었다. **대만인들이 늘 일본인에 이은 2등 주민 대접을 받은 것이 그러했고, 또한 1937년 중일전쟁 때 대만인들은 조선이 그러했듯이 무한정 수탈을 당했다.** 그래서 대만인들은 국민당 정부에 대해 많은 기대를 가지고 있었다.

　　그런데 국민당 정부는 중일전쟁과 대륙타통작전의 후유증으로 그야말로 앓는 중환자였다. 인플레이션과 부정부패 그리고 인력 물자 부족으로 끙끙 앓던 도중이라, 일본 식민지였던 타이완에 대한 이해도가 제로를 넘어 마이너스에 가까웠다. 상당수 국민당원들은 1945년 이전부터 살던 타이완인 대다수가 친일파 혹은 친일 조력자라고 간주하고 있었던 것이다. 일본 육군사관학교를 졸업하고, 육군대학까지 나온 천이 국민당 타이완 행정장관[34]은 일본어를 능숙하게 구사하는데도 불구하고 타이완에서 근무하면서 중국어만 사용했다. **오랜 일본 식민지 생활 중에 타이완인 중, 중국 북경어를 사용할 수 있는 인원은 거의 없었다.** 천이 장관은 이러한

▍ **대만총독 안도 리키치(좌)의 항복을 받는 천이(우).**

---

34 천이 장관은 사실상 중국 내에서 타이완을 가장 잘 파악하고 있던 사람이었다. 중국 푸젠성에서 근무하며 늘 '일제의 타이완 통치'를 찬양하던 사람이었다. 푸젠성에 그대로 적용해봐야지 하고 늘 연구하고 실전에 적용해 보던 사람이니 어찌 슬프다 아니 할 것인가.

타이완인들을 향해 "너희 대만인, 우리 중국 사람"이라는 표현을 해 대만인들의 반감을 샀다.

그러던 도중 1947년 2월 27일, 잠잠하던 시한폭탄은 마침내 터지고 말았다. 타이베이 위안환 빌딩 인근에서 한 과부가 천마다방 앞 노상에서 담배를 팔고 있었다. 당시 타이완에는 담배 단속령이 시행되고 있었는데, 담배처럼 높은 이윤을 남길 수 있는 기호식품은 국민당이 관리하는 관영 기관에서만 판매하도록 규정되어 있었기 때문이다. **그러나 이러한 규정은 북경 중국어로만 공지되어 있었고, 다수의 타이완인은 그 내용을 제대로 알지 못한 채 기존처럼 개인 노점을 통해 담배를 판매하고 있었다.** 중국 국민당 군경은 이들을 단속하며 담배를 압수하고 부당이득을 몰수했으며, 그 과정에서 해당 과부를 총의 개머리판으로 무차별 폭행했다. 이 광경을 목격한 타이베이 시민들이 즉각 항의에 나섰고, 이를 진압하는 과정에서 경찰의 발포로 한 학생이 총에 맞았다. 사태가 걷잡을 수 없이 확산되기 시작한 순간이었다.

총에 맞은 학생은 결국 사망했다. 본성인(원래 타이완 사람)의 분노는 극에 달했다. 이에 중국 국민당이 수세에 몰리게 된다. 외성인(좋게 말해서 국민당 당원과 그 가족들)을 코너로 몰아붙였다. 본성인들은 경찰서 무기고를 습격해서 일본군이 남기고 간 군복, 철모, 무기들로 무장하였고, 일본군이었는데 미처 본국으로 돌아가지 못한 사람들이 지휘를 맡으면서 무장봉기 수준이 되었다. **본성인**

　4부 세계 최악의 국제 관계 : 중국과 타이완

과 외성인은 그야말로 최악의 감정싸움 유혈 사태로 치닫는다. 대만 어를 쓸 줄 아는지? 기미가요를 부를 줄 아는지? 심지어 외성인들에게 '짱꼬로'라면서 격하하는 발언을 했는데, 이는 일제강점기 시절 중국인을 비하하던 말이었다. 우리에게 익숙한 짱꼴라[35]가 이에 해당하는 은어이다.

3월 2일 타이완성 행정장관 천이는 '첫째 계엄령을 해제하며, 둘째 체포된 시민은 석방하며, 셋째 군경의 발포를 엄금하며, 넷째 참의원에서 대표를 추천하여 이번 사태를 처리하기로 한다'라고 발표했다. 그런데 해결될 실마리가 보이지 않으니 3월 5일 '담배 등의 전매제도를 즉각 폐지하고, 대만성 행정 장관의 주요보직(비서장, 민정장, 교육장, 재정장, 경무장 등)에는 본성인을 등용한다'라고 고쳐서 발표한다. 그런데 이것은 모두 페이크(가짜 액션)였다. 3월 8일 천이 대만 행정성 장관은 본색을 드러내어 모든 협상 결과를 뒤엎고 오로지 무력으로 타이완 전체를 학살하기 시작한다. 천이 장관은 추악하게도 앞에선 협상을 하고 뒤에선 당시 중국 대륙 충칭에 있던 장제스에게 병력 증파를 요구하고 있었다. 장제스는 천이의 보고만을 믿고 당장 병력증파를 결정했다. 3월 8일부터 대대적인 타이완인 대학살이 시작되었다. 지룽시에서는 함포 사격까지 이루어졌다. 물론 민간인 밀집 지역을 대상으로 했다. **이때**

수많은 일본인과 조선인도 피하지 못하고 죽었다. 타이베이 지역의 치안을 담당하고 있던 중학생들도 수백 명이 총살당했다.

사건 발생 50주년에 나온 보고서에 의하면 2만 8천 명이 사망하고, 또 별도로 외성인 800명이 죽은 것으로 나온다. 시위에 참석하지 않아도 수상한 사람으로 지목되어 죽은 사람이 부지기수였다. 대만 역사에 무지한 외성인이 볼 때 본성인들은 모조리 친일파였다. 외성인은 일본어를 몰랐고 본성인은 일본어만 잘했으니, 서로가 의사소통이 되지 않아 사태는 걷잡을 수 없이 확산되기만 했다. 또한 이른바 청향(清鄉) 작업이라 불린 대대적 토벌 작전이 전개되었다. 대만 지식인들 가운데는 이를 우서 사건의 재현이라고 비유할 정도로 산악 지방에서 게릴라전을 벌였기에 장제스는 이들을 모조리 죽이라고 명령했다. 정말 그 명령대로 1957년까지 타이완은 전체가 하나의 거대한 살인장이었다. 그 게릴라들과 연관되었다고 의심받으면 그 자리에서 총살이었다.

장제스가 1949년 11월에 타이완으로 옮겨오면서, 이 2·28 사건은 금기가 되었다. 영화 소재로 쓰거나 관련 역사책을 내는 사람이 있다면 당연히 처형이었다. 장제스는 마음이 급했다. 이런 급한 마음이 있었기 때문에 오히려 마오쩌둥에게 결국은 대륙을 내주고 말았던 것이다. 마지막으로 참극의 원흉, 행정성 장관 천이의 추후 행적에 대해 알아야 한다. 그는 그 이후에 저장성 주석으로 임명되었다가, 장제스를 배신한다. 그리고 공산당 측에 자리를 알아보다

  4부 세계 최악의 국제 관계 : 중국과 타이완

체포되어 타이완에서 처형당한다. 정말 인과응보 원칙이 제대로 들어맞은 인물이다.

타이완 백색 공포시대

일본 제국주의는 중국을 침략해 중일전쟁을 일으켰고, 이른바 대륙타통작전을 통해 중국 대륙에 막대한 피해를 남겼다. 타이완은 그보다 앞선 1895년 일본의 식민지로 편입되었으며, 초기의 격렬한 저항이 진압된 이후 일본의 첫 식민지로서 오랜 식민 통치를 경험했다. 약 50년에 걸친 일본 통치 기간 동안 타이완 사회에는 일본어 교육과 제도가 깊이 뿌리내렸다. 그 결과 전후 중국 대륙에서 일본어 사용자를 '한간(漢奸)'으로 간주하는 분위기와 달리, 타이완에서는 북경 중국어에 익숙하지 않은 인구가 다수를 차지하게 되었다. 이러한 언어·문화적 단절은 전후 타이완 사회가 국민당 정권과 마주하는 과정에서 심각한 긴장 요인으로 작용했다.

장제스가 이끄는 국민당 정권은 권력 안정을 명분으로 강경한 통치를 선택했고, 그 과정에서 2·28 사건이라는 대규모 폭력이 발생했다. 이 사건은 타이완 본성인들에게 일본 식민 통치에 대한 기억 위에 새로운 공포와 적대감을 덧씌우는 계기가 되었으며, 이후 중국 본토 권력에 대한 불신과 반감으로 이어졌다. 이러한 역사적 경험은 오늘날까지도 타이완 정치 지형에 영향을 미쳐, 민진당과 국민당의 대외 인식과 노선이 극단적으로 대비되는 구조를 낳는 배경 중 하나로 작용하고 있다.

중국과 타이완은 똑같은 일본 제국주의의 피해자이다. 중국 대륙에서 온 외성인은 1949년 이후에도 계속해서 본성인들의 저항을 죽여서 다스려 나갔다. 1947년 계엄령 선포 이후, 1991년 리덩후이 총통이 계엄 체제를 공식적으로 해제하고 선거 제도를 본격 도입하기까지 40여 년 동안, 타이완은 국민당 정부의 장기 통치 아래 놓여 있었다. 이 시기에는 총통제와 입법 제도, 지방자치제를 포함한 민주주의 제도가 제한되었고, 광범위한 정치적 탄압과 인권 침해가 이어졌다. 이처럼 국민당 정권하에서 자행된 반민주적·반인권적 통치 체제를 가리켜, 오늘날 타이완에서는 이를 '백색 공포시대'라고 부른다.

여기서는 이 시기에 중국 대륙 혹은 일본과의 연계성을 의심받아 국민당 정권으로부터 희생당한 용공 조작사건의 희생자들을 추모하려 한다. 몇 가지 대표적인 사건을 함께 보았으면 한다.

우선 1949년 7월 13일에 벌어진 **펑후 7·13 사건**을 살펴보자. 이는 1949년 국공 내전의 여파로 산둥성에서 타이완으로 도망쳐 온 5천 명의 시민과 학생 그리고 교사들을 강제 징집하면서 생긴 사건이다. 애초에 학생들에게는 타이완에 가도 학업을 계속하게 해 주겠다고 했지만, 막상 학생들이 건너오자 반공이 우선이라며 군사 업무만 시켰다. 이에 학생들이 반항했고 학생 일부가 총검에 희생되었다. 그중 7명을 군사재판에 회부, 사법 살인했다.

그다음으로는 1952년 타이베이현(현 신베이시) 루쿠 마을에서 발생한 '루쿠 사건'이 있다. 당시 이 지역에 중국 공산당의 대만 기지가 존재한다는 소문이 퍼지자, 국민당 정권은 비밀리에 군 병력을 투입했다. 그 결과 광부를 포함한 주민 35명이 사살되고, 100여 명이 체포되어 장기간 수감되었다. 그러나 해당 지역에 실제로 공산당 기지가 존재했는지는 끝내 확인되지 않았으며, 오늘날 이 사건은 장제스 정권이 반공을 명분으로 자행한 일방적 탄압으로 간주되는 경우가 많다.

그 다음은 1956년 **딩야오타오 처형 사건**이다. 1954년 타이난의 우체국에서 근무하던 51명의 직원이 단체로 누명을 쓴 사건으로, 한 직원의 책상 위에서 공산주의 서적이 발견되어 마오쩌둥과 연관되었다고 의심받아 체포 구금된 후 고문을 받았다. 딩야오타오는 사건이 일어난 당시에 임산부였는데, 출산 후 1956년 결국 처형되고 말았다.

그다음은 1980년에 일어난 **린이슝 일가 피살 사건**이다. 이 사건은 1980년 2월 28일 타이베이시에서 발생했다. 린이슝은 변호사 출신 정치인으로, 민주화 운동 과정에서 야권 인사들의 법률 대리를 맡아 왔으며, 메이리다오 사건에 연루되어 군사 재판을 거쳐 수감 중이었다. 린이슝이 복역 중이던 당시, 그의 아내가 면회를 위

린이슝 국회의원 가족 사진.

해 교도소에 머무는 사이, 정체를 알 수 없는 인물이 그의 자택에 침입했다. 이 침입자는 린이슝의 모친과 두 딸을 흉기로 수차례 찔러 살해했으며, 또 다른 딸에게도 치명상을 입혔다. 이 사건으로 희생된 이들은 모두 민간인이었고, 범행의 배후와 동기는 끝내 공식적으로 규명되지 않았다.

자! 과연 누가 범인인가? 칼을 찌른 수법이 무척 잔혹했는데 국민당 정권의 특수부대가 잘 쓰는 수법이라는 언론 보도도 있었다. 그러니 장제스의 아들 장징궈가 명령한 것 아니냐는 소문이 돌기도 했다. 결국엔 범인을 아직도 밝히지 못하고 있다.

이 사건이 2월 28일에 발생했다는 사실 역시 의미심장하다. 2월 28일은 1947년, 국민당 정권이 대규모 민간인 학살과 탄압을 시작한 이른바 '2·28 사건'이 벌어진 날이기 때문이다. 당시 타이완 사람들은 공개적으로 이를 언급하지는 못했지만, 그 날짜가 지닌 의미를 모두가 알고 있었다.

마지막은 1981년 7월 3일에 대만 타이베이시에서 일어난 **천원청 교수 살인사건**이다. 천원청은 대만에서 태어나 1975년 미국으로 유학을 가 카네기멜론대학교의 교수가 되었고, 미국 시민권을 획득했으며 국립 타이완 대학교의 통계학과 교수가 되었다. 1981년 잡지 〈메이리다오(美麗島)〉의 논조에 깊이 공감하며, 잡지 발간에 기부를 약간 한 것이 빌미가 되어 정보당국에 7월 2일에 끌려갔다. 그는 다음날인 7월 3일에 학교 잔디밭에서 시체로 발견되었다. 당시 대중은 심증만으로 국민당 정권 정보부가 저지른 살인이라고 여겼지만, **아직도 진범은 잡히지 않았고 진상도 오리무중이다.** 이 사건은 2009년에 미국 영화로도 제작되었다.[36]

메이리다오 사건

1979년 8월에 창간하여 딱 4권을 발행하고, 타이완 국민당 정권의 폭압 앞에 정간당한 잡지가 있었다. 당시의 복수정당제와 민

---

36 『배반당한 포르모사 FORMOSA Betrayed』, 감독 애덤 케인

주적 투표권 쟁취, 그리고 계엄령 폐지를 주로 다루었던 〈메이리다오〉였다. 1979년 12월 10일 급진 성향 민주인사들이 국민당 정권과 한판 대결을 벌였다. 당시엔 1975년 장제스가 죽고 그의 아들 장징궈(장경국) 총통이 이제 막 취임했을 때였다. **미국이 중국과의 관계 개선을 계기로 타이완의 중화민국과 대사급 관계를 단절하고, 중국 대륙의 중화인민공화국을 승인한 지 얼마 지나지 않은 시점이었기 때문에, 국민당 정권의 긴장과 예민함은 극에 달해 있었다.**

시민들은 야간 집회를 신청했지만, 이는 당국에 의해 불허되었다. 이후 타이완 남부 최대 도시 가오슝에서 국민당 정권은 헌병을 포함한 모든 공권력을 동원해 집회를 강경 진압했고, 사태는 물리적 충돌로 번졌다. 이 과정에서 주동 단체인 〈메이리다오〉의 핵심 인사들이 모두 체포되어 군법 재판에 회부되었다. 이들을 변호하기 위해 대규모 변호인단이 꾸려졌고, 이 사건을 계기로 피고인들뿐 아니라 변호를 맡았던 인물들 역시 국제적으로 알려진 민주화 인사로 부상하게 된다.

타이완의 독립운동은 현재 진행형이다. 메이리다오 사건은 타이완의 민주화 운동사(史)에서 절대로 빼놓을 수 없는 사건으로, 오늘날의 천수이볜 변호사를 총통으로 만들었던 사건으로 유명하다. 민주진보당은 범록연맹(凡綠聯盟)으로 불리며 차이잉원, 라이칭더 등의 총통을 계속 배출하는 타이완의 집권여당이 되었다.

  4부 세계 최악의 국제 관계 : 중국과 타이완

5부

세계 최악의 국제 관계 : 남북분단 및 한민족 디아스포라

1장

중앙아시아에
왜 '고려인'이 사는가

사건의 전개

애초에 일본 제국주의가 없었다면, 우리 민족이 연해주까지 가서 살아야 할 이유가 전혀 없다. 애초에 일본 제국주의가 없었더라면, 그 침략적 제국주의가 러시아와 한판 대결을 붙지 않았더라면, 연해주에 러시아가 지금까지 눌러앉아 있어야 할 이유가 전혀 없다. 우리 민족의 역사인 고구려와 발해가 과거 약 천 년 동안 오늘날의 랴오닝과 만주, 연해주에 자리 잡았던 것은 부인할 수 없는 사실이다. 그러나 일제 강점기 초기에 만주 지역과 연해주 지역으로 이동한 한국 사람들의 상황은 고구려, 발해의 영광과는 완전 딴판으로 고생문이 훤하게 열린 것이었다.

1928년 시작된 소련의 경제개발 5개년 계획은, 제한적 시장경제를 허용했던 신경제정책(NEP)의 한계를 극복하겠다는 판단 아래 추진되었다. 스탈린은 이를 통해 국가 주도의 계획경제로 전면 전환하며 급속한 산업화를 시도했다. 그러나 이 정책의 성공 이면에는 세 가지 불안 요소가 있었다. 첫 번째는 서구 지식인들이 물밀 듯이 소련으로 들어와 정착했다는 것이다. 당시 서구 사회는 경제대공황이 시작되어 "서구는 실패했고, 이제 소련의 시대가 왔다"라고 호들갑 떠는 사람들이 많았다. 두 번째는 이 소련의 경제 정책 성공이 반대로 우크라이나의 밀 농사와 카자흐스탄 우즈베키스탄의 목축업을 철저하게 수탈하고, 그들을 굶겨 죽이는 만행 위에 서 있었다는 점이다. 마지막은 일본 제국주의가 호시탐탐 소련의 극동지방 국경에 수십만 명의 대군을 준비시켜 놓고 침략할 그날 만을 기다리고 있었다는 점이다. 따라서 1930년대 중반부터 스탈린 정책의 ABC는 바로 이 세 가지 문제점을 해결하는 것이었다.

첫째, 서구 사회 지식인들이 대거 소련으로 영입되면서 소련은 1936년부터 38년에 걸쳐 지속된 '대숙청'으로 공산주의의 순수성을 지켜내려고 했다. 말이 좋아 순수성이지, 비밀경찰 KGB의 라브렌티 베리야가 이끄는 숙청 관련 비밀조직에게 120만 명이 목숨을 잃을 정도로 광기에 미친 작업이었다. 스탈린은 머리가 아팠다. 둘째 문제와 셋째 문제는 당시에 사회 약자로 분류되던 우크라이나인, 카자흐스탄인, 우즈베키스탄인 등의 손실에 관한 문제로, 당시 무려 350만 명이나 아사(餓死)한 사건이었다. 이 문제에 골몰하던 스탈린과 베리야는 아주 기가 막힌 해결책을 하나 내놓는다. 바로 연해주와 동북3성에 거주하던 한국인들에게 일본 스파이라는 누명을 씌워, 당시 격심한 인구 감소에 시달리던 중앙아시아와 우크라이나 지역으로 대거 이주시킨다는 정책이었다. **스탈린 체제에서는 나라와 힘이 없는 소수 민족의 인권 따위는 눈에 티끌만치도 가치가 없는 것이었다.**

지금 우리나라의 환단고기를 숭배하는 사람 중에, 이 강제이주를 원래 한민족의 발원지에다가 스탈린이 도로 데려다 낳다고 이해를 하는 사람들이 있어서 기가 찬다. 누가 뭐라 해도 아무도 원치 않는 강제 이주였다. 그리고 우즈베크와 카자흐스탄의 사람들이 굶어 죽어 황폐해진 땅은 원래 세계 최대의 목축업 지대였다. 목축업 지대에 우리 민족이 가서 할 일이 무엇이겠는가?

어느 날 빈손으로 시베리아행 기차에 목적지도 모르고 올라타서 보니 도착한 곳이었다. 오다가 굶어 죽은 사람, 화장실에 못 가서 똥독이 올라 죽은 아이들과 노인들, 화병이 나서 죽은 사람, 각종 이산가족들까지. 그러니 선택지는 두 가지였다. 그대로 자살하거나 아니면 새 삶을 꾸리고 악착같이 살아남거나. **우리 민족은 절망하지 않고, 두 번째 선택지를 받아들였다.**

강제 이주한 고려인들은 자기 스스로 콜호스(집단 농장)를 구성하거나, 그도 안되면 현지 소련인들이 이미 구성해 놓았던 콜호스에 소속되거나 하면서 삶을 꾸역꾸역 꾸려나갔다. 소련 사람들은 이들을 '카레예이츠', '꼬료' 등으로 불렀다. 모두 고려인이라는 말이었다. 우리 한국 사람들은 연해주뿐만 아니라, 그보다 훨씬 위에 있었던 오호츠크해 연안 및 캄차카반도에서도 끌려왔다. 1937년 11월에 이주 작업이 종료되었을 때 소련 당국과 3M이라는 민간 회사의 천공 뚫기 작업으로 파악해 보니, 그들의 숫자는 18만 명에 조금 못 미쳤다. 정착 초기에는 24시간의 작업 감시 때문에 엄청난 스트레스를 받아 약 5만 명이 사망했다. **그 만리타국에서 도대체 내가 왜 여기에 와 있는지도 알지 못한 채 죽어간 그 많은 사람을 소련은 도대체 어떻게 책임질 것인가?** 아니 원죄를 제공한 일본 제국주의는 도대체 어떻게 책임질 것인가? 추위로 유명한 극동아시아보다도 훨씬 척박한 사막 기후, 그리고 무릎 아래 풀밖에 자라지 않는 스텝 및 초원 기후, 몽골리안 가젤이 뛰어다니는 그 초원에서 각종 풍토병에 시름시름 앓아갔다.

그래도 도저히 이렇게는 가만히 있을 수가 없었다. 도랑을 파고 물을 관개했다. 그리고 볍씨를 뿌렸다. 사과나무도 심었다. 소련 사람들은 고려인들을 이해하지 못했다. 미친 게 아니냐는 거였다. 홀로도모르 즉 집단 아사 작전으로 모두 제정신이 아닌 중앙아시아에 새로 이주해 온 조선 사람들은 배추농사, 사과농사, 배 농사, 특히 벼농사, 하다못해 보리농사까지 지으며 하나씩 개척해 나갔다. 이주민에게 소련 정부가 준 것이라고는 초기 정착 지원금

6천 루블이 다였다. 지금 환율로 치자면 12만 원 정도, 당시 화폐가치로 고작 한화 100만 원 정도였다. 그래도 고려인들 13만 명은 꿋꿋이 버텨나갔다. 후일 1942년 독일의 히틀러가 소련을 침공하여 독소 전쟁이 벌어지자 소련을 위해서 자원해 약 1만 명 정도의 병력도 제공할 정도로 악착같이 생활해 나갔다.

1989년 세월이 52년이나 흘러 소련 최고평의회는 스탈린의 1937년 고려인 중앙아시아 강제이주 행위를 일컬어 '불법적이고 범죄적'이라고 평가했다. 1991년 소련에서 통과된 명예회복법에서 스탈린의 모든 강제 이주는 민족말살정책이라고 정리했다.

사실, 강제 이주에 앞서 스탈린은 고려인 지도층을 투옥시켰다. 무려 2,500여 명에 달했다. 이를 통해 강제 이주 열차를 출발시키기 전에 소련 정권에 대한 공포 심리를 극에 달하게 했다. 투옥된 고려인은 징글징글한 고문을 당한 뒤에 형장의 이슬로 사라졌다. **유명 작가 조명희도 이때 희생되었다.** 1937년 가을 스탈린 정부의 대숙청 때에 '인민의 적'이라는 누명으로 체포되었고, 1938년 4월 15일에 사형을 선고받고 5월 11일에 하바롭스크에서 처형되었다. 이 같은 공포 분위기가 선행되어 있었기에, 저항도 해보지 못하고 그 먼 거리를 이동했으리라.

현재에의 영향

강제 이주가 실시된 것을 1938년 2월로 본다면, 현재 고작해야 88년이 지났다. 이 세월 동안 우리 민족은 중앙아시아의 목축업 중심 단지에서 벼농사, 배추농사 등을 차례대로 성공시키며 인구 수를 불려 무려 50만여 명의 인구를 자랑하게 되었다. 자, 생각해 보자. 18만 명이 이주당했다. 그중에 1938년 이주 첫해에 풍토병과 화병 그리고 소련 사람들의 왕따, 고문, 학살 등으로 5만 명이 죽었다. 13만 명으로 출발해서 88년이 지난 지금 무려 3배가 늘었으니, 그 숫자만 보더라도 우리 민족의 생존력이 얼마나 뛰어난가를 알 수 있다.

2장

사할린(가라후토)에
왜 한국인이 사는가?

전개

사할린은 남북으로 길쭉하고 매우 크다. 전 세계에서 23번째로 큰 섬이다. 여기는 사람이 살기엔 매우 춥고 척박한 시베리아성 건조 기후다. 하는 일이라고는 어업과 물개 사냥이 전부다. 그런데 이곳에서 석탄이 발견되면서 운명이 바뀐다. 1905년 러일전쟁이 시작되자마자 일본은 이 사할린에 대대적인 공세를 취하면서 점령해 버렸고, 포츠머스 조약에 의하여 북위 50도 남사할린을 일본령으로 취하면서 이 지역을 가라후토라고 불렀다. 이 점령은 무려 40년 동안 계속 이어지면서 태평양전쟁이 끝날 때까지 계속되었다. 일본의 침략적 제국주의가 본격화하면서 삼은 첫 번째 식민지가 타이완, 두 번째 식민지가 바로 남사할린, 가라후토 지역이었다. 여기 남사할린 지역은 석탄의 채굴, 나무 획득, 그리고 어업이 성한 지역이다. **이 사업을 하기 위해서는 극심한 노동을 감당할 인력이 반드시 필요하며, 당연히 일본 사람들은 이것을 하지 않았다. 이 인력에 대한제국 사람들이 많이 필요한 것은 당연지사였다.**

따라서 한국의 경상도 일대와 전라도 일대에서 오로지 1차 산업으로 농사만 짓고 살았던 우리 백성들이 일본 제국주의에 의해 강제로 끌려갔다. 원래 사할린의 원주민이었던 사할린 아이누족들도 동물 취급을 받으며 강제 징용에 동원되었다. 조선 말, 고종 시절부터 우리 조상들은 해외로 일자리를 찾아 떠나긴 했었다. 주 목적지는 하와이와 사이판 그리고 바로 이 사할린 가라후토였다. 일본 제국주의는 태평양전쟁을 시작하면서 이 사할린에 대한 수탈을 강화했다. 석탄에 이어 석유까지 나오면서 그 중요성은 나날이 증대되었다. 1938년경부터 제주도, 전라도, 경상도 일대에서 강제 징용을 당한 한국인 4만 3천여 명이 잔류하고 있었다니, 그 징용의 규모가 어떠했을지 안 봐도 비디오다.

사할린에 왜 한국인이 있는가? 답은 간단하다. 일본 제국주의가 제국의 팽창과 자원 확보를 위해 조선인을 대규모로 동원했기 때문이다. 일본은 조선인들을 강제로 연행하거나, 취업을 보장한다는 명목으로 회유해 사할린(가라후토)으로 이주시켰다. 이들은 탄광에서 석탄을 캐고, 울창한 숲의 거목을 벌목했으며, 원양어선에

승선해 혹독한 해상 노동에 투입되었다.

지금 일본의 제조업이 왜 불황인지, 이제 답이 나온다. 20세기 초반에는 대한제국 사람들이나 대만인, 중국인 등의 노동력을 거의 공짜로 수탈했기에 그 거대한 미쓰이와 미쓰비시 등의 기업들이 굴러갔다. 그리고 20세기 후반과 21세기 초 한 15년쯤은 동남아시아, 베트남, 태국, 인도네시아, 필리핀 등에 혼다, 도요타, 소니, 히타치, 펜탁스, 스즈키 등의 회사 공장을 설립해 값싼 노동력을 마구 돌리는 게 가능했다. 그런데 이제는 중국이 값싼 노동력으로 전 세계의 공장 역할을 도맡아 하고 있고, 대한민국은 자체적인 기업, 브랜드, 노동력들을 생산하는 단계이다. 일본으로 취업을 가던 동남아시아 국가들도 이제는 대한민국과 중국이라는 곳에 일본 대신 매달리고 있는 지경이다. **과거 침략으로 인한 각종 수탈을 성장 동력으로 해왔던 일본의 옛날 전략은 더 이상 세계 시장에 먹히지 않는다.**

다시 사할린 문제로 돌아가면, 해방 이후 한국인은 모두 고향으로 돌아갈 수 없었다. 사할린을 통째로 맡게 된 소련은 노동력이 간절히 필요했다. 일본도 한국인을 나 몰라라 했다. 일본 여성과 결혼한 가라후토 남성들만을 데리고 일본으로 가버렸다. 남아 있던 한국인은 모두 새로운 소련 체제를 강제로 받아들여야 했다. 어떤 사람은 소련말을 몰라 사회 부적응자가 되었다. 해방 이후 경제적으로 어려웠던 북한은 5만 명의 계약 노동자들을 사할린으로 보

내서 그들로 하여금 사할린 한인들을 설득해 북한으로 데려오게
했다. 그런데 사할린의 한인은 모두 경상도와 전라도 주민들로 북
한으로 갈 이유가 없었다.

현재에의 영향

사할린에는 지금도 고려인 협회가 있고 고려인 문화센터가
존재한다. 1938년에 고향 땅을 떠나 88년이 지났는데도 말이다. 유
지노 사하린스크에도 구역마다 한인 노인회가 있고, 시노인회와
도노인회가 따로 존재할 정도이다. 한국어 방송을 들을 수 있는 것
은 물론이고, 《신고려일보》라는 한글 민족 신문까지 존재하는 수
준이다. 한국 학생이 많이 있는 지역에는 한국계 학생들을 모아 방
과 후에 한글을 가르치는 한글반이 있고, 유지노 사하린스크 국립
사범대학교에 한국어학과가 있어서 한국어 교사를 러시아 사람들
도 희망할 정도라고 한다. 취업이 되니까 러시아 사람들도 희망하
는 것이 현실이고 한국학과, 한국경제학과 등도 개설되어 있다니
놀라움을 금할 길이 없다.

해방 이후, 대한민국 사람들은 소련과 일본 정부의 냉대 속에
살아야 했다. 그런 역사적 배경에도 불구하고, 지금 사할린 건너
연해주는 사실상 사할린 한인들의 활동무대이다. 취직자리를 찾

아서 연해주로 건너온 우리 대한민국 사람들은 경제적 활동성 면에서 다른 소련 사람들을 말 그대로 압도하고 있다. **나는 고려인이라는 표현 대신 대한민국 사람이라고 쓴다. 당연하다. 원적지로 분석해 보면 그들은 모두 제주도, 경상도, 전라도 사람들이다.**

1965년 사할린 고르사코프주에 거주하는 김영배 씨가 사할린 경찰서에 대한민국으로의 귀환을 요구하였다. 소련 정부는 한국과 수교가 되어 있지 않으니 일본 정부에서 데려간다면 응하겠다고 했고, 당연히(?) 일본은 전혀 관심이 없었다. 소련은 노동력이 필요하고 일본은 골치 아픈 한인 문제를 외면하고 싶어, 서로 폭탄 돌리기하는 처지를 잘 보여준 사례라고 하겠다.

일본인 처를 따라 일본으로 귀환한 박노학 씨가 일본 동경에 '화태섬 귀환 한국인회'를 설립하면서 사할린 잔류 한국인들의 귀환 운동을 본격적으로 시작하였다. 귀환을 희망하는 사람들을 모아서 탄원서를 접수하고 일본 여론에도 호소하기도 했다. 또 편지를 모아서 한국에 전하고 한국 가족의 편지를 사할린에 전하는 역할도 담당하였다.

일본 여론은 움직였다. 민간 차원의 귀환 운동이 활발해지기 시작했다. 일본 동경에서 박노학 씨의 운동을 돕기 위한 '가라후토 억류 귀환 한국인회에 협력하는 부인회'가 마침내 결성되었다. 대한민국의 대구광역시에도 '중소이산가족회'가 조직되어 한국인들의 재회를 약속하고, 귀환 촉구 운동을 계속하였다.

이게 본격화 된 계기가 1975년부터 시작된 이른바 '사할린 재판'이다. 일본 변호사 18인이 다카기 변호사를 중심으로 '재사할린 한국인 귀환소송 변호인단'을 결성하고 한국인 4명의 명의로 일본을 피고로 하는 소송을 제기하였다. 그러나 1989년까지 지속된 재판에서 한국인 원고 4인이 전원 사망하여 결과를 보지 못하고 끝나버렸다. 그렇지만 64회에 걸친 구두변론에 참가한 수십 명의 한국인을 통하여 사할린 한국인의 사정이 일본 사회 전체에는 물론, 국제 사회에까지 알려졌다. 여론이 움직이기 시작하자 일본 정부는 적극적으로 소련 정부와 이 문제를 다루기 시작했고 마침내 '재사할린 한국 조선인 문제 국회의원 간담회'가 열리기에 이른다. 이 사이에 사할린 거주 한인들과 한국 가족과의 재회가 일본에서 이루어졌다. 1989년 4월에 일본 관계자와 한국 관계자 15인이 언론인과 함께 사할린에 방문하였고, 적십자사의 주선으로 유지노 사하린스크에서 서울로 가는 전세 비행기를 운행해 사할린 한국인의 모국 방문이 마침내 이루어졌다.

연변 조선족 자치주와 장백현 조선자치현

연변 조선족 자치주

중국에서 가장 좋은 성장 가능성을 타고 난 사람들은 조선족이다. 지금 조선족의 여러 어려운 경제 여건을 안다면 전혀 동의하지 못하는 사람도 있겠지만, 내가 보기에는 그러하다. 이들은 태어나면서 중국 국적을 가지고 한국어를 할 줄 아니 대한민국에서 활동할 수도 있으며, 정 안되면 북한에 가서라도 고위직을 차지할 수도 있다. 중국, 북한, 한국 그리고 전 세계로 모두 진출할 수 있는 이론상의 위치를 점하는 사람은 조선족을 제외하면 거의 없다.

연변은 고조선, 고구려에서는 변방에 속했으나, 발해에서는 수도인 상경 용천부가 자리한 중심부에 속했다. 따라서 발해 역사에 정말 관심이 많은 나는 발해 관련 유적이 가장 많이 발견되는 연변에 호기심이 정말 크다. 대표적인 유적으로 1949년 발해 정혜공주 묘가 발견된 둔화시 류딩산 고분군 제1구역 2호분, 1980년에 정효공주 묘가 발견된 허룽시의 룽터우산 고분군 등이 있다.

발해 이후, 거란족과 여진족 그리고 만주족이 중국 동북 3성 역사의 주인공으로 교체되면서 우리 민족과는 다소 거리가 생겼다. 고려와 조선으로 이어지는 강력한 중앙집권 1,000여 년간 연변 조선족 자치주는 우리 기억에서 잊힌 곳이 되었다.

그러던 것이 19세기 중반부터 조선의 함경도 사람들이 두만강을 건너서 이곳으로 이주하기 시작했다. 1880년대 연변 지역의 조선인은 만 명 정도였다. 1907년에는 연길시에만 조선인 가구 수가 5만 호에 이르렀다. 1호당 4명씩만 잡아도 거의 20만 명에 다다르는 거대한 집단을 이룬 것이다. 이는 조선 말 대한제국기에 가혹한 세도 가문들의 수탈을 피해 국경을 넘어 무주공산(無主空山)이던 연변 땅으로 가기 위해 찬바람 맞아가면서 두만강을 건넌 사람들 덕분이다. 3.1운동이 있었던 1919년에는 연변의 조선인들이 이 지역 총인구 27만여 명 중 20만 명에 달했다. 그러던 것이 1930년에는 연길시, 허룽시, 훈춘시, 왕칭현 등 4개 현을 합쳐 거의 39만 명이 되었다. 기록에서는 함경북도, 함경남도 지역의 대한제국의 백성들이 일본 제국주의 잔혹한 수탈을 피해 두만강을 건너 평야 지대에 정착한 것이 전부다.

　　일제 시대의 연변의 역사로 가장 유명한 사건이 바로 1920년 간도참변이다. 일본은 1920년 봉오동 전투와 청산리 대첩에서 연이어 패배한 뒤 소위 '불령선인 초토화 계획'을 내세워 만주 지역으로 병력을 이동시켰다. 18,000여 명의 일본군이 월경 부대를 편성해 두만강을 넘어 만주로 쳐들어왔다. 당시 독립군의 경제적 주둔 기반이 된 것이 만주에 돌배꽃을 심어가며 척박한 땅을 개척하던 연변 지역의 조선족들이었다. 일본 제국주의는 이 조선족들을 모조리 죽여야만 독립군의 피와 살이 다한다는 짧은 판단을 내렸다. 이에 한국인 마을을 포위하고 공격하여 모든 남성을 한곳에 모아 학살하고, 여성들은 모조리 강간하고 살해했다. 모든 가옥을 불태웠고 가축을 약탈하여 마을을 완전히 폐허로 만들었다.

　　1920년 10월 9일에 발발해서 11월 5일까지 약 3주의 기간 동안 연변 지역에서 학살된 한국인의 수는 4천여 명이다[37]. 그 이후로도 4개월 동안 일본군의 학살이 지속되었으니 희생된 한국인의 수는 훨씬 많을 것이다. 간도참변으로 여론이 악화되자 일본군은 철수를 결정한다. **그럼에도 그들은 일부 병력을 남겨서 '간도파견대'라고 명명했다. 그 이후 간도연락반까지 조성해서 간도 각지에 불령선인들을 잡아들였고, 1921년 5월 이후에도 간도연락소로 이름을 바꿔 계속 활동했다.**

---

[37]　한국독립군, 한국민족문화대백과 사전, 2023년 2월 4일

장백현 조선자치현

1958년 중국 마오쩌둥 주석은 랴오닝성 **장백현에 조선자치현**이라는 것을 만들어 압록강 상류에서 바로 건너와 생활할 수 있게끔 해주었다. 이는 지난 1945년부터 49년까지의 **중국 국공내전에서 공산당 군대가 자주 이용했던 '만주 가던 길'을 허락해 준 김일성에 대한 감사의 표시**였다고 볼 수 있다. 가까운 곳에 위치한 연변 조선족 자치주가 두만강 건너서 있다면, 북한의 양강도 혜산시의 바로 건너편에 위치한 장백 조선자치현은 인구가 8만 명 정도밖에 안 되는 작은 행정구역이다.

그러나 오늘날 연변과 장백현은 각각 한족 인구 비율이 약 60%, 90%에 이를 정도로, 과거 조선인 중심지였던 모습은 크게 희미해졌다. 일본의 침략적 제국주의가 간도 지역 통제를 위해 설치한 간도연락반은 이후 친일 매국노 이범익에 의해 '자발적인 불령선인 적발 조직'으로 변질되었고, 마침내 일본 관동군 산하의 간도특설대로 확대·재편되었다.

우리 민족의 거주지가 중앙아시아, 사할린, 캄차카, 오호츠크, 연해주, 연변, 장백현, 오키나와 등으로 많이 흩어진 것은 일본 제국주의의 강제 징용과 과도한 수탈을 피해 도망친 결과이다. 이 얼마나 슬픈 역사인가.

일본제국주의가 만든 비극 : 남북분단

북한 전체주의의 비극 VS 가장 발전한 대한민국

전 세계에서 가장 나쁜 국제 관계를 꼽으라면 무엇이 떠오를까. 중국과 타이완, 미국과 베네수엘라, 탈레반 정권하의 아프가니스탄과 국제사회, 혹은 태국과 캄보디아, 중동 국가 간의 갈등, 이스라엘과 하마스, 러시아와 우크라이나까지. 어떤 갈등을 들이대더라도, 그 분쟁은 한 번 충돌이 벌어질 때마다 전 세계 언론의 집중 조명을 받는다.

그러나 갈등이 존재한다고 해서 모든 교류가 완전히 단절되는 것은 아니다. 평상시에는 관광객이 오가고, 설령 전 지역 방문이 어렵더라도 일부 지역에서는 이동이 가능하다. 물자 교류 역시 완전히 끊기기보다는 제한된 형태로나마 이어지는 경우가 대부분이다.

그런데 남북한은 완전히 다르다. 우리는 북한 땅에 대해서 전혀 모른다. 이 글을 쓰고 있는 나도, 도대체 저 휴전선 너머에 뭐가 존재하는지 전혀 모르고 있다. 언론의 접근도 원천적으로 차단되어 있고, 관광객은 아예 없다. 지금 북한에서 만든 모든 것(영화, 언론, TV 등)은 전혀 국제 사회의 신뢰를 얻지 못하고 있다. 모두 자체 조작으로 만들어진 허상 세계이다. 도대체 한 나라의 화폐가 어떻게 돌아가는지, 기업들이 어떻게 돌아가는지 알 수가 없다. 김일성을 시작으로 그 아들 김정일, 그 셋째 아들 김정은에 이르기까지 약 80년에 이르는 기간 동안 독재가 더욱 강화되어 전 세계에 유례를 찾을 수 없는 강력한 통제 국가를 이루고 있다.

그에 반해 대한민국은 완전히 다른 길을 걸어왔다. 1953년 전 세계의 비난과 동정을 한 몸에 받던 불쌍한 나라, 가장 가난한 전쟁 폐허의 나라에서 이승만 독재, 박정희 독재, 전두환 독재 등을 거쳤다. 그러면서 **깨어 있는 민주 시민들이 1960년 4·19 민주주의 혁명, 1979년 부산 마산 민주주의 운동, 1980년 광주 민주화운동, 1987년 6·10 민주화 운동 등 끊임없는 민주화 요구를 통해 '정치로는 성공한 민주주의, 경제로는 발전한 최선진국 자본주의'를 발전시켰다.** 그러면서 원조를 받던 나라에서, 가장 개방적이고 발전한 원조 제공국으로 변신했다. 이제 세계 국력 지수

6위라는 어마어마한 경제력, 국방력, 외교력, 문화국력을 가진 나라로 탈바꿈한 것이다. 정치적으로도 양당제 민주주의가 가장 발전한 아시아에서 몇 안 되는 선진국(한국, 타이완 그리고 동티모르)이다.

그런데 이렇게 분단 되어 상극(相剋)의 발전을 보이는 원인은 무엇일까? 그것은 바로 일본의 침략적 제국주의가 만든 나라의 분열이었다. 애당초 일본이 침략적 본성만 드러내지 않았더라도 우리는 고려에서 조선으로 이어지는 강력한 중앙집권적인 국가 체제를 그대로 이어갔을 것이다. 괜히 일본이 가만히 있던 우리를 소위 '근대화' 시켜주겠다고 침략해 들어오는 바람에(직접적인 침략으로 보기는 조금 그렇지만 나 같은 역사학자들은 1876년 강화도 통상 조약을 침략의 시작으로 본다. 이 조약 자체가 침략적인 요소[38]가 많아서 그러하다) 오늘날까지 우리의 역사가 이 모냥이 되어버렸다.

분단을 막기 위해 많은 사람이 나섰다. 백범 김구 선생이 그랬고, 약산 김원봉 선생도 그러했다. 조금 이르기는 했지만, 몽양 여운형 선생도 통일 조국을 당연한 것으로 생각하고 있었다. 일본의 무장을 해제하기 위하여 위로는 소련군이, 밑으로는 미국군이 들어와 가운데 38선을 분기점으로 편의상 갈라서기는 했으나, 당시 이

---

[38] 1876년 2월 26일, 조선과 일본 사이에 체결된 조약, 병자수호조약 이라고도 한다. 1875년 조선의 영역에 불법 침입한 일본 해군은 무력시위를 벌이게 되고, 국제법에 밝지 못했던 조선 정부와 조약을 강제적으로 체결한다. 일본에게 최혜국 대우와 치외법권을 허락하고 해안 측량권 등을 허락한 것이 침략적인 성격을 띤다.

는 반드시 합쳐질 것이라고 누구나 생각했을 것이다.

김일성은 가장 아마추어적인 생각으로 전쟁을 일으켜 무력으로 통일시킨다는 방식을 동원했으나, 미국 및 유엔군의 결정적인 도움으로 대한민국이 극복해 냈다. 그러고는 1953년부터 무려 72년을 남북한은 서로 적대시하며, 서로 결혼도 못 하고, 통화는커녕 편지 교환도 자유롭게 못 하는 세계 유일의 사이가 되어 버렸다. 일본이 전후에도 개발 경제를 주도하며, 동남아시아의 저렴한 노동 인력을 1,000% 활용해 마침내 1980년대에는 세계에서 가장 잘사는 나라를 구현하고 있을 때, 남북한은 철조망을 사이에 두고 민족의 역량을 '절반만' 발휘하고 있었던 것이다.

남북한 사이에는 휴전선이 놓여 있고, 그 경계를 따라 군사적 대치가 지속되고 있다. 이에 따라 형성된 비무장지대는 그 자체만으로도 한반도 전체 면적의 약 20%에 이르는 공간을 차지하며, 오랫동안 생산이나 미래 지향적 활용이 제한된 채 남아 있다. 분단은 단순한 정치적 현실을 넘어, 국토와 자원의 활용 가능성까지 제약해 온 구조적 조건이었다.

반면 일본은 전후 체제 속에서 국토와 인구를 거의 전면적으로 활용하며 국가의 현재와 미래를 설계해 왔다. 이러한 대비는 20세기 전반 탐욕적인 제국주의를 추구했던 일본과 그 과정에서 식민지화와 분단을 겪으며 철저히 파괴되었던 한반도의 역사가 오늘날까지 어떤 차이를 남겼는지를 절실히 보여준다.

이 분단의 결과는 남북한의 극단적인 대비에서도 확인된다. 북한은 오늘날 세계에서 가장 빈곤한 국가 중 하나로 남아 있는 반면, 대한민국은 가장 번영한 국가군에 속하게 되었다. 하나의 민족이 정반대의 삶의 조건에 놓이게 된 이 현실은, 분단이 만들어낸 가장 처절한 군사적·사회적 갈등의 표본이라 할 수 있다.

밤하늘 위성사진 속에서 마치 거대한 어둠의 바다처럼 보이는 북한의 풍경은, 단지 현재의 비극만이 아니라 과거 제국주의가 남긴 또 하나의 비극을 되돌아보게 만든다.

1954년 스위스 제네바 회담

1954년 스위스 제네바에서는 1954년 4월 26일부터 7월 20일까지 19개국이 모여서, 6·25와 제1차 인도차이나전쟁에서 각각 발생한 각종 현안, 크게는 각자의 남북통일 문제를 놓고 회담을 열었다. 이미 1952년 샌프란시스코 조약을 맺어놓은 관계로 일본은 이 회담에서 제외되었다. 그런데 일본이 제외된 이유는 지금도 이해할 수가 없다. 미국의 제안으로 일본이 제외되었는데, 좀 더 솔직하게 말하자면 국제 무대에서 미국이 일본을 집단 비방으로부터 회피시킨 것이라고 볼 수 있다. 회의 안건은 크게 두 가지였다. 첫째는 한국전쟁을 공식적으로 종결하고, 대한민국 정부와 북한 정부 간의 재통일 문제를 논의하는 것이었다. 둘째는 이른바 인도차이나 문제로, 프랑스 제국주의와 일본 제국주의의 지배로 연속적인 피해를 입은 베트남이 1945년 이후 다시 복귀한 프랑스의 식민 지배 시도에 맞서 자국의 주권과 영토 권리를 요구하며 제기한 문제를 해결하는 것이었다.

두 안건 모두 탐욕적인 일본 제국주의가 만든 역사적인 비극이었다. 태평양전쟁 시기, 제국주의 일본의 자본주의는 끝 간 데를 모르고 비극을 양산했다. 그러다 보니 자본주의는 결국 제국주의로 귀결되는구나 하는 회의를 낳았고, 자본주의 자체를 부정하고 공산주의와 사회주의를 새로운 이념으로 떠받드는 세력이 등장했다. 베트남에도 호치민이 그랬고, 한반도에서는 김일성이라는 세력이 나타났다. 이 둘의 출현에 일본 제국주의는 역사적 책임을 져야함에도 정작 스위스 제네바 회담에는 나타나지도 않았다.

참가국은 미국, 영국, 프랑스, 대한민국, 베트남, 캄보디아, 라오스, 소련, 중국 그리고 나머지는 한국전쟁 당시 유엔군으로 참전했던 나라들이었다(남아프리카 공화국 제외). 가장 뜨거웠던 논란은 베트남을 남북으로 분단시킬 때 기준을 어디로 잡느냐였는데, 프랑스는 북위 18도 선을 주장했고 북 베트남은 14도 선(남쪽으로 확 내려온), 중국의 저우언라이는 16도 선, 소련의 몰로토프는 17도 선을 주장했다. 베트남은 결국 17도 선으로 남북 분단되었다. 이 분단선을 제외하면 제네바 회담에서 결론 난 것이 아무것도 없었다. 그 정도로 한반도 통일 문제는 조금도 앞으로 나아가지 못했다.

대한민국 통일 문제가 제네바 회담의 공식 의제로 상정될 수 있었던 국제법적 근거는, **1953년 한국전쟁 정전협정 제4조 제60항**과 같은 해 유엔 총회의 결의에 있다. 정전협정은 **협정 발효 후 3개월 이내에 한반도 문제의 평화적 해결을 논의하기 위한 고위급 정치회담을 소집하도록 규정**하고 있었으며, 이 회담에서 외국 군대의 철수와 한반도 통일 문제가 다뤄지도록 명시했다. 이 조항에 따라 제네바 회담은 단순한 군사 협상이 아니라, 한반도의 정치적 장래와 통일 문제를 논의하기 위해 마련된 국제적 정치 회담이었다.

대한민국의 대통령 이승만은 처음부터 이 회담에 대해 아무런 기대도 하지 않았다. 그의 관심은 오로지 무력 북진통일에 있었다. 그럼에도 베트남 분단 문제가 의제로 부상하자, 대한민국 정부는 미국으로부터 육해공군 증파에 대한 약속을 받아내고 정부 대표단을 구성해 제네바로 파견했다. 대표단은 외무부 장관 변영태를 수석대표로, 법무부 차관 홍진기 등을 포함해 꾸려졌다. 이에 비해 북한 정부는 보다 적극적인 태도를 보이며 외무상 남일을 수석대표로, 백남운 등을 대표단에 포함시켰다.

대한민국 수석대표 변영태 외무부 장관은 제네바 회담에서 "중공군 개입 이전 남한에 주둔하던 유엔군의 철수와 중공 침략군의 철수가 왜 동시에 이루어져야 하는가"라고 반문하며, 유엔이 이미 내린 결정의 이행을 강조했다. 특히 그는 소련의 거부권 행사로 좌절된 한반도 전역에서의 자유 총선거를 다시 실시하는 것이야말로, 진정한 대한독립을 가로막는 장애물을 제거하는 길이라고 주장했다.

이에 맞서 북측 수석대표 남일 외무상은 "미국과 중국을 포함한 모든 외국 군대가 철수한 뒤, 전 조선 주민의 자유 총선거에 기초해 통일 정부를 수립해야 한다"는 입장을 제시했다. 그러나 대한민국 정부는 중국군이 압록강만 건너면 다시 한반도로 진입할 수 있는 상황에서 이러한 제안은 안보적으로 수용하기 어렵다고 판단했다.

이 과정에서 유엔 참전국들은 남북한 전역에서 총선거를 다시 실시하자는 방안을 제기했지만, 대한민국 정부는 1948년 이미 남한 지역에서 총선거를 통해 합법 정부가 수립되었다는 점을 들어 반대했다. **변영태 장관은 1950년 10월 7일 유엔 총회 결의, 즉 북한 지역에서만 선거를 실시하도록 한 결의안을 기초로 논의를 진행해야 한다고 주장했고, 결국 이승만 대통령은 유엔 감시 하의 남북한 총선거안 자체를 거부했다.**

이에 남한 측 대표 변영태는 한국 통일에 관한 **14개 원칙안**을 제안했다. 이는 당연히 유엔군 참전 16개국의 의견을 존중한 안이었지만, 또한 중화인민공화국 저우언라이 대표의 반대를 각오한 제안이었다.

- 유엔 결의에 의한 유엔 감시 하 자유 선거 실시.
- 북한 지역에서의 자유선거 실시와 대한민국 헌법 절차에 따른 선
  거 실시.
- 선거 실시 1개월 전 중공군 철수.
- 통일 한국의 대통령 선거, 대한민국 현 헌법 개정 문제, 군대 해산 문
  제를 전(前) 한국 입법부 결의에 위임.
- 유엔에 의한 통일 독립 민주 한국의 독립 보장.
- 선거를 통해 구성된 통일 입법부는 서울에 설치한다.
- 유엔군(주로 미군)은 통일 한국 정부가 유엔의 통치를 인정할 때까지
  완전 철수하지 않고 주둔할 수 있다.
- 남북한이 이 원칙들에 합의한 후 6개월 안에 선거를 실시한다.
등 총 14개

제네바 회담에서 외국군 철수 문제가 본격적으로 논의되던 시기에, 한미동맹이 형성되며 한반도 정치 질서의 중요한 축으로 자리 잡기 시작했다. **북한은 회담 과정에서 한미상호방위조약과 미군 주둔을 강하게 비판하며 외국군의 전면 철수를 요구했다.** 그러나 미국은 한미상호방위조약을 체결함으로써 미군 주둔의 법적·정치적 근거를 확립했다.

이후 1957년까지 대한민국에 주둔하던 다른 유엔군 참전국 병력들은 대부분 철수했지만, **미군은 오늘날까지 한반도에 남아 있다.** 북한 측에서도 중국군 병력이 1958년까지 주둔하다가 철수했

다. 이러한 흐름은 이승만 대통령이 예견했던 것처럼, 남북한 모두 대화와 타협을 통한 재통일이 현실적으로 어렵다는 판단에 기초한 선택이었다.

결국 제네바 회담 이후 한반도 문제는 타협의 국면을 벗어나, 강력한 냉전 구조 속에서 고착된 갈등 체제로 전환되었고, 그 구조는 오늘날까지 이어지고 있다. 제네바 회담의 진행 과정을 보면 남측과 북측은 모두 회담장 자체를 자기 체제를 선전하기 위한 선전장으로 활용했음을 잘 알 수 있다.

제네바 회담이 열린 1954년에는 남북한의 경제 수준은 똑같이 세계 최빈국이었다. 대한민국은 1차 농림수산업 위주의 산업 구조

제네바 회담에 참석하기 위해 출국하는 변영태 장관(우측 세 번째)와 홍진기 법무 차관(우측 두 번째).

여서 미국과 세계의 원조로 경제를 꾸려가던 입장이고, 북한 역시 일제 강점기 시절 중화학 공업을 집중적으로 건설했던 지역이지만, 전쟁 3년여 기간 동안 미군의 무차별 공군 폭격에 노출되어 완전히 파괴된 입장이었다.

5장

일본 제국주의가 만든 비극 6·25

독립군과 만주군 그리고 광복군

이쯤에서 용어의 개념을 정리하고 넘어가려 한다. 독립군이란 과연 어떤 사람들이며, 만주군이란 것은 무엇인가? 그리고 광복군은 또 무엇인가? 이 개념을 정확하게 이해하면 우리나라 근현대 역사를 보는 눈이 확 달라진다.

먼저 **만주군**은 일제강점기 만주 지역의 동북 3성과 내몽골 일대를 거점으로, 일본 제국의 대륙 침략을 뒷받침하기 위해 편성된 군사 조직을 가리킨다. 이 부대는 일본군을 핵심으로 하되, 각 지역의 친일 세력과 협력 세력으로 구성되었다. 이들은 자신들을 일본 제국의 질서를 수호하는 군대로 인식했으며, 특히 관동군을 '불패의 정예부대'로 신화화하고, 천황에 대한 절대적 충성과 숭배를 군의 핵심 이념으로 삼았다. 이들은 간도 연락반에서 간도 연락소, 더 나아가서는 간도 특설대로 발전하였고, 일본 육군사관학교를 본 뜬 만주군관학교, 봉천군관학교 등으로 발전하게 된다. 중일전쟁이 본격화하자 초급 간부 위관급(소위, 중위, 대위 등)이 막대한 인적 피해를 보게 되었다. 이럴수록 초급 간부를 중점적으로 양성하는 사관학교 및 군관학교 출신들이 귀하게 대접받았다. **박정희, 정일권, 백선엽, 신현준, 김백일, 이한림, 강영훈 등의 친일파들이 여기에 해당한다.**

그다음이 바로 **독립군**이다. 독립군은 **1894년 동학농민전쟁(또는 갑오농민전쟁)이 폭력적으로 진압된 이후 생존자들을 비롯해, 국권 상실에 맞서 무장 투쟁에 나선 세력들이 발전적으로 결합해 형성된 무장 조직**을 가리킨다. 이들은 대한제국 시기 의병 운동의 계승자였으며, 일제강점기에는 만주와 연해주 일대를 중심으로 조직적인 항일 무장 투쟁을 전개했다.

특히 1911년 만주에서 설립된 신흥무관학교는 독립군 양성의 핵심 거점이었다. 이회영을 비롯한 조선의 유력 인사들이 전 재산을 기부해 세운 이 학교 출신들은 이후 독립무관으로 성장해, 봉오동 전투와 청산리 전투 등 주요 항일 무장 투쟁의 주력이 되었다.

1911년에 설립된 신흥무관학교 출신 인사들은 1920년 항일 무장 투쟁의 핵심 전력으로 활약했다. 이들은 1920년 6월, 홍범도 장군과 최운산, 서일, 최진동 등이 이끈 봉오동 전투에서 일본군을 크게 격파하며 첫 승전고를 울렸다. 이어 같은 해 10월에는 김좌진 장군과 최운산 장군의 협력 아래 청산리 대첩을 치르며, 항일 무장 투쟁의 기세를 한층 끌어올렸다.

이러한 일련의 승리는 침략적 일본 제국주의에 맞선 무장 저항이 결코 무모한 투쟁이 아니었음을 보여주었고, 독립군이 민족의 존엄과 정신을 지켜낼 수 있는 실질적 힘을 갖고 있음을 입증했다.

1921년 6월 28일, 소련 스바보드니시에서 발생한 이른바 자유시 참변은 독립군 내부의 군령 체계와 주도권을 둘러싼 갈등 속에서 벌어진 비극이었다. 이 사건으로 독립군은 큰 타격을 입었고, 항일 무장 투쟁의 기세 역시 한동안 꺾이는 듯 보였다.

그러나 이러한 좌절에도 불구하고 독립군의 항일 의지는 쉽게 사그라지지 않았다. 양세봉과 지청천 등의 사례에서 보듯, 만주 벌판을 무대로 한 무장 투쟁은 다시금 재편되어 이어졌다. 1933년 5월, 만주 영릉가 전투에서는 초기의 잇따른 소규모 패배에도 굴하지 않고 끝내 역전승을 거두었으며, 이에 대응해 일본군은 항공기까지 동원해 독립군 연합 진지를 폭격하는 강경한 진압에 나섰다.

지청천은 일본 육군사관학교를 졸업한 뒤 독립군 조직인 서로군정서의 간부로 활동하며 서일, 김좌진 등과 함께 항일 무장 투쟁에 참여했고, 자유시 참변이라는 혹독한 경험도 겪었다. 이후 1930년대에는 한국독립군을 조직해 중국군과 연합 작전을 전개했으며, 쌍성보 전투와 대전자령 전투 등에서 중요한 승리를 거두었다.

그러나 만주 일대에서 간도특설대를 비롯한 일본 측의 토벌이 강화되면서 활동은 점점 어려워졌고, 지청천은 1934년 중국 뤄양군관학교 한인 특별반의 교관으로 자리를 옮겨 항일 인재 양성에 힘쓰게 된다.

1940년 9월 17일, 지청천 장군은 대한민국 임시정부 산하 정규군으로 편성된 대한광복군의 총사령관에 취임했다. 대한광복군은 일본 제국주의 타도와 조국의 독립을 공동의 목표로 삼아 연합군의 일원으로 항전을 지속했다. 광복군은 버마 전선에서의 정보·공작 활동을 비롯해 반일 전단 살포와 유격전을 전개했으며, 영국군의 요청에 따라 일본군 포로 심문과 문서 번역 등 연합군 지원 임무도 수행했다. 1945년 종전 무렵, 미국 정부가 대한민국 임시정부를 공식 승인하지 않으면서 광복군은 무장 해제라는 위기를 맞았지만, 제2차 세계대전 연합국 승전식에 공식 참석함으로써 항일 무장 투쟁의 주체였음이 국제적으로 확인되었다.

더 나아가 대한광복군은 1907년 대한제국 군대의 강제 해산 이후 끊어졌던 무장 투쟁의 계보를 계승한 조직으로 평가된다. 이러한 점에서 **광복군은 대한민국 국군 건군의 역사적 뿌리이자, 항일 독립 전쟁의 정통성을 잇는 군대로 자리매김해 왔다.**

6·25로 일본이 본 이득

1950년 6월 25일 북쪽 미치광이 김일성의 침략에 우리 대한민국 전체가 3년간 온갖 파괴를 겪어야 했던 이 전쟁에서 가장 이득을 본 것은 오히려 일본이었다. 이 전쟁으로 일본이 얻은 이득을 정리해 보자(너무나 분노가 치밀지만, 그건 일단 접어두자).

전후 일본 경제는 한국전쟁을 계기로 급속히 기사회생했다. 미군의 군수 수요에 힘입어 군용 트럭과 각종 차량, 군수 물자 생산에서 대규모 주문을 받아 막대한 외화를 벌어들였고, 그 결과 외환 보유고가 빠르게 증가했다. 이러한 특수는 일본 산업 전반의 재가동을 촉진하며 전후 경제 부흥의 출발점이 되었다. 외화 유입과 산업 회복은 엔화의 국제 경쟁력을 높이는 방향으로 작용했고, 일본은 이를 바탕으로 미국 시장을 중심으로 한 수출 확대에 유리한 위치를 확보했다. 동시에 미국으로부터 반도체와 전자 관련 기술을 도입하는 데 성공하면서, 흑백 텔레비전과 냉장고 등 가전제품을 중심으로 한 전자 산업이 급성장했다. 이 과정에서 소니(모리타 아키오)와 파나소닉(마쓰시타 고노스케)이 대표적인 기업으로 부상했다.

이와 함께 히타치, 산요, 긴테쓰, 펜탁스 등도 전자·기계·교통 분야에서 빠른 성장을 거듭했다. 자동차 산업에서도 미쓰비시, 도요타, 혼다가 일본 산업을 대표하는 기업으로 자리 잡았다. 특히 미쓰비시는 타이완과의 기술 협력을 발판으로 동남아시아 시장 진출에 성공하며, 일본 기업의 해외 팽창을 선도했다.

일본 극우 세력은 한국전쟁에서 낙동강까지 몰린 한국 정부를 보고, 미국의 맥아더 장군에게 한국의 재식민지화를 요구하는 몰염치를 보여주기도 했다. 이 전쟁 특수는 극우 세력들이 다시금 기지개를 켜고 일어나게 해주는 역할을 담당했다. 또한 군 세력들을 크게 자극시켜서 소련 중화인민공화국 그리고 북한의 잠재적인 침략 위협을 더욱 크게 만들어서 그나마 '자위대 창설'을 서두르게 된다. 더군다나 미국의 동해 임무 부담을 분산시키기 위해서 해상 자위대의 창설을 위한 기반을 닦는다. 한반도가 전쟁터가 됨으로써 일본은 미국 후방 지원 역할을 하며 경제적 이득만을 얻으면 그만이라는 '기지국가론'이 형성되기도 했다.

일본의 전후 부흥을 이야기할 때 조선업과 항공 산업의 회복 역시 빼놓을 수 없다. 전후 일본은 점진적으로 조선 능력의 제한이 완화되었고, 이를 계기로 해운과 조선 산업이 다시 성장 궤도에 올랐다. 항공 분야에서도 국적 항공사인 JAL이 국제노선을 확대하며 일본의 국가 브랜드를 세계에 각인시키는 역할을 했다. 특히 연합군 최고사령부(SCAP) 시기, 일본의 대형 선박 건조를 제한하던 정책이 완화되면서 조선·해운 산업은 빠르게 회복되었다. 이 과정에서 일본이 다시 대형 선박을 건조할 수 있도록 허용한 결정은, 전후 동아시아 산업 질서의 재편이라는 측면에서 분노를 불러일으킨다.

이러한 조선·항만 산업의 부흥은 1995년 1월 17일 발생한 고베 대지진(효고현 남부 대지진)을 계기로 중대한 전환점을 맞는다. 대지진 이전까지 고베항은 홍콩과 함께 동아시아를 대표하는 해운 물류 허브로 기능했지만, 시설의 포화와 항만 이용료 상승이라는 구조적 문제 속에서 대규모 지진 피해를 입으며 급격히 쇠퇴했다. 그 결과 동아시아 해운 허브의 중심은 점차 부산항으로 이동하게 되었고, 이는 일본이 한국전쟁 특수를 통해 구축했던 전후 해운·조선 중심 체제가 사실상 막을 내리는 계기로 작용했다. 일본 6·25 전쟁 특수(特需)의 종말이었다.

6부

세계 최악의 국제 관계 : 동남아시아 13개국

1, 2차 베트남 전쟁

1차 베트남 전쟁

일본 제국주의는 베트남 전체에 큰 악영향을 끼쳤다. 일본군은 1940년 8월에 베트남에 진주하기 시작했다. 중일전쟁이 시작되자, 중국으로 올라가는 보급로를 차단해야 한다는 강박관념에 메콩강 루트를 장악했다. 사실 베트남을 일본 제국주의가 차지한다는 것은 상당한 부담이었다. 후에 베트남을 통제하게 된 미국도 제대로 된 통치를 전혀 못 했을 정도로 베트남 국민은 전혀 굴복할 생각이 없는 사람들이다.

일본군은 1941년 7월에는 베트남 남부, 즉 지금의 호치민시까지 치고 들어갔다. 그런데 이 지역이 1942년부터 1945년까지 태풍도 불었고 농업 작황이 좋지 않았다. 농작물인 벼가 일본군이 생각한 만큼 수확이 안 되자, 베트남에 대한 주목도는 급격히 떨어졌다. 거기에다 미국의 공습으로 하노이시로부터 일본 나가사키까지의 정기 수송로가 차단됨에 따라, 일본군과 베트남 주민 사이에 쌀 수탈을 놓고 한판 분쟁이 붙기도 했다. 이번에 조사를 하면서 알게 된 사실인데, **베트남 전역에서 이 시절에 일본 제국주의의 쌀 수탈로 인해 굶어 죽은 사람만 무려 200만 명이 넘었다.**[39] 참으로 놀라운 일이 아닐 수 없다.

1945년 9월 드디어 북부 베트남 하노이에서 베트남민주공화국 독립선언이 발표되었다. 이 가운데 호치민 주석은 베트남 인민들이 제국주의 파시스트 일본과 제국주의 프랑스로부터 이중의 지배를 받아 종래보다 훨씬 고통을 받고 비참해졌다고 하며 일본에 대해 비난을 퍼부었다. 그럼에도 베트남 전체에서 패퇴하는 일본 군들을 향한 보복 행위는 한 건도 보고되지 않았다. 자신들을 원래부터 제국주의를 통해 식민통치해 왔던 중국, 프랑스 등에 대한 증오가 일본 제국주의를 향해 나아가는 단계까지는 아니었던 모양이다. 그래도 호치민 주석이 일본을 향해 내뱉은 일갈이 내가 보기에는 베트남 사람들의 속을 시원하게 긁어주었음은 분명하다.

1926년 중국 국민당 제2차 전국대표회의에서 조선 대표로 나

---

39 동북아 역사넷, 제 6 장 오늘날의 동아시아, 베트남과 일본 사이의 전후처리.

온 몽양 여운형 선생과 베트남 대표 호치민이 만나 서로의 독립운동을 지지하고 연대를 약속했었다. 당시 중국을 중심으로 활동하며, 손문, 장제스, 레닌 등과 국제적 교류를 했던 여운형과 호치민은 식민지 피압박 민족성을 대변하는 대표성을 보유했던 사람들이었다. 1940년 9월부터 호치민의 독립운동은 무장 독립운동의 성격을 강하게 띤다. 몽양 여운형은 이에 반해 총과 폭탄으로 하는 무장 독립운동의 성격은 띠지 않았다. 이것은 한반도 북부 건국준비위원회의 고당 조만식도 마찬가지로, 실제 일본군의 무장 해제는 조선건국준비위원회가 아니라, 미군과 소련군이 각각 해냈다. 1945년 9월 8일 미군이 상륙하자, 조선 건국준비위원회는 무력하게 미군의 지시에 따라 해산될 수밖에 없었던 것이다.

호치민은 이와 달랐다. 초기부터 군부대 양성에 주력했다. 이미 1945년에 1만 명 가까이 정규군대를 보유하고 있었으며, 8월 혁명 과정에서 일본군 무장 해제를 직접 베트민의 군대를 통해 할 수 있었다. 또한 베트남 민주공화국을 선포한 이후에도, 지속적으로 군대를 양성했고, 이는 제1차 인도차이나전쟁(베트남 vs 프랑스 제국주의)에서도 결국 승리할 수 있었던 원인이기도 했다. 1945년 총 봉기의 날에는 베트남 공산당원이 5천 명에 불과했으나, 1951년에는 76만 명까지 늘었다. 1945년 9월 미국과 소련이 한반도 남북 양쪽에 들어오자마자 무기력하게 조선건국준비위원회가 해산된 데 반해서, 호치민의 베트남은 일본군 무장해제를 직접 했다. 그만큼 주도권을 해외 특히 프랑스에 빼앗기지 않고 스스로 해냈다.

따라서 프랑스가 일본에 빼앗겼던 식민지 지배권을 회복하겠다며 다시 베트남에 군사적으로 개입했을 때, 베트남 지도부는 1954년 제네바 협정을 통해 남북 분단을 일시적으로 수용했다. 이는 영구적 분단을 인정한 선택이 아니라, 주도권을 유지하기 위한 전술적 판단에 가까웠다.

이후 베트남은 미국과의 전쟁을 거쳐, 1945년 2월 형성된 전후 국제 질서, 즉 이른바 얄타 체제가 전제한 분단 구도를 정면으로 부정하는 통일을 이뤄냈다. 이러한 선택은 호치민이 일관되게 보여준 전략적 사고, 다시 말해 어떤 형태로든 민족적 주도권을 상실하지 않겠다는 강한 의지의 연장선에서 이해할 수 있다.

특히 1차 인도차이나 전쟁에서는 특기할 만한 것으로, **일본의 패잔병 의용군 5천 명이 함께 프랑스에 맞서 싸웠다는 점이다.** 이는 참으로 특이한 일이다. 베트남은 중국의 영향 아래 놓였던 시기를 거쳐 프랑스의 식민 통치를 경험했고, 제2차 세계대전기에는 약 5년간 일본 제국주의의 점령을 받았다. 이러한 역사적 맥락 속에서 호치민은 일본을 프랑스 제국주의 위에 겹쳐진 또 하나의 지배 세력으로 인식하며 '이중 제국주의'라고 강하게 비판했다.

다만 프랑스와의 독립 전쟁 과정에서 호치민은, 이미 패전이 확정된 일본군의 일부 인력과 장비를 전술적으로 활용했다. 이는 일본 제국주의에 대한 협력이나 동조가 아니라, 식민 지배 세력을 몰아내기 위한 현실적 선택에 가까웠다. 이러한 점에서 그는 이념적 적대와 전술적 활용을 분명히 구분한 인물로 평가된다.

호치민이 일본에 우호적인 인물이었는지에 대해서는 분명히 선을 그을 필요가 있다. 그는 일본 제국주의의 본질을 명확히 인식하고 있었으며, 여운형 선생과의 교류와 연대를 통해 제국주의의 폭력성과 기만성을 공유했다. 또한 일본 패전 이후 베트남 내 일본군의 무장 해제를 주도적으로 수행했다는 사실은, 그가 일본 제국주의와 일정한 거리를 유지했음을 보여주는 중요한 사례다.

1945년 일본 제국주의가 패망하고 항복하자 호치민 휘하의 베트민은 8월 16일 총 봉기를 일으켜 8월 28일쯤 베트남 북부 대부분을 장악했다. 하지만 일본군 무장 해제를 핑계로 베트남 남부에는 영국 군대가, 베트남 북부에는 중국 장제스 국민당 군대가 장악하였다. 그런데 곧 북부의 중국 국민당 군대는 자국의 국공내전 때문에 본국으로 돌아가야 했고, 남부의 영국 군대는 프랑스 드골 정부에게 바로 베트남 남부를 돌려주고 철수한다. 영국은 자국의 식민지였던 버마와 인도 제국에서 민족주의 운동을 경험한 만큼, 베트남에서 확산되는 민족주의에도 민감하게 반응했다. 그 결과 전후 초기에는 프랑스의 식민지 회복 시도를 외교·군사적으로 지원하며, 제1차 인도차이나전쟁에 사실상 동조하는 정책을 선택했다. 그러나 항공모함을 비롯한 군사적 압박만으로 베트남 민족주의를 억누를 수 있으리라는 판단은 심각한 오판이었다.

그러한 오판은 1954년의 디엔비엔푸 전투에서 결정적으로 드러났다. 프랑스군은 이 전투에서 치명적인 패배를 당했고, 응우옌지압이 이끄는 베트남군은 프랑스의 식민 지배를 사실상 종식시키는 데 성공했다. 이 전쟁의 결과, 베트남은 남북으로 분단되었다. 북부에는 호치민이 이끄는 공산 정권이 수립되었고, 남부에는 응오딘지엠이 통치하는 반공·민족주의 정부가 들어서게 된다. 이는 이후 베트남 전쟁으로 이어지는 냉전적 분단 구조의 출발점이 되었다.

프랑스 내부에서도 점점 장기화되는 전쟁에, 식민지를 돌려달라는 전쟁이 명분 없고 더러운 전쟁이라며 극렬히 반발하고 비판하는 세력이 점차 늘어났다. 탄약창에서도 파업이 발생했고, 노동조합 등이 끊임없이 반전 세력으로 돌아섰다. 독일군에 폐허가 된 프랑스 내부를 재건하기에도 바쁜 세상에 도대체 왜 철 지난 식민지에서의 전쟁을 계속하느냐 하는 국내 여론을 잠재우기가 훨씬 힘든 프랑스였다. 프랑스 의회가 대규모 파병을 금지하기에 이르고 또한 파병을 위한 강제 징집을 금지하는 법안을 통과시키자, 인도차이나전쟁은 오로지 외국 용병들에게 의존하게 되었다. 세네갈, 알제리, 차드, 지부티, 모리타니 등 아프리카 지역의 프랑스 식민지들로부터 계속해서 용병 강제 차출이 이어지자, 이들 나라에서도 강력한 민족주의 운동이 드디어 일어난다. 1946년 12월 19일에 시작한 이 전쟁은 1954년 8월 1일 호치민 군대의 대승과 그 승리에 대한 제네바 협의에서의 미국의 승인으로 마침내 끝이 난다.

일본 제국주의의 베트남에 대한 보상

1952년 2월 샌프란시스코 강화 회의 후 8년여가 지난 1959년, 샌프란시스코 조약 14조에 따라 일본과 베트남 사이에 개별적인 배상액수 교섭이 이루어졌다. 이때 베트남은 북부와 남부로 분단되어 있었다. **북부에는 하노이를 중심으로 호치민의 공산정부가 수립되어 있었고, 남부에는 고딘 디엠 대통령을 수반으로 하는 베트남 공화국이 수립되어 있었다.** 그러나 냉전이 한창이던 국제 정세에 맞춰 고딘 디엠의 남베트남이 미국의 지원을 받고 있었고, 일본과도 수교를 한 상태였다.

1959년 5월 체결된 양국 간 배상 협정 제1조에 따르면, 일본은 배상액으로 총 140억 4천만 엔(약 3,900만 달러) 상당의 생산물과 각종 서비스를 협정 발효일로부터 5년에 걸쳐 베트남에 제공하기로 했다. 또한 같은 시기에 체결된 차관 협정 제1조에서는, 일본이 27억 엔(약 750만 달러) 규모의 생산물과 서비스를 차관 형식으로 협정 체결 직후부터 3년간 베트남에 공급하기로 규정하고 있다.

이는 매우 불합리한 결과였다. 앞서 설명한 **1944년부터 45년까지 쌀 수탈로 인해 아사자 200만 명이 발생한 것은 베트남 북부**

에서의 일이었다. **남부 베트남이 무슨 권리로 저 배상을 모조리 베트남에 대한 배상이랍시고 받아 가는가?** 북부 베트남 정부는 저 협상이 시작되자, 일본에 대한 비난을 더욱 강화하였다. 1957년 8월 남부 베트남의 대일본 협상 소식이 북부 베트남에 전해지자 북부는 대일 배상권 보류를 선언했다. 2차 인도차이나전쟁의 향방이 북부 베트남의 승리로 기울던 1973년 9월, 일본은 북부의 베트남 민주공화국과 공식적으로 수교를 시작했다. 이어 1975년 4월 베트남이 통일되자, 일본은 '경제 발전을 위한 증여'라는 형식을 통해 통일 베트남 정부에 대한 전후 처리의 보완을 시도했다.

이러한 대응은 일본 제국주의가 베트남을 점령했던 기간이 상대적으로 짧아 공식 배상액이 제한적이었던 점과도 맞물려 있다. 동시에 그동안 일본의 대베트남 정책이 주로 남부 정권 중심으로 전개되면서 북부 베트남을 사실상 외면해 왔다는 점에서, 통일 이후 새로운 협상 구도를 마련해야 한다는 외교적 부담 역시 컸다. 결국 일본은 1975년 통일 베트남에 대해 85억 엔 규모의 무상 원조를 제공했으며, 이듬해인 1976년에도 50억 엔 상당의 무상 원조를 추가로 지원했다.[40]

---

40 동북아 역사넷, 베트남과 일본의 전후 처리, 오늘날의 동아시아

2장

라오스 캄보디아 내전

라오스 내전

베트남의 서쪽에는 라오스가 위치해 있다. 라오스는 바다와 접하지 않은 내륙 국가로, 메콩강 유역을 중심으로 형성된 지역이다. 19세기 말, 프랑스는 중국 남부로 이어지는 메콩강 유역을 장악하려는 제국주의적 구상 아래 이 지역에 침투했고, 그 결과 루앙프라방을 중심으로 한 라오스 왕국은 프랑스의 보호국으로 전락하게 된다. 라오스는 루앙프라방을 중심으로 하는 왕국과 비엔티안을 중심으로 하는 비엔티안 왕국 그리고 남부의 참파삭을 중심으로 하는 팍세 왕국이 하나로 합쳐져 이루어졌다. 프랑스는 이들을 하나의 식민 통치 단위로 묶되, 실질적으로는 분할 통치를 통해 지역 사회를 통제했다. 이러한 식민 지배는 라오스 사회 전반에 깊은 피로와 불만을 누적시켰다. 이 라오스의 출현은 결국 일본 제국주의의 침략적 본성이 그대로 드러난 결과라고 할 수 있다. 프랑스와 전쟁을 불사한 일본의 지휘하에 라오스 왕국이라는 통일 왕국이 출범한다.

라오스의 근대 국가 형성은 1945년, 일본 제국주의가 패전으로 몰리던 시기와 맞물려 이루어졌다. 이 과정에서 일본이 전개한 선전과 정치 공작은 라오스 사회에 적지 않은 혼란과 상처를 남겼다. 당시 프랑스 본국은 나치 독일에 점령당한 상태였고, 그 결과 수립된 비시 프랑스 정권이 인도차이나 식민지를 통치하고 있었다. 비시 프랑스는 일본과 협력 관계를 유지하며 라오스를 포함한 인도차이나를 계속 지배하는 한편, 일본군이 인접한 버마로 진출하는 데 필요한 군사적·행정적 통로를 제공했다. 그러나 1944년 이후 전황이 급변하면서, 비시 프랑스 내부에서는 자유 프랑스 세력으로의 전환 움직임이 나타나기 시작했다. 일본은 이를 배신의 조짐으로 판단했고, 1945년 3월 인도차이나 전역에서 군사 쿠데타를 감행했다. 이 쿠데타를 통해 일본은 비시 프랑스의 인도차이나 총독부를 해체하고 실질적인 전권을 장악했으며, 프랑스인 관료와 군대를 지역에서 축출했다. 그리고 명목상으로나마 라오스 왕국이라는 일본의 제국주의에 충실하게 복무하는 괴뢰 정권을 출범시켰다.

이에 뱅상 드골의 자유 프랑스는 라오스 식민지 회복을 위하여, 일본에 저항하는 라오스 민족주의 세력을 적극적으로 지원한다. 이는 진정한 라오스를 위한 정책은 아니었다. 1945년 8월 15일 일본군 패퇴 이후, **라오스는 약 30년간의 내전을 통하여, 수파 누봉의 파테트 라오(라오스 애국전선) 군대가 이복형 수바나 푸마의 라오스 왕국군을 결국 패퇴시키고 라오 인민 민주주의 공화국을 수립한다.** 이 와중에 라오스 몽족이 일본군 그리고 미국군 편에서 각자 역사의 한 장면을 그리면서 격렬하게 파테트 라오 군대에게 저항했다. **분열과 통치를 핵심 원리로 삼는 제국주의 통치 이념 아래에서, 프랑스와 일본은 전통 사회에서 하층 부족으로 차별받던 몽족을 의도적으로 우대하며 지배 구조에 편입시켰다.** 이는 식민 통치를 안정시키기 위한 전형적인 분할 지배 전략이었지만, 결과적으로는 라오스 사회에 깊은 균열과 적대감을 남겼다. 이러한 균열은 이후 제국주의 국가들이 각자의 책임을 치르게 되는 배경으로 작용했다.

라오스에 가장 늦게 개입한 미국 역시 이 구조를 적극적으로 활용했다. 미국은 몽족이 지닌 역사적 원한과 불만을 동원해 파테트 라오와 라오스 왕국 세력을 공격하는 한편, 베트남의 호치민 정부군까지 견제 대상으로 삼았다. 이 과정에서 미국은 이른바 '이이제이(以夷制夷)'식 전술을 구사해 일정한 군사적 성과를 거두기도 했다.

그러나 이러한 전략은 지역 사회의 분열을 더욱 심화시켰을 뿐, 장기적으로는 정치적 안정이나 전쟁의 승리를 가져오지 못했다. 결국 미국의 개입 역시 라오스와 인도차이나 전체에서 실패로 귀결되었다.

1975년 수파누봉의 공산 파테트 라오가 내전에서 최종 승리한 후인 20세기 중반에 라오스는 일본과 수교했다. 대표적으로 비엔티안의 와타이 국제공항이 일본의 지원으로 세워졌다. 그리고 2014년에 기시다 후미오 외무상이 라오스에 24억 5천만 엔(247억 원 상당)을 무상으로 제공한다는 계획을 발표했다.

캄보디아 내전

19세기 중반, 앙코르 와트 사원의 나라 캄보디아는 프랑스의 속국이 되었다. 이는 캄보디아 왕의 정책에 의한 것이었는데, 프랑스를 끌어들여서 왼쪽으로는 베트남, 위로는 태국을 견제하겠다는 허무맹랑한 이유였다. 이런 이유로 캄보디아는 프랑스령 인도차이나 3개국(베트남, 캄보디아, 라오스)이 프랑스에게 먹히는 단초를 제공했다. 그런데 프랑스는 막상 캄보디아를 먹고 보니 생각과는 달랐다. 메콩강을 거슬러 중국으로 거슬러 올라가는 루트를 생각하고 메콩강 루트의 출발점에 있는 캄보디아의 전략적 가치를 높게 평가했는데, 막상 식민지로 삼고 보니 완전 속 빈 강정에 불과한 것이었다. 캄보디아에서 나오는 자원은 형편없었다. 주작물도 벼라서 프랑스에게는 아무 의미가 없었다. 따라서 프랑스는 캄보디아를 전혀 신경도 써주지 않았다. 전 국민의 95%를 문맹으로 만들었고, 5% 정도만 지식인으로 만들어 썼다. 이러한 철저한 우민화 정책으로 캄보디아에는 〈크메르 민족신문〉이 1938년도에야 만들어졌다. 그 정도로 프랑스는 형편없는 정책으로 일관했다.

2차 세계대전 발발과 동시에 히틀러에 의해 비시 프랑스가 세워지고 이 비시 프랑스에 의해서 캄보디아 지배가 시작되자, 같은 파시스트 전체주의 일본은 비시 프랑스의 지배를 인정해 주고 상호 불가침 조약을 맺었다. 일본의 침략주의에 대해서는 왈가왈부하지 않는다는 전제 조건이 있었다. 1940년까지 캄보디아에서는 프랑스에 대해 큰 저항은 없었다. 그러던 중 2차 세계대전이 터지자, 비시 프랑스는 캄보디아 민족주의 신문에 대해서 이것저것 트집 잡으며 검열을 강화했으며, 결국에는 1942년 폐간시켜 버린다. 이에 **캄보디아의 선각자이자 민족주의자인 선 응옥탄은 프랑스를 피해, 오히려 일본으로 망명을 했다. 캄보디아 지식인들은 일본 제국주의의 본질을 보지 못한 채로, 비시 프랑스 정권에 대한 반감과 함께 일본에 대한 선망이 자리 잡았다.**

1945년 3월, 일본 제국주의가 프랑스령 인도차이나 전역에서 쿠데타를 감행하자, 프랑스 식민 통치 체제는 급속히 붕괴했다. 이 과정에서 일본은 캄보디아에서도 민족주의를 자극하며 기존 식민 질서를 흔들었고, 캄보디아 국왕 노로돔 시아누크에게 형식상의 독립을 선언하도록 유도했다. **이에 따라 1945년 3월, 시아누크는 캄보디아의 독립을 선포했다.** 그러나 이는 일본의 전략이었다. 같은 해 8월 일본이 패전하자 그 기반은 곧바로 붕괴되었다. **일본의 철수 이후 캄보디아는 다시 프랑스의 영향권 아래로 편입되었고, 식민 지배 체제 역시 복원되었다.** 아무런 힘도 없는, 그리고 생각도 없었던 캄보디아 왕국의 슬픈 결말이었다.

이후에 캄보디아는 베트남 전쟁에 휘말려, 결국엔 비옥한 동부 지방의 농토를 모두 미군 폭격으로 잃었다. 친미 정권이었던 론놀 정부의 무기력한 대응에 자폭 격인 쿠데타가 일어났고 친마오쩌둥주의자들인 크메르루즈(캄보디아 공산 빨갱이)가 집권하게 되었다. 이 크메르루즈의 누온체아, 폴포트, 키우삼판, 이엥사리 등 핵심 4인방의 가공할 정치는 대규모 학살과 강제 노동, 사회 전반의 파괴를 초래하며 캄보디아 현대사에서 '킬링필드'로 상징되는 비극의 시기를 만들었다. 이 시기는 전 세계적으로도 20세기 최악의 정치적 참사 중 하나로 평가된다.

캄보디아는 프랑스에 대한 반감 때문에 일본 제국주의를 선망하는 우를 범했다. 이는 수동적인 자국 근현대사의 출발점이 되었고, 전 국민의 50%가 죽음을 맞이한 킬링필드로 귀결되고 말았다.

3장

미얀마(버마)의 슬픔

아웅 산 장군과 무타구치 렌야(임팔전투)

1915년에 태어나 1947년 7월 19일에 죽은 아웅 산 장군, 버마어로 부를 때에는 '보조 아웅 산'이라고 불러야 한다. '보조'라는 말은 누구를 돕는 조수라는 말이 아니고, '장군님'이라고 깍듯하게 대우하는 말이 된다. 1947년 7월 19일에 미얀마 최고의 사령관으로서 국가 정책 회의를 이끌던 도중, 난입한 정적들에게 기관단총으로 피격당해 동료들과 함께 유명을 달리하고 말았다. 같은 날, 몽양 여운형 선생도 서울 혜화동 로터리를 돌아 지나가다가 정적이 보낸 자객 한지근(본명 이필형)에게 권총으로 암살당하셨으니, **한국과 버마 두 나라의 운명이 같은 순간에 갈려 버리고 말았던 것이다.**

1932년 버마 양곤 대학교에 입학했고, 4년 뒤 총학생회장을 맡아서 동맹휴학을 주도하였다. 1940년 참다 참다 못한 영국 정부가, 아니 정확하게 말하면 인도 총독부가 체포령을 내리자, 일본으로 망명했다가 중국의 섬 하이난에서 독립군을 양성해 무장 독립투쟁을 이끌었다. 일본의 도움을 받아서 영국 제국주의와 싸우기 위해 다시 버마로 돌아왔다. 1942년 5월 17일에 영국으로부터의 독립을 선언했다. 이때까지만 해도, 일본 제국주의라는 말은 버마 사람들에겐 매우 낯설게 들렸다. 영국으로부터의 해방군 일본이라는 긍정적 이미지가 버마 사람들에게 강하게 어필한 상태였다.

1943년 8월 11일 버마 공화국이 수립되었다. 일본의 도움으로 말이다. 19세기 내내 1차 영국-버마 전쟁, 2차 영국-버마 전쟁, 3차 영국-버마 전쟁을 치르면서 지칠 대로 지친 버마 국민이었는데, 자신들의 독립 영웅 아웅 산 장군이 이끄는 독립군과 함께 일본의 군대가 들어와서 영국을 물리쳐주고 더 나아가서 자신들을 독립까지 시켜주니, 일본을 향한 버마인들의 환호는 그칠 줄 몰랐다.

그런데 그 환호는 오래가지 않아 절망과 분노로 바뀌었다. 아웅 산 장군은 일본 제국주의의 추악한 민낯을 직접 확인하고서야 "속았다"를 연발했다. 일본은 사실 버마인들의 전쟁 협력이 필요한 것이지 버마의 독립 따위는 전혀 중요하지 않았다. 따라서, 그들은 곧바로 영국보다 더욱 가혹한 수탈 정책을 펼치기 시작했다. 버마 북부에서 나는 루비와 원유 그리고 남부의 밀림 지대 특산인 티크

목재 등을 마구 수탈하기 시작했고, 버마인들을 강제로 징용하고 성노예로 차출하는 등 전횡을 일삼았다. 이는 전 버마인들이 분노로 이를 갈게 만들었다. 이에 아웅 산 장군이 이끄는 30인의 동지들은 1944년에 '반 파시스트 인민자유동맹'을 결성하고 일본 제국주의에 저항하기 시작하였다.

일본이 영국을 물리치고 세운 괴뢰 정부인 버마 군정청, 다른 말로 버마 국군의 초대 국방상에 오른 아웅 산은 일본 제국주의의 추악함을 확인하자마자, 게릴라 조직을 활성화시켰다. 그리고 오히려 일본에 반기를 들고 영국 정부에 붙어서 일본 제국주의를 공격하는 데에 앞장선다. 여기에 큰 역할을 한 것이 임팔 전투에서의 일본군 참패였다. 임팔 전투는 1944년 3월 8일부터 시작한 일본군의 인도 침략을 위한 전쟁으로, 인도 국경 도시 임팔에서 주로 벌어졌기에 임팔 전투라고 불린다. 이때 자유 인도의 찬드라 보스가 친일파가 되어 영국 제국주의를 물리치고 일본을 도와 인도 독립 정부를 세우자며 분투해 더욱 유명하다. 가장 유명한 것은 우리 대한민국 임시정부의 군대인 광복군이 여기에서 암호 해독병, 전령병 등으로 연합국인 영국의 편에서 싸웠다는 점이다.

임팔 전투는 무타구치 렌야라는 희대의 무능한 장군이 이끌고, 쓰지 마사노부라는 20세기 세계사에서 가장 나쁘고 무능한 참모가 작전을 이끌어서인지 당연히(?) 일본군의 참패로 끝났다. 이 기록적인 참패로 인해 일본은 인도 진출은 불가능하다고 판단했

고, 무타구치 렌야와 쓰지 마사노부는 참패의 책임을 물어 도쿄 극
동국제군사 재판에 세워졌지만, 인도의 라다비노드 팔 판사의 적
극적인 변호로 아예 전범으로 기소조차 되지 않는 치욕을 맛봤다.
이 전투의 참패로 인해 버마 군대의 아웅 산 장군은 본격적으로 일

▌ 민족 영웅 아웅산 장군.

본 제국주의와 손절하고, 영국과 다시 손을 잡는다.

아웅 산 장군이 암살된 이유는 소수 민족에 대한 관용 정책을 펼쳤기 때문이다. 버마는 인류학의 보고(寶庫)라고 할 정도로 소수 민족이 정말 많다. 2025년 통계에 따르면 대략 135개 정도 된다. 따라서 이 소수 민족과 인구의 68%를 차지하는 버마족 사이의 협치가 가장 중요한 국가적 과제인데, 영국과 일본 제국주의 모두 소수 민족 중 카렌족, 로힝야족 등을 소위 지배계급으로 끌어올리고 버마 족을 차별하는 정책으로 일관해 민족 감정이 일촉즉발이었다. 아웅 산 장군은 민족 간의 화해를 화두로 삼았으나, 급진파의 계략은 전혀 이를 계산에 두고 있지 않았다. 오히려 식민 지배 동안 없어진 모든 사회적, 정치적, 문화적 지위를 다시금 정상(頂上)의 자리로 돌려놓고 싶어 했다. 그래서 암살된 것이다.

참으로 폭력적인 영국 제국주의와 그 뒤를 따라와서 더욱 폭력적이었던 일본 제국주의의 이중고에 시달린 버마 사람들의 마음 속 영웅 아웅 산 장군. 그의 위대함은 그의 딸 아웅 산 수 치 여사를 통해 계승되고 있다.

버마와 일본 관계(콰이강의 다리)

1946년 영국군이 버마를 재점령한 후, 연합국 정부는 아시아 및 태평양 지역에서 일본의 전쟁 범죄 혐의자 수천 명을 재판에 넘겼다. 1946년과 47년에 걸쳐 총 40여 건의 재판이 있었는데, 일본 제국주의 전범에 대한 재판은 서방 연합군 포로와 민간인 그리고 현지 버마 주민들에 대한 범죄 혐의로 기소된 일본군 관계자들이 재판이었다. 피고인 중 85명이 유죄 판결을 받았으며, 주로 10년에서 15년 징역형을 선고받았다. 특히 1946년 3월 22일 시작된 첫 재판에서는 칼라공(kalagon) 마을에서 637명의 민간인을 학살한 혐의로 기소된 일본군들이 처벌을 받았다.

칼라공 마을 학살은 1945년 7월 7일에서 8일 사이에 일본 육군 제215연대 제3대대 병사들이 저지른 학살을 말한다. 이로 인해 최소 600명, 최대 1,000여 명에 달하는 비무장 민간인들이 희생되었다. 이들이 학살된 이유는 주로 영국인들에게 협조적이었다는 점이 거명되었는데, 여기서 협조란 식량을 대주는 행위, 잠자리를 제공한 혐의 등이다. 일본군은 현지에서 영국군 공수부대와 현지 게릴라 세력을 색출한다는 명분을 앞세워 칼라공 마을을 점령하고 심문을 시작했는데, 여성과 아이들은 그 자리에서 성 노리개의 역할을 주문하고, 성폭행을 시도하는 등 짐승만도 못한 짓을 했다.

주민들이 실제로 영국군을 도왔다는 혐의가 밝혀지자, 제3대대장 이치카와 세이기 소령이 마을 전체 주민을 학살하라고 명령했다. 이에 주민들은 5~10명씩 끌려 나가 눈이 가려진 채 총검으로 사살되거나 베어졌으며, 시신은 일제히 우물에 버려졌다. 학살

후 일본 제국주의는 악마 같은 본성을 드러내 마을에 불을 질렀다. 이같은 잔혹한 전쟁 범죄의 구체적인 장면 진술과 내용들은 일부 주민이 살아남아 증언하여 알려졌다. 전쟁이 끝난 후, 1946년 3월 하늘이 노해서인지, 랑군에서 열린 재판에서 이치카와 세이기 소령을 비롯한 일본군 전범 14명이 기소되어 이치카와 소령과 4명의 장교가 사형을 언도받았고, 집행에 들어가게 되었다.

약 3년간의 버마 침략을 단행했던 일본군은 자기들의 명운이 걸린 전투였던 임팔 전투에서 영국군과 미국군에 참패했다. 그리고 인도 진출을 결국 하지 못했다. 이 버마에서의 일본 군대의 생활 중 가장 치욕스러운 장면은 일본군 성노예 강제 동원 사건이었다. 이 강제 동원 사례에는 우리나라의 성노예 피해자 고(故) 이용녀 할머니가 해당한다.

할머니는 1926년 경기도 여주에서 태어나 16살에 일본군에 의해 싱가포르를 거쳐 버마에서 위안부 생활 즉 성노예 생활을 강요받았다고 한다. 해방 후, 랑군의 수용소를 거쳐 1946년 3월 부산항을 통해 귀국했다. 일본 제국주의는 영국의 재판만을 허용했다. 다른 나라에 대한 전쟁 책임은 전혀 인정하지 않았다. 버마는 최초로 샌프란시스코 조약에 의거해 전쟁 배상을 소액이나마 했던 나라이기도 하다. 기간이 짧았기 때문에 배상 액수가 그만큼 적어서 그런 것이 아닌가 싶기는 하다만, 그래도 '콰이강의 다리' 사례를 보면 그런 말도 쏙 기어들어 간다.

1942년 태평양전쟁 도중 일본 제국주의는 동남아 침략 전술의 일환으로 태국과 버마 사이에 횡단 철도를 건설하는 데 연합군 코로 6만 2천 명, 현지 징용 주민 20만 명을 갈아 넣었다. 그러한 가운데, 가장 험난한 노선인 버마 철도 루트에 1942년 7월부터 영국, 호주, 프랑스 군 육군 포로 1만 6천 명을 투입해서 병력과 물자를 수송하기 위한 철로를 건설하기 시작했다. 이 구간은 악명 높은 헬파이어 패스(산악 지역의 고갯길)와 콰이강을 건너야 했는데, 가장 중요한 교량이 콰이강이며 1943년 10월에 완공되었다. 불과 공사 시작 15개월만이었다. 이 무리한 공사로 인해 노동에 투입된 포로 중 무려 7천 명이 사망했다. 이건 군인 포로의 희생자 숫자로 민간인 피해는 자료도 없다. 이 콰이강의 다리 공사에서 우리 민족의 간부들이 일본 측에 의해 철저하게 이용되다가 전쟁 끝난 후에 14명이나 붙잡혀서 재판에서 사형을 당한 것이 이제야 알려지고 있다. 침략적 일본 제국주의의 어찌 보면 희생양이라고 보는 게 맞을 것이다.

현재에도 일본 재단(사사카와 평화재단)은 버마 군부와 오랫동안 긴밀한 유대 관계를 맺어온 것으로 악명이 높다. 일본 재단의 사사카와 료헤이 회장은 민간인 신분으로 버마 군부 최고 사령관 민 아웅 흘라잉과 단독 면담하는 등 영향력을 과시하고 있다.

4장

인도네시아와 말레이시아의 극한 대립

인도네시아 수카르노

1901년 6월 6일 생으로 1970년 6월 21일에 죽었다. 그는 아시아에서 아니 전 세계에서 가장 유명한 웅변가였고, 가장 유명한 섹스 스캔들의 소유자였으며, 또한 오늘날의 인도네시아를 만든 독립 영웅이기도 하다, 그런데 이 독립 영웅은 네덜란드를 향하여는 독립을 외치면서 그 네덜란드를 치고 들어온 일본 제국주의를 향해서는 친선의 열기를 내뿜었다.

인도네시아는 섬나라다. 위로는 수마트라로부터 시작해서는 아래로는 파푸아 뉴기니섬에 이르기까지 1,700여 개의 섬이 모여 이루어졌다. 인구도 현재 2억 5천만 명을 기록하여, 최다 인구의 무슬림 지배 국가이다. 그런데 딱 하나 발리섬만 힌두교 신자들이 섬을 차지하고 있다. 이는 수카르노의 어머니도 마찬가지였다. 수카르노는 키도 크고, 얼굴도 정말 잘생긴, 어딜 가나 눈에 확 띄는 스타일이었다. 목소리도 굵고 좋아서 그야말로 세기의 웅변가이다. 인도네시아는 원래 네덜란드가 식민통치를 했으나, 1942년에 일본이 쳐들어와서 네덜란드가 쫓겨났다. 그리고 미처 도망가지 못한 네덜란드인들 중 남성은 강제 징용을 당했고, 여성과 아이들은 모두 일본군의 허드렛일을 하거나, 성노예가 되었다.

1945년 8월 일본 제국주의가 패퇴하고, 다시 네덜란드가 인도네시아에 들어왔다. 이 네덜란드와 인도네시아 독립군은 죽기 살기로 싸워 1949년 12월 27일 정식으로 나라를 선포한다. 이때 싸운 사령관과 나라를 선포한 초대 대통령은 모두 한 사람으로 붕카르노, 즉 수카르노 대통령이다. 그는 태평양전쟁이 시작되던 1942년에 일본군이 물밀듯이 인도네시아 보르네오로 쳐들어오고, 얼마 지나지 않아 네덜란드령 동인도(오늘날의 인도네시아 연방)를 차지하자, 일본군을 해방군으로 여기게 되었다.

당시 일본군의 제16군 사령관이었던 이마무라 히토시는 네덜란드 정부군에 의해 구금 상태에 있었던 수카르노와 모하마드 하타 등을 석방하고 그들과 인도네시아 지지자들에게 일본제국과 함께 네덜란드와 싸우자고 선동했다. 수카르노는 당연히(?) 그 제안을 받아들여 민중총력결집운동을 벌였고 일본군에 대단한 도움을 주기 시작한다. 일본군 이마무라 히토시와 수카르노의 친분은 대단히 두터웠다. 훗날 인도네시아의 대통령이 된 수카르노는 일본 방문 중에 일부러 이마무라와 만남을 갖기도 했다. **일본군은 수카르노의 이용 가치가 높다고 생각했다. 수카르노 역시 네덜란드로부터의 완전 독립을 위해서는 일본군의 활용 가치가 높다고 생각했다. 둘이 쿵짝이 딱 맞아떨어진 순간이었다.**

일본령의 동인도 회사는 네덜란드인을 모조리 내쫓았고, 강하게 착취했다. 오히려 인도네시아인들에게 어느 정도의 자치권을 보장했다. 약 250년간에 걸친 세월 동안 네덜란드에게 식민 통치를 당한 인도네시아 국민에게는 이 정도의 자유만 해도 좋았다. 일본 제국의 필요에 의해 길러진 군대는 네덜란드와의 다시금 벌어진 전쟁에서 소중한 자양분이 되었다.

▎ 이마무라 히토시(가운데)를 방문한 수카르노(우측 끝).

그러나 일본 군대의 온건파였던 이마무라 히토시가 일본 군부의 외압으로 쫓겨나고 다시금 일본 제국주의의 추악한 민낯이 드러나기 시작할 때쯤에, 태평양전쟁에서 일본이 미국에게 졌다. 이때 수카르노는 계속 일본군에 협력하고 있었는데 그는 마샬 플랜에 대단히 적대적이었다. 미국 트루먼 행정부에서 국무장관 조지 마셜이 주도해 수립한 이른바 마셜 플랜은, 서유럽에 대한 대규모 경제 원조를 통해 공산주의의 확산을 저지하려는 전략이었다. 이에 대해 인도네시아의 지도자 수카르노는 강한 우려를 표했다. 그는 미국의 경제 원조가 서유럽 국가들의 회복을 돕는 동시에, 네덜란드나 프랑스 같은 옛 제국주의 국가들이 과거 식민지에 다시 주권을 행사하려는 기반이 될 수 있다고 비판했다.

이러한 인식 속에서 수카르노는 소련 외무장관 뱌체슬라프 몰로토프가 주도한 공산권 경제 협력 구상, 이른바 몰로토프 플랜을 대안으로 언급하며 서방 중심의 국제 질서에 대한 거리 두기를 시도했다. 이 시점부터 수카르노의 외교 노선은 반제국주의와 자주성을 강조하는 방향으로 이동하기 시작한다. 다만 인도네시아 독립 과정에서 미국의 중재가 네덜란드 세력 축출에 결정적인 역할을 했던 만큼, 미국은 초기에는 수카르노를 명확한 공산주의자로 간주하지는 않았다.

태평양전쟁의 동남아시아 독립 영웅 중, 베트남의 호치민은 "우리 베트남인들은 프랑스와 일본이라는 이중의 착취 구조에 당했다"라며 일본을 비난한다. 버마의 아웅 산 장군 역시 처음엔 일본에 협조적이었지만, 임팔 전투에서의 궤멸적 패배 등의 요인으로 일본을 저주하는 입장에 선다. 그런데 네덜란드 지배 하에 있었던 인도네시아의 수카르노는 대놓고 친일이었다. 1959년 수카르노는 일본을 방문했다가 일본 무역회사의 미인계 로비에 그대로 넘어갔다. 19살의 네모토 나오코라는 여인이었다. 하룻밤을 보낸 그는 네모토 나오코를 데비 수카르노로 개명시킨다. 그에게 데비(인도네시아어로 '여신')를 소개한 일본 무역회사(미쓰이)는 당시 인구 2억 명의 국제시장을 하나 통째로 가진 것과 다름없었으므로 회심의 미소를 지었다. 그런데 운명은 수카르노를 배신하기 시작한다.

말레이시아와의 국경 갈등

1963년 싱가포르가 말레이 연방으로 편입되어 들어가자, 수카르노 대통령은 극단적인 반서방주의자로서(그런데 친일이지 않았나?) 이를 영국 제국주의의 지역적 팽창주의라고 힐난하였다. 이즈음 싱가포르섬과 조호르 해변가가 주전장이 되었던 국지전이 있었다. 상대국은 인도네시아와 말레이시아였다. 인도네시아는 해군이 함포 사격을 하고, 싱가포르가 말레이 연방에 들어가는 것을 막으려고 애를 썼다. 그 와중에 보르네오섬에 사바주가 다시 말레이 연방으로 들어가려고 하자, 또다시 인도네시아는 말레이시아에 싸움을 건다, 이 싸움을 컨프론타시라고 부른다.

인도네시아는 말레이 연방이 구성되는 것 자체가 싫었다. 싱가포르가 말레이 연방으로 편입되어 들어가는 것도 싫었고, 보르네오섬이라고 영국식으로 불리는 것도 싫었다. 이 섬의 이름은 인도네시아식으로 칼리만탄이라고 불려야 맞다고 생각했다. 또한 보르네오섬의 동북부 사바 주가 말레이 연방으로 들어간다는 것은 수카르노의 자존심을 딱 건드리는 정책이었다. 1963년 싱가포르에 함포 사격을 한 것을 시작으로 64년과 65년 연달아 보르네오 동북부를 차지하기 위하여 군사 작전을 계속하였다. 이는 사실상 1962년 인도네시아 수카르노 정부군이 지금의 웨스트 파푸아 지역을 군사적으로 침공 점령하고 이를 이리안자야라고 오만하게 부르기 시작하면서 씨앗이 뿌려진 행동이었다.

이는 얄타 체제에 대한 정면 도전이었고, 변경 시도였다. 그런데 이게 성공한 것이다. 자신감에 취한 수카르노는 유엔으로부터 제재를 당하게 되자, 유엔을 탈퇴해 버리는 초강수를 두게 된다. 이때부터 미국의 눈밖에 나게 되었는데, 이를 아랑곳하지 않고 싱가포르와 보르네오 동북부를 침공한 것이다. 이는 말레이시아에 대한 도전 같지만, 사실은 영국과 미국을 향한 함포 사격이나 다름없었다. 말레이 연방은 과거 영국의 식민지였고, 싱가포르는 영국과 미국의 핵심 국제 항구였다. 이것에 대한 소유권을 주장하며 벌인 무력시위는 미국으로 하여금 수카르노 제거를 계획하게 만든다. 마침 근처에 있는 인도차이나반도에서는 베트남 전쟁이 끝 간 데를 모르고 비참하게 전개되고 있었다.

말레이시아는 그냥 만들어진 나라가 아니다. 처음 영국 제국주의의 식민지로 만들어져 보르네오섬[41]의 사라왁주와 사바주를 자기 영토로 만들고, 1964년 7월의 싱가포르 인종 폭동을 겪으며

보르네오에 있던 영국군이 철수하고 있다.

[41] 현재 보르네오섬은 세 개의 나라가 분할 점령하고 있다. 먼저 사라왁주와 사바주의 말레이 연방, 그리고 사라왁주의 해변가에 볼키아 술탄이 다스리는 브루나이 왕국, 그리고 나머지는 이 섬을 칼리만탄이라고 부르는 인도네시아다.

싱가포르를 억지 독립시키고 확정된 영토가 지금의 말레이 연방이다. 말레이 연방이 만들어지자(영국이 승리하자), 미국은 인도네시아의 수카르노 제거 계획을 본격화한다.

인도네시아 대학살

타이완, 베트남, 라오스, 캄보디아, 말레이, 싱가포르 등의 국가들은 모두 이념에 따라 목숨이 왔다 갔다 하는 학살의 공포를 겪은 나라들이다. 인도네시아는 예외일까? 인도네시아인에게 "1965년부터 1970년대에 너네 나라에는 학살이라는 게 있었느냐?" 하고 물으면 정말 놀랍게도 "없다"라는 대답이 돌아올 것이다. 그럼 정말로 없었을까? 아니다. 전 세계적으로도 가장 부끄러운 대학살이 존재했다. 1965년 9월 30일 수카르노 대통령을 전혀 지지하지 않았던 육군 소장 수하르토가 이른바 역(逆) 쿠데타를 시도한다. 그리고 성공한다. 당시 수카르노가 친공산주의 정책을 펴고 있었기 때문에 무슬림들은 천주교와 개신교 포함 무신론자들을 모조리 공산당이라고 때려잡기 시작한다.

수카르노의 지도 이념은 '나사콤(NASionalist+Agama+KOMunisme)', 민족주의와 종교세력과 공산주의를 더하는 것이었다. 이에 따라 공산주의자들은 나날이 세력을 넓혀갔다. 인도네시아 내부에서도 지주 계급들이 모두 공산주의자에 이를 갈고 있었다. 이를 정확하게 파악한 미국과 영국은 주 한국 대사관을 시켜서 공산주의자 명단을 작성해 수하르토 행정부에 넘겨주기까지 했다. 인도네시아의 반둥 회의에 중국과 소련을 공식 초대하고, 소련을 끌어들여 웨스트 파푸아, **즉 이리안 자야를 무력으로 획득하는 등, 미국의 비위를 제대로 건드린 수카르노는 1965년과 1966년경부터 자바섬과 발리섬에서 자카르타 군부와 우파 자경단에 의한 학살을 막지 못했다.** 인도네시아 공산당(PKI)과 화교 그리고 기독교인 혹은 무신론자, 성소수자 공동체 등이 학살의 표적이 되었다.

1965년 9월 30일 밤 인도네시아 공산당원 중 일부가 인도네시아의 군부 주요 장성 6명을 처형하는 사건이 발생했다. 수카르노의 쿠데타였다. 그러자 수하르토의 군부는 이를 전국적인 공산화 음모로 포장해서 수백만 명의 인도네시아 공산당을 일제히 공격하였다. 수하르토는 충성도가 의심되는 군인들은 숙청해 버리고 중부 자바 등 인도네시아 공산당 주력지에 군인들을 대거 투입했다. 일부 지역에서는 저항이 있었지만 단기간에 진압되었고 이후, 인도네시아 공산당에 대한 대대적인 추적이 시작되었다. 학살은 중부자바, 동부자바, 발리로 순차적으로 확산되었고, 수마트라 아체 등의 지역에서도 비참하게 전개되었다. 군부는 공산당을 악의 소굴로 규정하면서 오랜 사회적 갈등과 증오를 100% 활용했다. 군이 직접 학살을 주도한 경우도 많았지만, 오히려 민병대를 조직한 후에 학살을 많이 저질렀다. 판차실라와 프리만이라고 불린 정치 깡패들이 이에 해당한다. 희생자 대부분은 정치지도자가 아니었다. 농민, 노동자, 교사, 예술가, 학생 등의 일반 민간인이었다.

캄보디아의 킬링필드가 있었다면 인도네시아에는 1965년 대학살이 있었다. 많은 좌파 인사가 경찰서에 자진 출두했지만, 거의 대부분은 죽었다. 칼, 낫, 창, 죽창, 쇠막대에 찔려서 죽거나, 머리가 잘려서 죽어 시체가 허다했다. 마을이 통째로 비워지고, 피해자들의 집과 재산은 군부가 나누어서 가졌다. 여성에 대한 성폭력도 광범위하게 이뤄져서 성폭력이 목적인 학살이 너무 많이 일어났다. 그 집에 부인이, 며느리가, 딸이 너무 이뻐서 그 집 남자들을 공산주의자 라고 신고하면, 그냥 민병대가 가서 다 죽이고 집을 불태우기 일쑤였다. 그 집의 여자들이 창녀처럼 노리개가 된 것은 물론이었다. 일본의 제국주의만 아니었더라면, 이처럼 잔혹한 학살은 없었을 것이다.

1970년대에 이르러서도 공산주의자라고 누가 불리기만 하면 불법 감금은 물론이고, 피해 사실을 이야기해도 처벌당했다. 그냥 참수시키는 경우도 빈번했다. 감금된 수감자들은 굶주림과 구타, 성고문에 시달렸고, **가족 앞에서 고문을 당하거나 강제로 다른 이들의 고통을 지켜봐야만 했다.** 석방된 사람들도 감시 연금 상태에 놓였으며, 그 자녀에게까지 피해가 전달되었다.

5장

일본군 성노예 문제와 동남아시아

제국주의 일본의 부끄러움

도대체 일본군 위안부가 맞는 용어인가? 아니면 일본군 성노예가 맞는 용어인가? 2012년 미국의 힐러리 국무장관이 'comfort women' 대신 'enforced sex slaves'라는 용어를 써야 한다고 지적했을 때, 나는 큰 충격에 빠졌다. 위안부라고 하는 단어가 성노예보다 더 편안한 이미지를 줄 수도 있구나 하는 생각에 한없는 자괴감에 빠졌다. 나는 성노예라는 단어를 쓰겠다. 그것도 강요된 성노예들이라는 단어를 써야겠다고 생각했다. 지금은 딸을 키우고 있다. 그 딸들을 바라보면서, 일본군을 더욱 용서할 수 없다고 생각했다. 주옥순[42]이라는 한국의 친일 매국노는 "내 딸이 있다면 기꺼이 일본군 성노예로 주겠다. 나는 일본을 용서한다"라면서 정말 극우다운 역사적 망언을 한 바 있다.

일본군 성노예제라는 것은 1930년대부터 1945년 일본의 패전에 이르기까지 일본군이 제도적으로 '군위안소'라는 것을 설치하여 점령지와 식민지 여성들을 동원해서 성노예로 전락시켰던 범죄를 말한다. 그동안 일본군 성노예제의 피해자들에 대해서 명시할 때는 범죄의 주체인 일본군을 분명히 밝히고, 역사적인 용어로서의 위안부를 따옴표 안에 넣어 일본군 '위안부'로 표기하였다. 현재는 한국어로도 일본군 성노예제라고 주로 표기하고 있다. 헷갈리는 용어로는 종군 위안부가 있다. 그런데 종군이라는 단어에는 자발적이라는 의미가 포함되어 있다. 그래서 절대로 나는 안 쓴다. 또 하나의 용어로는 일본 제국주의가 자주 쓰는 표현인 '정신대'라는 용어가 있다. 이는 일본이 전시 체제에 돌입과 함께 조선의 노동력을 강제 동원한 제도를 말한다. 여성의 경우 여자 (근로) 정신대라는 이름으로 광범위하게 사용되었다.

강제 징용자도 시대의 비극이지만, 강제로 끌려가거나 혹은 속아서 끌려가 일본군의 성노예로 전락한 우리나라 및 일본 제국주의 전체 식민지 여성들의 삶이란 참으로 비참한 것이었다. 당시 일본은 정말 미친 나라였다. 1930년대 초, 일본군 점령 지역에서

---

42 이 주옥순이라는 미치광이 극우세력은 대한민국 엄마부대 대표라는 명칭을 달고 나와서는 2016년에 저 문제의 망언을 하였다.

일본군이 저지른 강간 사건이 빈번해지자 반일 감정이 고조되고 군인들이 성병에 걸리는 일이 발생했다. 이는 작전 수행에 심각한 저해를 초래하였다. 이에 일본군은 '위안소' 제도를 도입해서 식민지 및 점령지 여성들을 강제로 동원하였다. 우리 정부가 추후에 조사한 바로는 강제 연행 당시의 나이가 어리게는 11살부터 많게는 27살에 이르며, 피해자 대다수가 취업 사기(근로 정신대로 간다고 해놓고 나중에 성노예로 빼기) 유괴, 납치 등이었다.

일본의 침략적 제국주의가 뻗친 지역에는 단 하나의 예외가 없이 '위안소'가 존재했다. 만주, 일본, 중국, 한반도, 하이난, 필리핀, 동티모르, 파푸아뉴기니, 사이판, 괌, 칼레도니아, 인도네시아, 버마, 베트남, 캄보디아 등 거의 모든 일본 식민지와 점령지에 우리나라 여성과 중국 여성, 해당 점령지의 여성들이 희생되었다.

일본 내각총리대신(수상) 다카이치 사나에의 망언

일본군 '위안부' 문제가 세상에 알려지게 된 계기를 되짚어보면, 그 출발점에는 배봉기 할머니의 삶이 있다. 1975년 10월, 배봉기 할머니에게는 추방 통보의 기한이 다가오고 있었다. 할머니가 아무런 설명도 듣지 못한 채 오키나와에 도착한 것은 1944년 11월로, 이미 31년의 세월이 흘러 있었다. 배봉기 할머니는 조선에서 약

30년, 오키나와에서 또다시 30년을 일본 제국주의가 남긴 폭력과 그 후유증 속에서 살아왔다. 일본의 패전 이후 오키나와는 미군 통치 하에 놓였고, 1972년에야 일본에 반환되었다. 반환 이후 일본 정부는 오키나와에 거주하던 이른바 '조선인' 가운데 1945년 8월 15일 이전 입국 사실이 확인되는 경우에 한해 특별 영주를 허가하겠다고 발표했으며, 이를 위해 3년 이내에 신고할 것을 요구했다.

그러나 배봉기 할머니는 스스로 오키나와에 온 적이 없었고, 만약 추방된다면 어디로 가야 할지조차 알 수 없는 처지였다. 조선에도, 일본에도, 한국에도 기댈 수 있는 가족이나 거처가 없었던 할머니는 법적으로도, 사회적으로도 어느 국가에도 온전히 속하지 못한 채 오직 '오키나와 사람'으로 살아가고 있었다.

신고 마감 기한이 다가왔지만, 할머니는 한글은 물론 일본어와 영어까지 읽고 쓰지 못했다. 결국 과거에 함께 일한 적이 있던 식당 주인에게 도움을 요청해 서류를 작성하게 되었고, 그 과정에서 할머니가 오키나와에 오게 된 경위가 처음으로 문서에 기록되었다. 이 사연은 오키나와현 입국관리사무소에 제출되었고, 이것이 일본군 성노예 피해 사실이 공식적으로 드러나는 계기가 된다.

이 과정에서 과거 성노예로 처절하게 일했던 상황이 알려지기 시작했다. 처음이었다. 일본군 성노예라는 부끄러운 역사가 세상에 공개된 것이 말이다. 그전에는 그저 쉬쉬하거나 아니면 유일한 증거라고 볼 수 있는 성노예들을 모조리 사살 혹은 옥쇄시키는 방법밖에 없었다. 배봉기 할머니는 공론장에서 처음으로 자기 피해를 증언한 생존자였지만, 스스로 선택한 결과는 아니었다. 그녀를 취재하거나 만나기 위해 찾아온 사람들에게 끊임없이 그 부끄러운 과거를 증언해야 했다.

야마타니 데쓰오 감독은 자신이 처음 방문했을 때의 그녀 모습을 담아 1979년에 기록 영화 《오키나와의 할머니》를 개봉했다. 또한 배봉기 할머니와 나눈 대화들을 녹취하여 1979년 12월 같은 제목의 책을 내기도 하였다. 가와다 후미코는 10년 가까이 배봉기 할머니의 이야기를 듣고 1987년 『빨간 기와집: 조선에서 온 종군위안부』라는 책을 냈다. 지배와 폭력으로 점철된 관계망 속에서 어찌 보면 인간으로서 당연한 권리인 스스로 원하는 일상을 만들어갈 자유를 철저하게 박탈당한 채 살아온 한 인간의 삶을 온전히 이해하는 일은 불가능하다. 피해자의 입장에서 작성된 문서 자료는 없다. 이들의 삶을 표현할 언어는 어디에도 적당한 것이 잘 없다. 피해자가 자신의 이야기를 하는 것이 여전히 안전하지 않다고 느끼기 때문이다. 배봉기 할머니는 결국 고국 땅을 밟지 못하고 돌아가셨다. 두통, 신경통, 대인기피증, 신경쇠약 등을 쭈욱 앓았고, 1991년 10월 18일 돌아가셨다.

1990년까지 우리나라 박정희, 전두환, 노태우 군사 독재 정부는 일본군 성노예 사건을 알면서도 그들이 '법인(法人)'을 만들어 법적 분쟁을 일으키지 못하도록 조치를 취했다. 1991년이 되어서야 김학순 할머니의 용기 있는 외침을 시작으로 이 비극적이고도 참담한 역사가 우리나라에 알려졌다. 그럼에도 불구하고 일본의 내각 총리대신 다카이치 사나에는 여성 총리임에도, 이 일본군 성노예 사건은 물론이고, 위안부 사건이라는 역사의 용어도 절대 허락하지 않는다. 위안부라는 단어는 역사 속의 조작이고, 있었어도 어디까지나 자발적이었다고 말이다. 역사 앞에 죄를 짓는 이와 같은 망언을 언제까지 듣고 있어야 하는가? **일본의 아베 전 총리와 마찬가지로 그녀는 일본군 성노예 강제 동원에 대해서는 "여성의 의사에 반하여 일본군에 매춘을 강요했다는 역사적 자료는 발견된 바 없다. 위안부라 불리는 여성들이 있었지만, 종군 위안부라는 표현은 찾아볼 수 없으며, 그 여성들은 전 세계 어느 곳에나 있던 공창제도 하에서 일하고 있었다" 라고 말한다. 참으로 슬프고 안타깝다.**

7부

패망 직후 일본의 GHQ와 혐한류의 형성

1장

뜨거운 감자: 독도와 대마도는 우리 땅

독도는 우리 땅(독도의용수비대)

일본은 제2차 세계대전 이후에도 독도를 자국 영토라고 주장하며 분쟁을 지속적으로 제기해 왔다. 이러한 주장은 과거 식민지 지배의 연장선에서 영토권을 재해석하려는 시도로 받아들여질 수 있으며, 상대국의 주권을 침해하는 행위라는 비판을 피하기 어렵다. 특히 일본이 자국의 경제적·국제적 위상을 전제로 이러한 주장을 반복해 온 점은 한일 관계 전반에 부정적인 영향을 미쳐 왔다.

그러나 오늘날 대한민국의 종합적인 국력과 국제적 위상은 과거와 크게 달라졌다. 그럼에도 독도 문제는 여전히 외교 현안으로 남아 있으며, 이러한 영토 분쟁이 반복적으로 제기된다는 사실 자체가 동아시아 대외 관계에서 하나의 긴장 요인으로 작용하고 있다.

개인적으로 일본인들과 대화를 나눌 때도 이 문제는 종종 언급된다. 독도처럼 극히 작은 섬을 둘러싼 영토 주장이 계속되는 현실에 대해 문제를 제기하면, 대화가 다른 주제로 옮겨가는 경우가 적지 않다. "아니, 독도라는 말도 안 되게 작은 섬을 왜 자꾸만 자기네 땅이라고 우기는 거야? 내가 일본이라면 적어도 제주도나 울릉도를 내 땅이라 우기겠다"라고 말하면 일본 애들은 황급하게 다른 이야기 주제로 돌려버린다. 싸우기 싫다는 뜻이겠지.

태평양전쟁 패전 이후, 일본의 영토를 규정한 샌프란시스코 조약 이후에 거문도, 제주도, 울릉도와 그 부속 도서에 대한 일체의 권리를 잃는다는 조항에 따라 울릉도의 부속 도서인 독도는 당연히 우리 대한민국의 영토이다. 그런데 전후 패전으로 기죽은 일본에게 있어서 기회가 찾아왔다. 바로 6·25 전쟁이다. 남북한이 치열하게 무력 남진통일 혹은 무력 북진통일을 외치면서 군사적인 방법으로 얄타 체제의 변화를 노릴 때, 일본은 그 틈을 이용하여 '독도'를 '다케시마'로 바꾸기 위한 야욕을 드러냈다.

일본은 1952년 대한민국과 북한이 한참 전쟁에 열을 올릴 때에 무려 세 차례에 걸쳐서 불법적으로 독도에 무단으로 상륙했다. 미국이 설치한 1948년 독도 불법 폭격 때에 희생된 한국 어부의 위령비를 파괴하고 독도에 시마네현 오키군 고카무라 다케시마라는 희한한 이름의 말뚝형 나무 표지판을 세우는 등, 불법 영토 침략을 일삼았다. 이에 한국에서는 6·25 전쟁에 참전했지만, 부상을 입고 전역한 특무상사 홍순칠과 울릉도에 살던 청년들이 중심이 되어서, 아직 6·25가 채 끝나지 않은 1953년 4월 20일에 독도의용수비대가 결성된다. 수비대는 경상북도 경찰서에서 지원받은 박격포, 중기관총, M1 개런드로 중무장했다. 홍순칠이 오징어를 팔아서 초기 자금을 대고, 그 다음엔 대원들의 집, 산, 목재 등을 연달아 매각하여 충당했다. 처음엔 45명으로 출발했다가 12명이 중간에 이탈하면서 33명으로 최종 확인된다. 이 숫자는 지금도 논란이다. 2007년 4월 12일 감사원은 독도의용수비대 33명 중 16명의 명단이 이른바 훈장 제출용으로 추가된 이름이라고 밝혔다. 따라서 진정으로 독도 수비대로 활동한 것은 17명이다.

1953년 6월 일본 오게 수산고등학교 연습선 지토마루호를 독도 서도 150미터 해상에서 나포했고 이들을 일본으로 돌려 보냈다. 같은 해 7월 해상보안청 순시선 치마루호가 독도에 접근하자 위협사격을 가해 이들을 격퇴시켰다(3차 전투). 1954년 5월 23일 홍순칠 대장 등은 독도의 동도 바위에 '한국령(韓國領)'이라는 글자를 새겨넣었다. 같은 해 7월 28일에는 순시선은 나가라호, 구르쥬호가 동시에 위협사격을 가하며 접근하자, 수비대원들은 즉시 전투태세에 들어가서 격퇴했다(4차 전투). 1954년 8월 23일, 독도에 접근하려는 일본 해상보안청 소속 450톤급 무장 순시선인 오키호를 기관총 수백 발을 사격한 총격전 끝에 격퇴시켜 5차 전투를 끝냈다. 1954년 10월 2일, 5차 전투에서 피해를 입었던 오키호가 4차 전투 때의 나가라호와 함께 다시 접근, 독도 영해를 침범하자 이번에는 대포를 설치하여 다시 한번 격퇴했다(6차 전투).

1954년 11월 21일은 7차 전투이자 그 유명한 독도 대첩이 있었던 날이다. 새벽 5시에 4, 5차 전투 당시에 모습을 보였던 오키호와 450톤급 헤쿠라호가 독도 영해를 침범하여 포격전을 펼쳤다. 이때 **헤쿠라호에 의용수비대가 쏜 '가늠자도 없는' 박격포탄이 명중해서 파괴된다. 우리의 대승이었다.** 1956년 12월 30일 무기와 임무를 독도 경찰에게 인계할 때까지 독도의용수비대는 독도를 지키는 우리의 수호신이었다. 계속 정식 군대가 맡아주길 바랐으나, 당시 우리나라의 형편상 도저히 맡을 여력이 없었던 것을 임진왜란의 의병 격인 의용수비대의 맹활약으로 결국 우리 영토를 지켜냈던 것이다.

그런데 이 사건 이후, 박정희 정권은 홍순칠 특무상사를 지켜주지 않았다. 기념은커녕 1969년과 1972년에 독도 개발 계획서를 내며 개발을 추진하고 독도에 대한 실효적 지배 강화를 주장하는 홍순칠을 중앙정보부로 끌고 가서 혹독하게 3일간 고문했다. 그리고 다시는 독도는 우리 땅이라고 주장하지 못하도록, 아니 더 심하게 말하자면 글을 쓰지 못 하도록 오른팔을 부러트리기도 했다고 한다. 이 사건은 나중에 진실 화해를 위한 과거사정리위원회에서도 제대로 거론되지도 않았다. 내가 진실 화해를 위한 과거사 정리위원회에서 위원장으로 일하고 싶은 이유가 바로 이런 것들이 제대로 밝혀지지 않았기 때문이다. 홍순칠 상사를 이렇게 응대한 이유는 당시 일본에서 배울 것이 많다고 생각한 박정희 정권이 홍순칠 상사를 그대로 놔뒀다가는 한일 관계가 악화되어 기술 이전을 제대로 받지 못할 것을 우려해서였다고 하니 참 기가 막힐 노릇이다.

또한 전두환 신군부 역시 1980년 초 홍순칠 상사가 북한 방송에 독도 지킴이로 소개되자, 그를 즉각 체포해 극렬한 고문을 가하며 용공 조작으로 몰아가려고 했다. 결국 고문 후유증으로 1986년에 폐암으로 사망한다. **박정희 때처럼 외국 차관에 의존했던, 즉 미국과 일본에 돈을 빌리고 물건을 수출함으로써 연명해 나갔던 전두환 정권은 독도를 마침내 천연기념물로 정해서 민간인의 출입을 막았고, 심지어 정광태의 노래 '독도는 우리 땅'을 금지곡으로 지정하기까지 했다.** 그러나 1996년 김영삼 정권은 독도 의용수비대의 공로를 인정해서 홍순칠 상사에게 보국훈장 삼일장을 수여하고, 나머지 대원에게 보국훈장 광복장을 수여했다. 2008년에는 독도의용수비대 기념사업회가 출범했다. 현재 독도의용수비대원들의 유해는 국립대전현충원 독도의용수비대 묘역에 잠들어 있다. 그나마 천만다행한 일이다.

대마도는 우리 땅

대마도, 일본명 쓰시마는 지금 우리의 통념상 일본의 영토이다. 인구가 2만 5천 367명(2025)인 아주 작은 섬이다. 현재 행정구역은 나가사키현에 속해 있다. 이 쓰시마를 놓고 요새 우리나라에서 관심이 아주 뜨겁다. 일본이 다케시마의 날을 제정하자 이런 불법적인 영토 침탈 행위에 대해 우리나라가 맞대응 형식으로 주장하는 면이 없지 않다. 그러나 자세히 따지고 보면, 대마도는 진짜 우리 땅이 맞다.

우선, 『대주편년략(大州編年略)』이라는 책이 있다. 1723년 대마도 출신 유학자 도후지 미치카제가 편찬한 역사책이다. 여기에 대마도는 고구려의 목(행정구역)이라고 되어 있는 구절이 있다. 조선 세종 1년 조선왕조실록에도 "대마도는 계림(경주부)에 속한 우리의 땅이다"라고 분명히 밝히고 있다. 우리나라 부산에서는 50킬로미터 정도 떨어져 있고, 후쿠오카에서는 무려 120킬로미터가 떨어져 있다. 일제강점기에는 부산과 같은 생활권이었고 부관연락선(일본 입장에서는 관부연락선)으로도 1시간이면 오고 가는 섬이었다. **영토 개념이 분명해진 1945년 2월의 얄타 체제 이전에는 이 쓰시마는 일본과 한국 모두가 자기네 땅이라고 생각했고, 동시에 저조한 농업 생산력 때문에 부담스러워 했다.** 최근에도 쓰시마에 일본에서 생산하는 모든 원자력 쓰레기인 발전 폐기물을 가두는 저장소를 설치하겠다는 방침이 내려와 부산시가 나서서 반대하는 일도 있었다.

　한데, 우리나라 입장에서는 반드시 우리 땅으로 찾아와야 할 이유가 있다. 1945년 8월에서 9월 사이 미군정이 한반도에 들어섰다. 미국은 여러 조사를 거쳐서 쓰시마 섬은 일본, 독도는 대한민국의 영토로 규정했다. 1951년 9월 체결한 샌프란시스코 조약에서 반환 영토에 대한 협상은 일본 측이 내놓은 초안 '제주도, 거문도, 울릉도, 독도를 포함한 한반도와 그 부속 도서를 한국에 반환한다'를 바탕으로 미국과 일본 간에 논의가 진행되고 있었고 한국은 애초 이 샌프란시스코 조약의 당사자 국이 아니었다. 당시 이승만 정부가 쓰시마섬의 영유권을 주장한 것은 협상에 영향력을 행사하기 위해 내려진 조치이다. 1952년 샌프란시스코 조약 이후 선포된 이승만 평화 라인에서 쓰시마는 제외되었고, 그 이후 어느 역대 정부도 쓰시마에 대한 영유권을 주장한 정부는 없다.

　1946년 1월 29일 연합국 최고사령관은 일본 정부에 '연합국 최고사령관 각서(SCAPIN) 제677호'를 하달한다. 여기에서 미국은 쓰시마섬은 일본의 영토이고, 독도는 대한민국의 영토로 규정한다. 1949년 대한민국 정부 차원에서는 처음으로 대마도(쓰시마)의 영유권을 제기했다. **이승만 대통령은 "대마도는 원래 우리나라 땅이다. 1870년 일본이 강제 점령했다. 일본은 포츠담 선언에서 불법으로 획득한 영토를 반환하기로 약속했기 때문에 무조건 돌려줘야 한다"** 하고 일본에 반환 요구를 했다. 광복 직후의 대한민국 여론은 일본으로부터 대마도를 돌려받아야 한다는 민족주의적 주장이 한국에서 압도적으로 많았다. 그러므로 대한민국 정부 수립 직후, 이승만 대통령은 대마도 영유권 주장 및 반환 요구 성명을 60여 차례나 발표했다.

2005년 마산시의회가 대마도의 날을 지정해서 역사 전쟁이 영토 전쟁으로 이어지는 횃불을 들어 올렸다. 그 이후로 창원 시의회가 뒤를 이었고 부산 사하구의회에서도 대마도의 날을 잇달아 제정했다. 조선 초 세종 시기에 이종무 장군이 마산포에서 출정한 6월 19일(1419년)을 기념일로 제정해서 기리고 있다. **요사이 독도에 대한 일본의 야욕은 그칠 줄 모르고, 반면에 우리나라의 국력은 일본과 대등하게 이어지고 있다. 변화하는 국제 정세 속에서 독도만 지킬 것이 아니라, 간도, 대마도, 녹둔도 등의 우리나라 잃어버린 고토 역시 다시 찾아올 생각을 가져야 한다.**

2장

맥아더 사령관과
요시다 시게루

맥아더의 태평양 전쟁

1950년 인천상륙작전의 영웅 하면 딱 떠오르는 인물이 70세의 미국 장군 더글러스 맥아더(Douglas MacArthur)이다. 그는 아버지도 군인, 형도 군인, 아들도 군인인 참으로 절도 있는 군기의 집안에서 자랐다. 철저한 백인우월주의자요, 반공주의자여서, 그의 공산당에 대한 반감은 신의 사명을 따라 정해졌다고 말할 정도였다. 그의 아버지는 미국 스페인 전쟁 때에 필리핀 마닐라에서 전쟁을 치러서 공훈을 세우고 준장으로 진급했다. 필리핀에서 독립운동이 일어나자 이 독립운동을 저지하기 위해 제2보병사단장으로 복무했다. 이 공로로 인해 이후 필리핀을 주 근무지로 해서 둘째 아들인 더글러스 맥아더 장군이 부임하게 된다.

일본과 미국 사이에 전운이 감돌던 1941년 7월 26일, 미국은 필리핀군을 미 육군 극동사령부 산하의 연방군으로 재편하고, 이미 퇴역 상태였던 더글러스 맥아더(당시 62세)를 지휘관으로 임명했다. 중장으로 진급해 복귀한 맥아더가 부임한 7월 말 기준, 필리핀 방면에 배치된 미군 병력은 약 2만 2천 명에 불과했다.

1941년 12월 8일, 라디오를 통해 하와이 진주만 공습 소식을 접한 맥아더는 즉각적인 대만 공습을 주장한 참모들의 의견을 받아들이지 않았다. 그는 필리핀 전역을 방어해야 한다는 판단 아래 병력과 방어 자원을 넓게 분산시키는 전략을 선택했다. 그러나 "모든 곳을 지키려 하면, 모든 곳이 약해진다"라는 고전적 격언이 상기하듯, 이러한 전면 방어 구상은 오히려 일본군의 초기 공세에 취약한 결과를 낳았다.

일본군을 요격하기 위한 작전 계획은 필연적으로 병력과 방어 자원을 전 지역에 분산시켜야 했고, 이는 제해권과 제공권을 동시에 확보하지 못한 상황에서는 현실적으로 실행이 어려웠다. 무엇보다도 맥아더의 예상과 달리, 태평양 전쟁 초기 일본 제국 해군과 공군의 전력은 당시 필리핀에 배치된 미군 전력을 현저히 압도하고 있었다.

일본군은 1942년 1월 7일에서 14일까지 필리핀 침공을 위한 정찰과 전투 준비에 착수했다. 그래도 미국과 필리핀군의 합동 작전은 초기에도 꽤나 먹혔던 모양이다. 일본군은 3개 대대 병력을 잃는 등 막심한 피해를 봤다. 그러나 제65여단의 반격으로 포위를 계속했고, 전투는 소강상태가 되었다. 3월 말부터 100문이 넘는 야포로 계속 공격을 퍼부었다. 4월 초 일본군은 65여단과 4사단을 선두로 전면 공격을 실시하는 데, 미군과 필리핀군은 전염병에 크게 시달리며 무너졌다. 결국에는 물러나고 만다. 필리핀을 일본군에 내주면서 루스벨트 대통령은 맥아더를 호주로 이동하라고 명령한다. 맥아더는 필리핀을 떠나, 호주로 가면서 이렇게 말했다고 한다. **"나는 여기에 왔고, 돌아올 것이다**(I came through and I shall return)**."** 이 유명한 말은 3월 20일 사우스오스트레일리아의 테로위 기차역에서 열린 기자회견에서 한 말이다.

파푸아 뉴기니와 필리핀 전역에서 맥아더는 특유의 홍보 능력을 발휘해서 미국에서 엄청난 인기를 누리는 전쟁 영웅이 되어 있었다. 1943년 말 미국의 공화당은 맥아더를 대통령 후보로 지명하기 위해 노력하고 있었다. 상대인 민주당의 루스벨트를 꺾을 만한 인물이 그밖에 없다고 생각했기 때문이다. 그런데 맥아더는 필리핀에서 돌아오겠다고 한 약속을 지키기 위해 다음 기회로 미룬다. 1944년 7월 대통령 루스벨트는 하와이에서 '일본에 대한 공세의 순서'를 정하기 위해 맥아더를 소환했다. 해군의 니미츠 제독은 대만을 공략해야 한다고 했지만, 맥아더는 자신의 약속을 지키기 위해서, 즉 신의 사명을 다해야 한다고 도덕주의적 책무로 필리핀을 공략해야 한다고 역설했다. 1944년 10월 20일 크루거의 제6군이 필리핀의 레이테만에 상륙했다. 맥아더는 직접 해변가를 걸어 들어갔다. 그리고 이렇게 말한다.

"필리핀 시민들이여, 저는 돌아왔습니다. 전능하신 하나님의 은혜로, 우리 군대는 우리 두 민족의 피로 봉헌된 필리핀 토양에 다시 섰습니다. 우리는 여러분들의 일상생활에 대한 적의 통제의 흔적을 파괴하고 불멸의 힘의 기초, 즉 여러분의 자유를 되찾는 것에 전념하고 헌신할 것입니다."

태평양전쟁에서 필리핀의 마닐라 항구와 클라크 비행장을 점령하는 일은 무엇보다 중요한 일이었다. 마닐라를 지키던 일본군의 이와부지 쓰지 제독은 미군이 2월 초 마닐라 북부 경계에 도착하자, 죽음으로 마닐라를 지키겠다고 다짐한다. 3주 동안의 전투 동안에 민간인의 희생을 막기 위해서 공습을 자제 시키지만, 일본 제국주의가 그 본색을 드러내서 수십만 명의 민간인을 학살하는 마닐라 대학살을 저질렀다. 그 후 마침내 필리핀 마닐라를 장악하고 그 공로로 훈장을 받았다. 마닐라 전투를 마친 후, 야마시타 도모유키라는 일본군의 육군 최고의 장군과 한판 대결을 펼친다. 그는 서서히 밀려나는 일본군을 느끼면서도 저항 하나는 기똥차게 해냈다. 맥아더는 지능적으로 작전을 펼쳤고, 1945년 7월 5일에 열린 연합군 최고사령부 성명서에서 필리핀이 완전 해방되었다고 선언했다. 그런데 야마시타 도모유키는 북부 루손섬에서 계속 저항하고 있었다.

이후, 미국은 일본 제국주의를 향한 최후의 일격인 몰락 작전을 펼친다. 맥아더는 태평양의 모든 육군과 공군의 지휘권을 담당하고, 니미츠 제독은 해군의 지휘권을 담당한다. 이 몰락 작전에서 맥아더는 일본을 숨통을 끊어놓기 위해서는 만주의 관동군을 공격하는 것이 중요하다고 루스벨트 행정부를 설득했다. 이는 소련군의 대일 선전포고(1945년 8월 8일)를 가져왔고 결국 일본은 8월 15일에 미국에 무조건 항복한다.

1945년 9월 2일 여전히 필리핀 산악지대에서 미군에 저항하고 있었던 야마시타 도모유키는 천황으로부터 항복 명령을 접수하자 산에서 내려와 1만 명의 병력과 함께 항복했다.

맥아더와 요시다 시게루

연합국은 태평양전쟁이 끝난 후, 1945년 10월 2일부터 샌프란시스코 조약이 발효된 1952년 4월 28일까지 7년 동안 일본에 주둔했다. G.H.Q(General Head Quarters)라고도 부르고, 다른 말로는 연합국 최고사령부(The Supreme Commander for the Allied Powers:SCAP)라고도 부른다. 처음에는 영국군이 많았지만, 이내 미군으로 정리되었다. 더글러스 맥아더는 연합군 최고사령관이었고, 일본 정부를 통해 간접 통치를 실행했다. 쇼와 천황을 처벌하지 않는다는 조건으로(히로히토를 처벌하지 않는다는 우리 민족으로서는 도저히 받아들일 수 없는) 일본 주둔의 부담을 덜었다. 그러다가 1950년 6월 시점에서 미군 4개 사단이 여전히 주둔하고 있는 상황에서 때마침 한국전쟁이 터지면서 병력이 한반도로 대거 이동했다. 이 빈자리를 메우기 위해 일본 자체의 경찰 예비대(훗날 자위대)가 형성되었다.

자, 생각해 보자. 2차 세계대전의 주축국은 독일, 이탈리아, 오스트리아, 루마니아, 그리고 일본이다. 여기서 일본을 제외한 나머지 나라들의 공통점이 무엇인지 아는가? 바로 나라의 본토가 연합국 미국, 프랑스, 영국, 소련 등에 의해 점령당했다는 점이다. 일본은 오키나와와 가라후토 정도를 제외하면 본토가 점령당하지는 않았다. 따라서 본토가(물론 미군의 공습으로 초토화되고, 핵 공격을 당하기는 했지만) 육군에 의해 점령당하지 않은 채, 오히려 바로 옆의 한반도가 대신 분단을 당했다. 그래서 본토의 지배자 천황이 목숨을 부지하고 그 지위도 지켜졌다는 점에서 비극성을 더한다. 연합국 최고사령부는 전쟁을 최종 승인한 히로히토 천황에게 전쟁 책임을 직접 묻지는 않았으며 천황과 황실이 일본 국민에게 가지는 상징성을 인정했다. 이에 연합국 최고 사령부는 미국이 일본을 지배하는 막부에 해당하는 권위를 가지게 되었으며, 맥아더 장군은 일본을 지배하는 미국인 쇼군의 위치를 가지게 되었다.

강력한 연합국 최고 사령부의 통제에 따라 일본 제국 시기의 중범죄와 반평화 범죄들이 대부분 처벌되고 협력자들이 공직에서 추방되었다. 일단은 일본군과 거대 재벌들이 해체되었다. 일단은 일본 육군성과 해군성도 기능이 대폭 축소되었다. 이는 그 당시의 내각총리대신 요시다 시게루의 지휘하에 충실히 이행되었다. 일본 황실은 시데하라 가주로 총리대신 내각의 간절한 소원에 따라 극동 국제군사재판에 기소되지 않았다. 히로히토 천황도 기소되지 않았다. 천황의 직계를 제외한 방계 황족들은 모두 평민 신분으로 전락했으며 귀족원 또한 귀족원 스스로 가결해서 해체했다.

동시에 일본은 토지개혁을 실시했다. 농토의 다수를 독식하던 지주 계층이 해체되었고, 농민들의 다수는 토지를 배분받아 자영농으로 전환되었다. 언론의 자유를 가져왔고, 치안유지법 폐지를 계기로 좌익 탄압이 중단되었다. 여성참정권 부여 및 선거권 연령 하향, 다당제 재도입을 통한 보통선거 및 민주주의의 시행, 지방분권화 보장과 삼권분립이라는 결과를 가져왔다. 또한 노조활동이 인정되어 노조가 결성되었고, 특별고등경찰 역시 폐지되면서 검찰청이 새롭게 만들어졌다. 의약 분업이 시행되었고, 일본의 전통 종교인 국가신토가 해체되면서 천황 신격화 금지, 군국주의 교육 금지 등이 시행되었다. 1950년을 기점으로 국민복과 몸뻬의 착용도 금지되었다.

연합국 최고사령부의 기록에 의하면, 아니, 좀 더 정확하게 일본 정부의 기록에 의하면, 이 기간 동안 정당한 사유 없이 주일미군에게 건방지게 군다는 등의 이유로 살해당한 일본인은 2,536명이다. 폭행 피해 일본인은 3천여 명, 강간당한 일본 여성은 2만 명에 달한다. 이런 일들은 미군에 의해 은폐되었고, 어떤 미군 병사도 법적으로 처벌받지 않았다. **일본 경찰들은 미군에게 자국민이 강간당할 동안, 미군을 보호하는 개막장 짓을 했다. 미군은 심지어 RAA(Recreation and Amusement Association 특수 위안시설협회)를 각 지역에 설립했고 7만 명의 일본인이 여기에서 위안부 및 동성 연애 위안남으로 근무했다.** 마이니치 신문 등에는 매일 특수 위안시설협회의 구인 광고가 실릴 정도였다.

요코하마시에서는 어떤 일본 여성이 27명의 미군 병사에게 강간당하기도 했고, 근처 여고는 너무 피해가 많아 임시 휴교하기도 했다. 무사시노시에서는 미군 병사들이 초등학생을 강간하기도 했다. 도쿄에서는 미군 병사들이 산부인과 병원에 침입해서 간호사 임산부, 의사 등을 강간하기도 했다. 이로 인해 태어난 아이들은 G.I. 베이비라고 불렀는데, 그 수가 5천 명에 달했다. 연합국 사령부에는 미군 외에도 영국, 뉴질랜드, 호주, 인도 등의 군인들이 복무했는데, 이들에 의한 범죄도 정말 많이 발생했다. 수천 명이 강간 범죄를 저질렀지만, 그래서 일본에서의 재판에 넘겨졌지만, 치외법권으로 인해 본국으로 넘겨졌고 법원에서는 증거불충분으로 모두 무죄 처리되었다.

3장

재일교포의 비참한 운명: 4·24 재일본조선인 교육 파동

재일 한국인의 비참한 운명

2023년 재외동포청 총계 재일교포의 수는 802,118명이다. 80만이라고 하자, 1965년 한일기본조약 이후에 일본으로 건너와서 가족 등과 함께 살아가는 자는 뉴커머라고 불리며, 그 전에 일제강점기 시절에 일본으로 각종 이유(일본군 성노예, 강제 징용, 생계 수단 등)로 건너온 사람들을 올드커머라고 부른다. 재일교포는 당연히 외국인이므로 일본 정부 구성에 참정권은 없다. 1945년 8월 15일을 기점으로 일본에서의 한국인들의 위상은 완전히 달라진다. 우선, 한국인들을 두 가지 부류로 나누었다.

조총련과 재일교포 거류민단. 조총련이 처음에는 잘 나갔고,

훨씬 조직력도 강했다. 재일본대한민국 민단(이하 민단) 재일본조선인총연합회(이하 조총련)으로 불린 이 둘은 1949년에야 둘로 갈라선다. 이 시기에 1948년 제주 4.3 민중항쟁의 학살 여파로 인해 제주도 사람들이 많이 일본으로 건너왔고, 6·25 전쟁의 참화를 피해서도 많은 사람들이 대한해협을 건너왔다. **이들이 한국에서 살지 않고, 참화를 피해 일본으로 왔음에도 차별과 멸시는 여전했다.**

일본말로 센징(천인, 賤人)이라는 말에 조(朝)를 붙여 조센징이라는 말이 일본 사람들에게는 일상적인 욕으로 널리 쓰였다는 것이, 지금의 한류를 생각하면 참으로 격세지감(隔世之感)이다. 해방과 전쟁 이후를 거친 뒤로, 일본에 잔류한 재일교포들은 일제강점기부터 이어져 온 각종 사회적 차별에 시달렸다. 또한 남북 간의 갈등과 반목이 민단 대 조총련의 형태로 재일교포 사이에서도 나타났다. 이 둘은 서로 헐뜯고 비난하기 바빴다.

1960년대에서 80년대 독재 시절에는 간첩 사건을 찾아다니던 중앙정보부나 보안사가 재일교포를 잡아다 괴롭혔다. 재일교포는 한국인이 아니니 잡아서 고문과 허위 자백을 받아도 별 뒤탈이 없어서 간첩 조작을 쉽게 할 수 있었다. 이것은 북한에서도 마찬가지로, 재일 출신 귀환자들을 '재포'라고 낮춰서 부르곤 했다. 일본의 입장에서는 한국인 중, 조선공산당에 귀부하기로 한 사람들이 한 사람이라도 더 일본 땅을 떠나는 것이 자기들 정책에 도움이 되었다. 따라서 이 모든 정책의 과실에 따라, 일본에서는 조총련계는 빨갱이 공작원, 민단은 파시스트 깡패라는 악명을 얻기도 했다. 이 때는 어쩔 수 없었던 것이 일본에서는 주민등록도 시켜주지 않았다. 오사카의 쓰루하시 이쿠노구에서는 매일 일본 사람들이 조선인을 격리시키고 소원시키는 것이 일상이었다. 그래서 민단의 상당수는 무직에 무학력에 결국에는 야쿠자의 일원이 되는 경우가 태반이었다.

당시 궁핍하던 재일 조선인들 사이에서는 자신들을 버리다시피하고 아무런 지원도 하지 않는 대한민국보다는 조총련을 통해 재일 조선인들의 생활과 노조 법정 지원, 민족교육 지원, 김장 담그기 등의 문화 유지 지원, 영화 상영 지원 등 각종 지원을 해주던 북한에 대한 지지도가 더 높았다. 당장 한국 사람들(민단)도 조선학교에 가던 시대였고 그리고 제주 4·3사건의 학살 피해자들도 대한민국이라면 이를 갈던 것이 당연한 세상이었다. 이덕구 제주도민사령관 후손 같은 경우에는 성도 김 씨로 바꾸고 생활할 정도였으니, 조총련의 인기가 높은 것은 어찌 보면 당연했다.

4·24 재일본조선인 교육 파동

이전에는 한신교육투쟁이라고 불렀으나 한신 지역(오사카, 고베)뿐 아니라 재일 조선인 전체에 걸친 투쟁이었음이 드러나 한신을 빼고 4·24 교육투쟁이라고 부른다. 1948년 1월부터 5월에 이르기까지 재일조선학교를 둘러싸고 미국 점령군, 일본 정부, 그리고 재일조선인이 벌인 투쟁의 역사이다. 1945년 8월 해방을 맞이하고 나서 재일조선인은 그 무엇보다도 빠르게 민족교육사업을 진행했다. 그 결과, 운동이 시작된 지 불과 1년도 되지 않은 1946년 10월 기준으로 일본 전국에 약 600개의 조선학교가 세워졌다. **그해 10월에 설립된 재일조선인연맹은 핍박과 가난에도 아이들에게 해방 조국의 말과 글을 가르치기 위해 만든 우리 학교를 시스템화하기 시작한다.** 지식인들을 동원해서 교사가 되게 만들고, 교과서를 만들고, 일본의 패전으로 인해 텅 빈 군수창고, 화물 창고, 또 비어 있었던 일본 학교 부지를 빌려 교실로 삼았다. 책걸상도 제대로 없었지만, 뭐 그런 건 전혀 문제 되지 않았다.

그렇게 2년이 흐르고, 1948년 1월 24일에 1·24 통달이라고 하는 서류 사태가 벌어졌다. 일본 문부성 학교교육국장 명의로 도도부현(都道府縣·광역지방자치단체) 지사에게 1장의 문서가 내려왔다. 그 내용인 즉슨, **조선인 학교 취급에 관하여 자체적으로 비용을 들여서 교육을 한다 해도, '허가'가 없이 해서는 안 된다는 것이었다.** 재일동포들은 반발했다. 조선인이 조선의 말과 글을 배우지 못한 채 다시 일본 학교로 돌아가라는 말은, 일본에는 여전히 '해방'이 아니라 '식민 통치'가 남아 있다는 말과 다름이 없었다. 그해 3·1 운동 제29주기 기념대회가 일본 전국 각지에서 열렸다. 동포들은 민

주주의적 민족교육의 자주성 확보라는 표어를 내걸고 일본 정부
와 연합군총사령부의 탄압에 정면으로 맞서기로 한다.

1948년 3월 21일 재일조선인연맹은 25인으로 구성된 '조선인
교육대책위원회'를 조직해서 문부과학성과 GHQ 관계자를 찾아
가 협상을 요구했다. 돌아오는 대답은 "안된다"였다. 효고현 고베
시장은 조선인들의 '조선학교 폐쇄 철회 요구'에 다음과 같이 대답
했다고 한다.

**"당신들에겐 시민권이 없다. 일본이 마음에 들지 않는다면 당
신들의 훌륭한 나라로 돌아가는 게 좋겠다."**

'조선학교 폐쇄' 기한이었던 3월 31일, 야마구치현에서 열린
'조선인 교육 부당간섭 반대 인민대회'에 3만여 명의 동포들이 모
였다. 이들은 야마구치현청을 둘러싸고 24시간 농성을 전개했고,
일시적으로나마 폐쇄 기한을 연장시키는 성과를 거두었다. 4월
20일까지 인가를 얻지 못한 학교는 폐쇄한다는 최후통첩을 도쿄
도지사에서 받은 도쿄 지역 동포들은 학교 폐쇄 반대 학부모회를
개최했다. 오사카에서도 재일동포들의 저항은 거셌다. 4월 23일
동포 1만 5천 명이 모여 오사카부청을 에워싸고 폐쇄령 철회를 요
구했다. 오사카시의 대답은 경찰을 동원한 강제해산이었다. 24일
에도 똑같은 일이 반복되었다. 26일에는 조선인 4만 명이 성난 군
중이 되어 폭력시위로 변했다. 일본 경찰청장 스즈키는 마침내 발
포 명령을 내렸고, 16세 김태일 군이 총에 맞아 숨졌다.

4·24 교육투쟁 기간 재일조선인 시위 참가자는 총 100만 3천 명, 체포 3,076명, 사망자 2명, 기소된 조선인 212명, 군사재판 회부 38명, 일본 재판 회부 169명이었다. 이 투쟁 과정에서 조선학교 40%가 폐쇄되었으나, 나머지는 명맥을 유지했다. 그러나 그로부터 1년 4개월이 지난 1949년 9월에서 10월 사이에 연합국 최고사령부는 재일조선인연맹을 강제 해산시켰다. 동시에 남아 있던 조선학교 300여 개도 강제 폐쇄되었다.

4·24 교육투쟁의 결말은 조선인 사냥으로 끝났다. 조선인 1,900여 명이 감옥에 갇혔다. 당시 미군은 공산주의의 범람에 민감했다. 효고현에는 건국청년동맹 회원들이 많았다. 이들을 공산주의자로 판단한 연합국 최고사령부는 조선인을 마구 잡아들였다. 그리고 질문을 하나씩 던진다.

"어때? 지금부터 조선인연맹이 하는 말은 듣지 말고, 경찰이 하는 말을 듣든지 남선 단정(남한 단독정부)을 지지하든지 그러면 석방시켜 준다."

도대체 왜? 4·24 교육투쟁을 연합군 최고사령부가 그토록 조선인을 처벌했는지. 그 근본 이유를 잘 알 수 있는 질문이다.

4장

전형적인 희생자 탓하기 : 혐한류

도쿄, 오사카의 재일교포

일본을 대표하는 양대 도시라면 도쿄와 오사카를 꼽는다. 이 두 도시는 태평양전쟁 이후 우리나라 사람에게도 매우 중요한 도시들이다. 도쿄와 오사카는 재일교포 밀집 단지가 있는 곳이다. 도쿄에는 신주쿠구 신오쿠보의 한인타운, 오사카에는 쓰루하시 이쿠노구 한인타운이 있다. 예외가 있다면 도쿄 바로 옆의 가와사키시 오오힌지구 하마초와 사쿠라모토 지역의 한인타운이다. 이 한인타운들의 역사는 1945년부터 시작된다. 200만 명에 달하던 우리나라의 백성들이 상당수가 한국으로 돌아가고, 약 60만 명 정도는 일본에 남았다. 일본 사람과 결혼했다든지 아니면 자영업으로 이미 일본에 뿌리를 내린 상황이라든지 하여 도저히 한국으로 돌아갈 결정을 못 했을 것이다.

가와사키시 남부에 위치한 오오힌지구는 이주자의 마을이다. 1910년대 이후, 가와사키의 공장 지대로 사람들이 일본 전국 각지와 식민지에서 모여들었고, 태평양전쟁 이후, 고도경제 성장기에도 일거리를 찾아서 인구가 증가했다. 소학교의 조선인 아동의 증가는 가와사키 발전의 특징이다. 조선인을 위한 교육 기관이 존재하기도 했다. 그러나 재일동포의 존재가 학교 교육에서는 사라졌다가, 다시 지역과 학교 역사에 등장하게 된 것은 시민운동의 결과 가와사키시 교육 방침이 변혁을 맞이한 1980년대 중반이다.

1980년대는 공업이 정체됨으로써 상점가의 존속을 걸고 생존을 모색한 시기이다. 사쿠라모토 상점가는 근대화 사업 일환으로서 재일동포와의 교류를 모색했는데 이것이 가와사키의 특징이 되었다. 1990년대에는 시멘트 도오리에 코리아타운 아치가 설치된다. 이것은 재일동포 야키니쿠점 경영자들이 지역활성화라는 공동의 이익을 위해서 일본인 상점주들과 교섭을 통해서 얻은 결과이다. 일본과 재일동포 상점가에 있어서 '공생'은 키워드가 되었다. 가와사키 코리아타운은 역사적으로 재일동포와 일본인이 갈등하면서 구축해 온 결과이다.

오사카에는 우리나라 사람들이 무척 많이 산다. 13만 4,036명의 한인(2019 대한민국 외교부)들이 쓰루하시 이쿠노구에 터 잡고 살아간다. 과거에는 조총련계가 많았다. 그들이 '파친코'라는 배팅 기계를 도입해서 먹고살았던 시절이 있었다. 그 이전에는 돼지 내장을 호루몬이라고 해서 요리해서 먹고살았다. 이는 히로시마에도 형성된 한인타운의 전형적인 모습이었는데, 지독한 냄새가 났다고 한다. 돼지 내장 특유의 피비린내를 잡기 위해서 마늘을 같이 구워 먹었는데, 이 냄새 때문에 한국인을 조센징이라고 멸시하고, "돼지와 조선인은 이 구역 밖으로 못 나간다"라는 민족차별적인 말도 일본인들은 서슴지 않았다. 음식 냄새에 대한 이상한 편견이 민족 차별을 만들어냈던 것이다.

일본이 우리나라를 식민지배하던 시절인 1930년대부터 이미 이카이노에 조선 시장이 형성되어 있었고, 명태나 고춧가루부터 혼수용품 가게까지 200여 개의 한인상점이 밀집되어 있었다. 일본이 패전한 이후, 일본 거주 한인들은 대거 해방된 조국으로 귀환했지만, 돌아가봤자 별 소용없는 사람들은 계속 오사카에 거주했다. 특히 제주도 사람들은 한반도 사람들과 말도 잘 안 통했기 때문에, 일본에 사나 한국에 사나 그게 그거였던 점이 오사카에 아예 눌러살게 된 이유 중 하나이다. 1965년 한일 기본조약이 맺어져서 우리나라가 재일동포들에게 신경을 조금 쓰기까지 오사카의 한인들은 북한 김일성을 지지하는 한덕수의 조총련계가 거의 모조리 장악했다.

도쿄 신오쿠보는 1950년대 이후, 롯데 그룹 신격호 회장이 롯

데제과 공장을 설립하면서 우리나라 사람들이 많이 모이기 시작한 곳이다. 1950년대 초만 하더라도 이 지역은 노숙자들이 많이 모이던 슬럼가였다. 원래 부동산 가격이 저렴했기 때문에 한국인이 공장도 세울 수 있었고, 한국인 여행자나 유학생을 대상으로 민박이나, 하숙업 그리고 음식점도 열 수 있었다. 그러다 보니, 신주쿠 구 신오쿠보는 신주쿠치고는 발전이 더딘 곳이었고 근처에 최고의 환락가 가부키초가 있는 관계로 성매매도 발전했고 마약 장사도 하던 그런 곳이었다.

2002년 3월부터 KBS 드라마 《겨울연가》의 기록적인 히트로 인해 일본에서 욘사마(주인공 배용준) 열풍이 불기 시작하면서 신오쿠보 거리가 완전히 환골탈태(換骨奪胎)하기 시작했다. 2002년부터 시작된 욘사마 열풍은 지금까지도 한류를 이끄는 선봉장이다. 수많은 일본인이 한국인이 경영하는 가게가 밀집한 신오쿠보를 찾아와 한국음식을 먹고, 쇼핑하면서 간접 한국 체험을 하고 싶어 했다. 2010년대 들어와서는 동방신기, 빅뱅, 카라, 소녀시대 등 소위 K-POP을 즐기는 일본 젊은 세대들까지 열광하면서 거리는 완전히 달라졌다.

그런데 이 같은 분위기가 길게 갈 리가 없었다. 2012년 8월 14일 이명박 대통령의 일왕 사과 요구 발언이 나오자 한국을 적국(敵國)으로 생각한다면서 소위 '재특회'가 출현한다.

혐한류와 한류

2010년대 일본에는 매우 위험한 현상이 서서히 나타나 한동안 거리를 증오와 폭력의 상징처럼 휩쓸고 다녔다. 2026년이 된 지금에는 예전처럼의 위력은 전혀 갖추지 못하고 있지만, 재특회라는 모임이다. 이른바 '재일 특권을 허용하지 않는 모임', 겉으로는 모든 외국인을 향한 제노포비아적인 모임이지만, 사실상 한국인과 중국인을 향한 증오를 마구 내뱉는 이상한 단체이다. 사실상 인터넷을 기반으로 한 일본의 극우 집단들은 "일본은 언제나 옳다"는 논리를 내세우며 활동하고 있다. 이들은 태평양전쟁과 식민지 지배 과정에서 자행된 일본의 각종 범죄를 모두 왜곡이거나 날조라고 주장하며, 역사적 책임 자체를 부정한다. 이러한 집단들은 온라인 공간에서 조직적으로 혐오와 폭력을 선동하는 구호를 확산시키며, 한국인에 대한 노골적인 적대와 모욕을 반복적으로 표출하고 있다. 한국의 대표적인 양심의 연예인 김태희 씨를 거명하며, 죽여라 등의 극단적인 말을 서슴지 않는다. 카라, 소녀시대, 아이브, 에스파 등의 우리나라 걸그룹에 대해서도 일본의 걸그룹을 잠식하는 문화 식민주의의 상징이라고 오히려 적반하장으로 떠들고 있다.

이는 2004년 국내에서 소수 정신 나간 학자들이 주동해서 만들던 낙성대경제연구소의 '식민지 근대화론'을 쏙 빼다 박았다. 안

병직, 이영훈, 정안기, 주익종, 박지향, 김낙년 등이 매일 자학 사관을 쏟아냈다.

이들은 다음과 같은 논리를 반복적으로 주장한다. **일본의 식민지 지배는 한국 사회의 근대화를 이끈 긍정적 경험이었으며, 오늘날 한국이 빈곤에서 벗어난 것도 식민지 시기의 교육과 산업 기반 덕분이라는 것이다.** 나아가 일본은 식민지 경영 과정에서 오히려 손해를 감수했고, 도덕적 신념에 따라 조선을 통치했으며, 한국 사회의 산업화 역시 친일 기업가들(김연수, 김성수, 고원훈, 이범익 등)을 육성한 일본의 공로라는 주장으로 이어진다.

이러한 인식 속에서 일본군 '위안부', 강제 징용, 학병 동원과 같은 식민지 범죄에 대한 문제 제기는 부당한 요구로 간주된다. 이들은 이러한 비판을 제기하는 행위를 한국과 중국만의 '집착'으로 폄하하며, 대만은 그러한 요구를 하지 않는다고 대비시킨다. 더 나아가 한국 현대사의 민주화 과정마저 부정적으로 재해석하여, 박정희는 근대화의 선구자이며 노벨평화상 수상감이었느나 빨갱이들이 4.19로 하야시켰다는 등의 이야기를 한다. 대한민국의 국민성은 히틀러에 저항하던 영국보다 못한 수준이라고 말하기도 하면서 독도는 시마네현 소속이라는 망발까지 일삼는다.

이 역사관을 그대로 재특회의 논리에다 갖다 붙이면 그대로 논설이 완성되는 수준이다. **일본에서는 재특회가, 우리나라에서는 낙성대경제연구소가 각각 일본의 식민사관을 그대로 완성시키기**

위해 최선을 다하고 있었다. 그건 지금 현재도 마찬가지이다. 일본은 정치계 스스로가 독도(다케시마)는 일본 땅, 종군 위안부라는 것은 그 여성들이 스스로 선택한 것(돈 벌려고), 강제 징용 사실도 그 남성 혹은 여성들이 스스로 선택한 것(돈 벌려고)이라고 정의하고 있다. 재특회는 그것에 대한 길거리 데모 버전에 불과하다.

반면 한국의 낙성대경제연구소는 현재 매우 심각한 상황이다. 우선 허동현이 국사편찬위원회 위원장이 되었고, 김낙년이 한국학중앙연구소 소장이 되었고, 박지향이 동북아연구재단 이사장이 되었다. 김형석이 독립기념관장이 되어 윤석열 정권이 출범한 2022년의 대선 이후로 야금야금 중앙의 역사 관련 정부기관장 자리를 먹어 들어가더니, 지금 이재명 대통령이 내란을 극복하고 등장했음에도 자리를 던지고 나가지 않는다. 임기가 다 되어서 박선영 진실화해를 위한 과거사 위원회 위원장 자리는 천만다행히 비워졌다. 이 김낙년, 허동현, 박지향, 김형석, 박선영 등이 모두 사실상 낙성대경제연구소 소속이거나, 아니면 사실상 그들과 동일한 역사적 메시지를 던지고 있다.

일본의 혐한류와 한국의 낙성대경제연구소 이게 1949년 6월 6일에 폭력적으로 해산된 반민족행위자 특별처리위원회를 자꾸 떠올리지 않을 수 없다. 일본에서도 천황 일가를 처단하지 않고, 우리나라에서는 친일파들을 전부 그대로 받아들이면서 그들이 세력을 줄이지 않고 있다가 이제 수면 위로 뛰어오른다. 그들의 각종 주장은 그야말로 헛소리고 개소리다. 우리는 반일의 유전자를 가진 반일 종족이 절대로 아니다. 만주를 포함한 한반도 전체를 5천 년 간 평화적으로 잘 영위해 온 뛰어난 민족이다.

식민사관(植民史觀) 전면 부정

정체성론, 문화교량론(타율성론), 일선동조론 부정

식민사관의 주목적은 제국주의 당국이 식민지 민족들에게 열등감을 뿌리 깊게 맺어주는 것이다. 식민지인 대한제국이 절대로 일본에게 머리를 들 수 없도록 가장 기본적인 학문인 역사를 통해 소위 말하는 공격을 퍼붓는 것이다. 이러한 열등감을 심어주기 위해 일본은 사실(史實)을 취사선택하고 중요한 부분들에 전부 거짓을 섞어버린 방식을 썼다는 것을 알아야 한다. 일본은 만주와 한반도를 동시에 지배하기 위한 이데올로기적 근거를 마련하기 위해, 단군 신화와 스사노오 신화를 동일 선상에 놓거나, 최남선을 동원해 백두산을 중심으로 고대부터 일본·만주·한반도가 하나의 문화권이었다는 주장을 전개했다. 이러한 논리들은 1925년 7월 출범한 조선사편수회가 편찬한 식민사관의 핵심 전제가 되었다.

이른바 '일선동조론', 즉 일본과 조선이 같은 조상에서 출발했다는 주장은 역사적 근거가 빈약한 정치적 구성물에 불과하다. 이는 식민 지배를 정당화하기 위해 만들어진 서사로, 학문적 검증을 견디기 어렵다. 오히려 고대 동아시아의 교류사를 살펴보면, 가야·신라, 특히 백제 세력이 일본 열도로 건너가 정치·문화적으로 큰 영향을 미쳤다는 설명이 역사 자료와 고고학적 성과에 비추어 훨씬 설득력이 있다.

문화교량론의 경우를 보면 한반도라는 지형의 특성상 우리는 독자적인 문화를 가지지 못하고 중국의 문화를 일본에 전수하고, 또 일본의 문화를 중국에 전달하는 역할만 했다는 논리다. 참으로 코웃음을 칠 수밖에 없다. 반도 지형이 결국에는 섬과 대륙을 연결하는 문화교량만의 성격을 띨 수 밖에 없다면 저 멀리 지중해의 이탈리아가 과거 로마 제국을 형성한 것을 어떻게 설명해야 하는가? 우리는 절대 반도에 갇혀 있는 민족이 아니었다. 고구려와 발해 그리고 저 멀리는 부여의 역사만 보더라도 **우리 민족의 주무대는 어디까지나 한반도가 아니라, 저 광활한 만주 벌판이었다.** 따라서 조선총독부는 고구려, 발해, 부여의 이 3개의 역사를 만주 자생적인 문화로 보고 우리 민족과는 연계성을 끊어버렸다. 또한 중국 톈진 지역과 산둥반도 지역에 산재한 백제의 모든 가능성을 부정했다. 우리 민족의 만주에서의 모든 활동 가능성을 원천적으로 차단한 것이다.

일선동조론과 문화교량론이 전제하는 수동적인 역사 인식을 그대로 받아들일 경우, 다시 말해 최남선의 불함문화론과 같은 틀에 갇힐 경우, 우리 민족은 역사 발전의 주체가 될 수 없다. 이렇게 되면 한국사는 일본에 기대어 존재하는 것으로 축소되고, 이른바 '야마토 정신'에 종속된 사고방식에 휘말리게 된다.

고대부터 역사를 서술할 때, 흔히 칼 마르크스의 역사 발전 단계론에 따라 원시 사회-고대 사회-중세 봉건 사회-근대 자본주의 사회-현대로 구분하는 방식이 활용된다. 이 틀을 기계적으로 적용할 경우, 한국사에는 '중세 봉건 사회가 존재하지 않았다'는 일본 식민사학의 주장에 빠지기 쉽다. 실제로 일본 역사학자 후쿠다 도쿠조, 이마니시 류 등은 이러한 논리를 통해 조선 사회를 역사 발전 단계에서 '정체된 사회'로 규정했다. 그러나 이러한 주장은 일본사의 경험을 보편적 기준으로 삼은 데서 비롯된 왜곡이다. 일본은 가마쿠라 바쿠후와 도쿠가와 바쿠후로 이어지는 지방 분권적 지배 체제를 자국의 '중세 봉건제'로 해석하고, 이를 메이지 유신 이후 근대 자본주의로 이행하기 위한 필연적 준비 단계로 설명해 왔다.

우리 역사에 중세 봉건시대가 왜 없었나? 고구려, 백제, 신라, 가야로 나뉘어 싸우고 발전한 것은 왜 안치나? 이 시대를 비롯해 고려에서의 강력한 호족 분권 체제도 중세 봉건시대로 볼 수 있다. 거란의 침입을 4차례나 견뎌내면서 마침내 중앙 집권 시대로 들어 갔다고 봐도 충분하지 않은가? 나도 이렇게 공부하면 바로 생각 할 수 있는 논리를 육당 최남선과 춘원 이광수는 왜 생각하지 못했 을까?

1925년 7월 조선총독부의 간악한 술책 조선사편수회, 그 대장 이 두계 이병도였다는 것과 그가 해방 이후 서울대 국사학과를 만 들었다는 것은 명백한 사실이다. **한민족의 역사가 일본의 역사와 는 달리 정체되어 독자적인 발전을 하지 못했다는 말도 안 되는 논 리에 도대체 왜 지난 반세기 동안 빠져 있었나** 하는 개탄으로 마무 리 짓겠다.

당파성론, 식민지 근대화론 부정

조선인에게 일본 혼을 심어줘야 한다. 그렇지 않고 조선인의 민 족적 반항심이 타오르게 된다면 이는 큰일이므로, 영구적이며 근본 적인 사업이 필요하다, 이것이 곧 조선인의 심리 연구이며 역사 연 구이다.

— 데라우치 마사다케 초대 조선총독

앞에서도 서술했듯이 일본인이 볼 때에는 대한제국인은 저항하는 민족이었다. 그래서 이것을 억눌러야만 했다. 타이완인들과는 차원이 다른 강력한 대한제국의 저항 본능을 누르기 위하여 사용된 것이 당파성론이다.

"너희 조선 사람들은 항상 당파를 지어서 서로 싸우는 본성이 있다. 우리 일본처럼 하나 된 민족성을 이루지 못하고 항상 동서로 나누어 싸운다. 비단 가까운 동서남북 노소론 당쟁뿐만이 아니다. 고구려, 백제, 신라로 나누어 싸운 것도 마찬가지다. 민족이 위험에 달했을 때 너희 민족은 항상 나누어 싸운다."

일본이 교육한 우리나라의 당파성이라는 것이 얼마나 잘못된 교육인 줄 아는가? 민주주의에 여당과 야당이 정책 대결을 벌이는 것을 '싸운다'라는 간단한 형식으로 말하는 것이 우리나라의 다당제 정치 민주주의를 얼마나 이상한 형식으로 왜곡시켜 왔는지 아는가? 일본은 자민당 일당 독재(150년)를 하면서 많은 일본의 다양한 정치 의견들을 묵살해 왔고 그 묵살한 결과가 오늘날의 일본 정치의 후진성이다.

모든 식민사관은 식민지 근대화론으로 자연스럽게 종합된다. 한국은 자체적으로 근대화할 힘이 없어서 일본이 고생스러운데도 불구하고 대한제국의 근대화마저 다 도맡았다고 하는 말도 안되는 이론 말이다. 그런데 세상에, 낙성대경제연구소 사람들은 그걸로 책도 내고 심지어 박사학위 논문도 가지고 있다. 객관적인 자료를 가지고 해석해서 논문을 쓴다고 하는데, 내가 보기엔 전혀 틀린 사고를 가지고 틀린 결론을 내고, 그 틀린 결론에 자료를 무조건 맞추는 식이다.

1947년 9월, "친일은 민족의 숙명"이라고 외치며 여운형 선생을 암살한 한지근의 발언은, 해방 이후 한국 사회가 어떤 선택을 하지 못했는지를 상징적으로 드러낸다. 실제로 한국의 현대사는 민족의 반역자들을 충분히 단죄하지 못한 채 그대로 공존해 온 역사이기도 하다. 그 과정에서 반민특위의 활동을 부정적으로 묘사하며, '보복의 위험성'을 앞세워 청산 자체를 문제 삼는 논리도 반복되어 왔다. 1940년대 우익 신문 대동신문의 사장 이종형의 논리를 그대로 따르는 뉴라이트들을 보면 기가 찬다. 그럼 프랑스는 어째서 히틀러의 나치당에 충성해서 비시 프랑스에 따라간 지식인들을 그대로 처형해 버렸을까? 아니, 아무것도 안 한 지식인들 언론인들을 왜 아무것도 하지 않은 죄를 물어서라도 감옥에 넣었을까? 이런 간단한 사실에 대해서는 애써 눈감아 버리는 불쌍한 뉴라이트들, 그들에게도 민족의 양심이라는 것이 남아 있을까? 그들에게는 일본 제국주의의 전 동아시아적 피해자들이 눈에 보이지 않는 걸까?

미국의
이승만 행정부
지원정책

1장

1945년 만주국과
일본군 장교 경찰을 중용하라

만주국군

1931년 만주에 대한 일본 제국주의의 노골적인 침략 행위가 드러난 이후로, 이시와라 간지 작전 참모장의 세계최종전(世界最終戰)의 개념이 일본 국민의 가슴 속에 자리 잡기 시작했다. 만주는 일본이 그토록 염원하던 대륙의 표상이었다. 이곳을 출발지 삼아서 몽골로, 중국으로, 러시아로 뻗어나가기만 하면 온 아시아는 모두 일본의 것이 된다. 그러고 나서 아메리카만 장악하면 세계에서 최종적인 승리자는 일본이 된다는 것이 이시와라 간지의 논지였다. 이런 논리에 감화된 우리 민족의 청년들이 친일파로 돌아섰다. 1937년 중일전쟁이 발발해 중국의 우한이 점령되자 장제스는 후퇴해서 충칭을 임시 수도로 삼았다. 1943년까지 일본의 폭격기들은 중국의 우한과 난징에서 출발해서 임시 수도 충칭을 하루도 빠짐 없이 공중 폭격하는 만행을 저지른다. **미국은 이같은 일본의 침략적 행동에 비행기 제조를 국제적으로 규제한다. 그러나, 이와 같은 규제가 도리어 친일파를 어마어마하게 양산했다.**

일본은 점령지 조선을 달달 흔들기 시작한다. 친일 매국노들을 마구 선동하고 협박해서 비행기를 헌납하라고 마구 수탈했다. 그리고 중일전쟁 이후, 초급장교와 간부급 부사관들을 식민지 청년들에게 개방한다. 4기부터였다. 자국민들만 썼더니 희생이 너무 컸기 때문이다. 그런 제국주의 역사 배경에서 조선인 청년들이 만주국군으로 많이 들어갔다. 만주에는 만주군관학교, 봉천군관학교가 들어섰다. 우리 민족의 청년들도 여기에서 정신교육을 아주 세게 받았다고 한다. 이시와라 간지의 세계최종전으로 이념 교육을 많이 받았다고 전해진다. 이시와라 간지와 쓰지 마사노부 두 제국주의 인간 말종들의 정신교육을 받아서 그렇게 잘나 빠진 친일 매국노가 되었다.

그러한 간악한 선전·선동에 넘어간, 박정희, 백선엽, 정일권, 신현준, 최치환, 강문봉, 박임항, 최창언, 이한림, 이주일, 김백일 등의 만주군 출신들이 **모두 해방 이후 청산되지 못하고, 대한민국의 대통령이 되고, 장관이 되고, 장군이 되고, 국회의원이 되었다.**

1945년 8월 15일 일본군의 패퇴 이후, 미국 군정은 1937년부터 대거 양산된 친일파 기업가, 군인, 경찰 등을 '훈련된 인재', '믿을 수 있는 인재', '경력이 검증된 인재'라면서 독립운동을 한 인재들을 밀어내고 대거 등용했다. 만주군 그리고 일본육군사관학교 출신(이상정, 지청천 제외)들은 조국과 민족의 이름 앞에 반성하거나 처형되기는커녕 여기에 해당되어 대거 되살아났다.

일본 제국주의 식민지 경찰

1945년 9월 8일에 일본군을 무장 해제하기 위해 한반도에 들어온 미국 군정의 최대 목적은 가장 빨리 일본군을 무장 해제하고 돌아가는 것이었다. 일본군의 무장을 해제하기 위하여 꼭 필요한 인재는 역설적이게도 일본 경찰이었다. 일본군에게 적대적인 감정도 없고, 일본군의 모든 사정을 정확하게 알고 있으면서, 한국의 치안도 잘 파악하고 있는 사람들은 조선총독부의 경찰들뿐이었다. 그리고 아이러니하게도 대부분의 친일파는 경찰이었다. 미국은 이와 같은 현상이 갓 해방된 식민지에 존재한다는 것에 대해서 애써 외면했다. 그들에게는 행정의 효율이 더욱 중요했다.

애초에 하지는 우리나라에 대해서 전혀 무지한 사람이었다. 원래 오키나와 점령군 사령관으로 임무를 받고 왔던 하지가 아니었던가! 오랜 기간 중국에서 제10군 사령관으로 복무하던 스틸웰

장군을 중화민국의 장제스가 하도 싫어하여, 맥아더 극동군 사령
관에게 특별히 부탁해서 스틸웰이 아니라 하지가 대신 미군정을
도맡다시피 했다. 그는 한국이 김치를 먹는지 스시를 먹는지 김밥
을 먹는지 전혀 알지 못했다. 아니, 관심도 없었다.

해방 후, 일제 경찰 등용은 미군정의 기술관 재등용 정책과 치
안력 공백으로 광범위하게 이루어졌으며, 노덕술, 김덕기, 김태석,
하판락 같은 악명 높은 고문 경찰들이 경찰 수도국장 등 고위직을
차지하고 독립운동가 체포와 고문에 악용되는 등 민족의 비극을
초래했다. 이들은 일제강점기부터 훈련되었다는 이유로 '경찰 기
술 전문가'로 중용되었고 이들을 활용해서 한국 경찰 조직을 재건
하며 경찰력의 유지와 권력의 재창출에 기여했다. 다시 한번 이야
기 하지만, 미군정은 일본 제국주의 경찰의 전문성에만 초점을 맞출
뿐, 우리 민족의 경찰에 대한 이갈리는 분노의 감정 같은 것은 처음
부터 전혀 모르고, 신경도 안 썼다.

일제 강점기 고등경찰 출신들은 해방 직후 그 출신의 전문성
을 살려, 독립운동가를 빨갱이로 바꾸어 처단하는 데 급급했다. 독
립운동가를 체포하고 그들에게 빨갱이 범죄를 뒤집어씌웠다. 심
문과 고문 기술 등을 가졌다는 이유로 높은 평가를 받았다. 이에
독립운동가들이 친일 경찰에게 체포되어 고문당하는 수모를 겪었
고, 민족정기가 제대로 훼손되었다. 친일파들이 해방 후에도 권력
을 유지하며, 부를 축적하고 경찰 조직 내의 부패의 온상이 된 것

은 죄다 이 친일 경찰들이 자신의 죄를 은폐하기 위하여, 더욱 더 용공조작 사건을 통해 독립운동가들의 있지도 않은 죄상을 크게 부풀린 것에 기인한다.

이는 모두 미군정의 비호와 친일파 우선 등용 정책 때문이며, 반민특위의 활동이 위축되고 친일 경찰들이 숙청되지 못하면서, 해방 이후 친일 매국 세력이 더욱 활개를 치게 되었다. 비록 수도 경찰청장에 독립운동가 장택상, 경무부장에 독립운동가 조병옥이 등용되었지만, 이 둘은 하급직을 거의 대부분 조선총독부 친일 경찰들로 채웠다. 조병옥과 장택상의 친일경찰 채용 원칙이 잘 드러난 사건은 1946년 1월에 있었던 서울시내 8서장 임명이었다. **서울 시내 8개 경찰서의 서장으로 새로이 임명된 사람들은 모두 전직 조선총독부의 고등계에서 근무했던 친일 매국 경찰들이었다.** 장택상은 1946년 5월 미군정에게 확실한 눈도장을 찍기 위해, 조선 정판사 위조지폐 사건을 좌익 공산당에 의한 사건으로 용공조작하는 데 앞장섰다. 즉, 박헌영, 이승엽, 이강국 등을 일제히 체포 고문하고 불법 구금하는 데 성공함으로써 해방 정국의 주도권을 잃지 않았다.

2장

1949년 1월
ECA 대한민국 경제 원조 시작

1949년부터 대한민국에 미국의 경제 원조가 시작되었다. 한국과 미국 간의 원조 협정은 1948년 12월 10일에 체결되었는데, 이를 ECA(Economic Corporation Administration)라고 한다. 한국의 재건과 경제 전반에 대한 광범위한 지원을 제공하기로 미국이 결정했다. 그 대상으로 산업 제반 분야, 금융 제반 분야, 무역 제반 분야 등이 선정되었는데, 불행하게도 곧 6·25 전쟁이 터지고 말았다. 그러다 보니 미국이 애초에 설정했던 지원 범위를 훨씬 넘어서서 우리나라 한 해 예산의 대부분을 미국 원조가 차지할 정도였다.

여기서 우리나라가 어떻게 미국의 신뢰를 확실히 얻었는지를 봐야 한다. 우리는 절대로 미국에게 원조받은 물건과 돈을 제3국에 수출한 적이 없다. 이게 오늘날 우리나라가 미국으로부터 받은 각종 혜택의 시초가 되었다.

이 ECA 원조 협정은 한국 정부가 재정과 통화 안정을 위한 일련의 정책을 수립·이행할 것을 규정하고 있었다. 구체적으로는 예산 절감을 통한 재정수지 균형의 달성, 통화량 억제를 포함한 재정 안정 계획의 수립이 주요 조건으로 제시되었다. 또한 외환과 대외 무역을 국가의 통제 아래 두고, 대미 공정 환율을 제정할 것을 요구했다. 아울러 한국은행에 이른바 '대충자금 계정'을 설치해, 원조 물자의 판매 대금을 원화로 예치한 뒤 한미 양국의 협의를 거쳐 해당 자금을 지출하도록 규정했다.

이 협정에 따라 미국은 한국에 경제 원조를 제공하고, 한국은 이에 상응해 총 9가지에 이르는 경제 발전 및 안정화 정책을 효과적으로 시행할 것을 약속했다. 이 시책들은 다음과 같았다.

1. 균형 예산.

2. 경제 안정을 기약하는 통화 금융 통제.

3. 외환 관리 및 수출입 허가제를 포함한 무역 통제.

4. 환율 설정.

5. 식량 증산과 그 수집을 통한 공정 가격으로의 식량 배급.

6. 식량 수출.

7. 외국인 투자와 외국 상인의 국내 영업 활동 허용.

8. 가능한 한 조속한 수출 산업 발전.

9. 국민 복리를 위하여 국유 기업의 최대한 생산을 기하는 운영 및 처분.

이 9가지 시책은 '경제안정의 9원칙'이라 하여, 그 당시 마샬 플랜에 의한 미군의 경제 원조를 받는 나라들의 의무이다. 1948년 당시 우리는 이 ECA 원조를 받는 조건으로 9가지 원칙을 실행할 것을 약속했다. 그러나 ECA 원조 협정에 의한 경제 원조 사업을 본격화하려 할 무렵에 6·25가 발발하여 큰 성과는 얻지 못했다. **1948년 12월 10일 ECA 원조 협정은 9원칙 중 4가지가 무역 특히 수출 신장과 관계 있는 조항들이었지만, 큰 성과는 없었다. 그만큼 우리 시장 자체가 형편없었던 것이다.**

9원칙 외에도, 몇 가지 무역 정책에 관한 원칙을 규정하였다.

첫째, 한국 정부는 한국 경제를 안정시키기 위한 전체적 부흥 계획을 실시하되, 이 계획은 그 필수적인 내용으로 수입 계획을 포함하며, 수출입 계획에는 수입 수요와 수출 가능 물품의 예상액을 명시한다. 둘째, 한국 정부는 타국을 상대로 상품 및 서비스 교역의 증진을 꾀하고 장려하며, 이를 위하여 무역에 대한 공사 간의 장애를 제거하는 일에 타국과 협력한다. 셋째, 한국과 미국 두 나라는 무역에서 상대 국민에게 최혜국 대우를 부여하되, 이에 대한 예외는 1947년 10월 30일 자 국제연합의 무역 및 고용에 관한 준비 위원회가 채택한 관세와 무역에 관한 일반 협정(GATT)에서 인정된 예외 규정에 부합해야만 한다. 넷째, 한국 정부는 공사 간에 상업 활동에 관하여 국제무역에 영향을 주는 행위나 약정을 배제하는 일에 노력한다.

정리하면, **1945년 해방 이후 미군정 시기의 한국 경제는 식민지 체제 붕괴 직후의 충격 속에서 심각한 혼란을 겪고 있었다.** 산업 기반은 붕괴되었고, 물자와 자원, 식량 모두 극심한 부족 상태에 놓여 있었다. 이러한 상황에서 미국은 1945년 9월부터 미군의 긴급 구호 형태로 제한적인 원조를 제공하기 시작했다.

그러나 1948년 8월 15일 대한민국 정부가 수립된 이후에는, 임시적 구호를 넘어선 제도적·장기적 경제 원조가 필요해졌다. 이에 따라 같은 해 10월 4일 원조 문제를 논의하기 위한 첫 공식 회의가 열렸고, 이후 총 13차례의 협의를 거쳐 ECA 원조, 즉 한미 원조 협정이 체결되었다.

이 협정의 체결로 한국은 미국으로부터 본격적인 경제적 지원을 받게 되었지만, 그 대가로 모든 경제 운영 전반에 미국이 통제 권한을 행사할 수 있는 구조가 형성되었다. 나아가 농업을 포함한 한국의 주요 자원까지도 미국의 관리와 조정 대상이 되었다.

3장

1950년 1월
한미상호방위 원조협정

우리가 언제부터 미국을 '혈맹'이라고까지 일컫게 되었을까? 나는 문득 그것이 궁금해졌다. 모두가 알다시피 1953년 10월 1일, 우리에게는 국군의 날이라고 알려진 그날 한미상호방위조약을 맺었고 그걸 기념하는 지경에 이르렀으니, 한국과 미국은 그야말로 혈맹이다. 전 세계에서 NATO(북대서양조약기구)와 맺은 집단 조약을 빼면 단일 조약으로 한미상호방위조약을 맺은 건 일본, 필리핀과 함께 단 세 나라뿐이다. 이 조약에 따르면 한국과 미국 둘 중 어느 한 국가가 무력 공격을 받으면, 상대국은 자국의 헌법 절차에 따라 공동의 위험에 대처하기 위해 곧바로 행동을 개시한다. 이때의 행동이란, 일체의 경제적·외교적·군사적 행동을 말한다. 따라서 유사시의 신속한 행동을 위해, 상대방의 나라에 군사 기지를 만들어서 주둔한다. 지금 평택과 오산, 군산 그리고 대구의 미군 기지들은 그 역할을 하는 곳들이다.

이것이 과연 언제부터였을까? 일본 제국주의 패퇴로 인한 거대한 안보 공백, 이것은 곧 군사력의 공백이었다. 사실 소련이나 중국이 일본군 패퇴 이후, 마음만 먹었다면 한국을 그때 식민지나 자국의 영토로 삼아버리면 최고의 타이밍이었을 것이다. 그러나 소련은 한반도 북부를 자기의 영향권으로 삼는 데 그쳤고, 중국은 장제스와 마오쩌둥이 벌인 국공 내전의 포화 속에 있어 한반도를 자국 영토화하겠다는 것은 그저 꿈속의 일일 뿐이었다. 특히 국공 내전에서 중국이 최종 승리하면서 이러다가는 일본을 제외한 전 동북아시아가 공산권의 영향 하에 들어가겠다는 미국의 불안감이 더욱 커졌다. 이에 미국은 먼저 대한민국에 다음과 같은 제안을 한다.

마오쩌둥이 중국 대륙을 놓고 장제스와 벌인 국공내전에서 최종 승리하자, 1949년 10월 한국과 미국 사이에는 상호방위원조법이라는 임시 원조 법률안이 통과된다. 이 법률안은 미국이 군사 원조를 하면 한미 상호 간에 지켜야 할 내용들을 적은 것으로 원조는 군사 원조와 경제 원조로 나누어지며, 경제 원조의 경우에는 방위 원조를 중심으로 이루어진다고 정하였다.

이는 또다시 1950년 1월 26일에 발효되는 한미상호방위원조협정으로 이어진다. 미국이 한국에 군사 및 경제 원조를 제공하기 위해 맺은 협정으로 6·25 당시 미국과 유엔군이 우리나라에 원조를 제공한 법적 근거가 되었다. 여기에는 미국이 한국에 대한 군사 및 경제적 지원을 제공하고, 한국은 이를 받아들이는 상호 양해 관계를 명확히 제시하였다. 외부 무력 공격 시에 공동으로 대처하고, 미군을 한국 영토 내부 및 그 부근에 배치할 수 있도록 하였다. 이는 냉전 시대의 자유 진영 편입 및 북 중 군사 동맹을 견제하는 장치로써 작용했다.

표면적으로는 미국의 요청에 따른 조치처럼 보이지만, 실제로는 이승만 대통령의 강력한 반공 인식에 기초한 요구에 가까웠다. 1948년 2월 **북한과 중국 공산당이 비밀 군사 협력을 강화하며 사실상 혈맹에 준하는 관계를 형성한 상황에서, 남한 단독 정부를 선택한 이승만 정권은 안보를 미국에 의존할 수밖에 없는 처지에 놓여 있었다.** 특히 일본에 주둔한 미 극동군에 대한 의존은 당시로서는 불가피한 선택이었다.

1949년 6월, 이승만 대통령은 주한미군 철수를 앞두고 한국군의 무장 상태가 심각하게 열악하다는 점을 미군 측에 전달했다. 그는 한국군의 무기가 충분하지 않고, 실전용 군수 물자 역시 불과 3일분에 지나지 않는다고 경고했다. 그러나 이러한 우려는 미 합동참모본부에 의해 과도한 평가로 받아들여지며 사실상 일축되었다.

당시 미국이 설정한 한국 방위 구상은 육군 병력 약 6만 5천

명을 기준으로 한 최소한의 소요 장비 지원과, 소수의 해군 함정 및 미 군사고문단 설치에 그쳤다. 이는 재정적 지원 규모에서도 분명히 드러난다. 1950 회계연도 기준 미국의 대외 군사 원조 총액은 약 13억 달러였으나, 이 가운데 한국에 배정된 금액은 고작 1천만 달러에 불과했다.

이러한 이승만 정부의 추가 요청에 대해서도 미국 국무부의 반응은 시큰둥했다. 전차도 지원되지 않았고, 155밀리 곡사포 및 중장비가 군사 원조 계획안에 포함되지 않았다. 한국의 도로가 영 시원치 않았고, 교량도 무기에 맞지 않게 협소하다는 점 때문이었다. 그 무렵 1949년 10월 미국은 상호방위원조법을 제정했고, 12월 14일 한국에 특별조사단을 파견하여 협의한 후, 1950년 1월 26일 한미 상호방위원조협정을 정식으로 체결하기에 이른다. 그러나 그것은 그저 문서상의 변화였을 뿐, 실제로 무기의 종류나 군사 지원 면에서 변화는 없었다.

4장

이승만과 자유당의 부정부패 요인

친일 매국노를 처단하지 못한 원죄(原罪)

1948년 7월 17일에 대한민국 헌법이 만들어졌을 때, 애국 독립 운동가 세력과 친일 지주 사업가 세력이 가장 첨예한 대립을 보인 문제가 헌법에 반민족행위자 특별처리안을 넣느냐 마느냐 하는 문제였다.

지금 생각해 보면 당연히 이승만이 이끄는 정당이 1당이지 않았을까 싶지만, 이때 원내 제1의 세력은 '무소속'이었다. 이는 1년 전 억울하게 세상을 떠난 몽양 여운형 세력과 제헌 의회에 나서지 않겠다고 선언했던 백범 김구 대한민국 임시정부 주석 세력의 연합체였다. 이승만 세력이라고 해봐야 대한독립촉성국민회, 대한

독립촉성농민연맹, 대한독립촉성노동연맹 등을 모두 합쳐도 58석에 불과했다. 이렇게 되니, 우리나라 제1대 국회의 압도적인 세력은 바로 민족주의적 독립운동가 세력이었다. 여기에서 헌법에 반민특위에 관한 내용을 넣어야 한다는 세력과 안 된다는 세력이 첨예하게 대립한 것이다. 그러한 대립의 결과, 헌법 부칙에 제101조가 어렵게 포함되었다. 이 조항은 **"이 헌법을 제정한 국회는 단기 4728년(1945년) 8월 15일 이전의 악질적인 반민족 행위를 처벌하기 위한 특별법을 제정할 수 있다"**라고 규정하고 있다.

이때부터였다. 나중에 김상덕(경북 고령) 위원장과 김상돈(서울 마포) 부위원장 그리고 노일환(전북 순창) 특별검사부 대장이 임명되어, 친일파를 한 명씩 한 명씩 잡아넣을 때도, 처벌할 친일 매국노들이 잡혀 왔을 때도, 인촌 김성수의 한국민주당과 이승만의 대한독립촉성국민회는 표정이 별로 좋지 않았다. 그래도 전국민의 민의를 대표하는 200석의 국회 중 무소속과 지청천(서울 성동 출마 시엔 이청천)의 대동청년단이 적극 지지하는 반민특위를 도저히 그냥 지켜볼 수만은 없었다. 그리하여 《대동신문》의 이종형을 내세워 하고 싶은 논설을 대신 내게 한다. '반민법은 망민법이다', '반민특위는 북한 김일성의 지시를 받아 내는 정책이다'라고 마구 떠들어댔다.

서울 서대문구에 출마해서 후보 김활란의 친일 행적을 지적하며, 결국 승리한 한국민주당의 김도연 의원은 본인이 독립운동가이면서도 친일정당인 한국민주당으로 출마했다. 이는 대한독립 촉성국민회의 김활란에게 맞서기 위해서 무소속보다는 한국민주당이 더 승리 가능성이 높다는 생각에서였다. 친일파들은 살아남기 위해 온갖 악행을 다 저질렀다. 전 국민의 40%도 안 되는 지지를 받았기 때문에 그대로 법을 지켰다가는 모조리 재판받고 죽을 운명이었다. 1938년 이사하라 간지, 쓰지 마사노부의 세계최종전 사상에 감화받아 친일파의 길을 걷게 된 이들은 해방된 뒤에 절벽에 몰리자 친이승만의 허울을 쓰고 우리 민족의 선한 정기를 짓밟는 행동을 한다.

해방 이후 반민특위는 친일 세력을 충분히 청산하지 못한 채 해체되었다. 이어 6·25 전쟁이라는 비상 상황 속에서, 친일파는 제대로 된 단죄를 피한 반면 정치적 경쟁자들과 비판 세력은 제거었다. 그 과정에서 여운형, 김구, 조봉암 등은 차례로 암살되거나 사법적 절차를 통해 제거되었고, 이에 따라 이승만 정권 하에서 정치적 반대 세력이 설 자리를 잃었다.

한편, 친일 경력을 가진 정치·경제 엘리트들은 전후 체제 속에서 미국의 원조 물자를 관리·배분하는 핵심 위치를 차지하며 경제적 이익을 독점해 갔다. 이러한 구조 속에서 원조 자원을 사회적 복지나 구조 개혁에 활용하자는 대안적 목소리는 점점 배제되었다. **특히 전 국민 무상의료와 무상교육, 평화적 통일을 주장했던 조봉암은 결국 국가보안법 위반 혐의로 기소되어 사형을 선고받았다.**

297

죽산 조봉암 선생을 사법 살인한 원죄(怨罪)

　1948년 8월 15일 대통령 이승만은 공산주의자로 명성이 높았던 김약수 선생(전북 부안군)에게 농림수산부 장관을 맡아달라고 요청했지만 김약수는 거절한다. 이에 인천부 을구 국회의원이었던, 해방 이전에 공산주의자였던 죽산 조봉암에게 바통이 넘겨진다. 우리나라 정부수립 직후의 상황에서 농림수산부라는 부서는 전 국민의 90%가 넘는 농업, 임업, 수산어업 종사자들에 대해서 관장하는 가장 중요한 부서였다. **이를 공산주의자라고 이름이 떠들썩했던 김약수나 조봉암에게 제안한 이승만도 참 정치적인 인물 임에 틀림없다.** 북한의 김일성에게 가진 경쟁의식도 한몫했을 것이다.

　조선의 토지개혁을 제대로 완수해야만 북한의 토지개혁에 밀리지 않을 수 있다는 것. 그것이 가장 중요한 지도자의 덕목이었다. 남북한 중에 누가 먼저 벼농사 중심의 1차 산업에서 공장제조업 중심의 2차 산업으로 발전해 중진 개발국가로 올라서는가 하는 것이 대한민국의 이승만과 북한의 김일성 사이의 경쟁이었다. 그 중책이 일단 대한민국의 죽산 조봉암 선생의 어깨에 지워진 것이다. 1948년 9월 1일부터 죽산 조봉암은 밤에 퇴근도 하지 않고, 밤을 새면서 일하기 시작한다. **먼저 '유상매입 유상분배' 즉 정부가 돈을 내고 지주로부터 땅을 사서 농민들에게 돈을 받고 분배하는 방식이 제안되었다.** 이는 소작농에게 토지를 분배해서 자영농을 육성하고, 농민의 삶을 안정시켜서 공산주의로의 이탈을 방지하려는 목적이었으나, 지주들의 반발이 너무 심했다. 죽산 조봉암의 급진적인 개혁안(북한에 비하면 전혀 급진적이지 않았는데)은 한국의 토지 지주들에겐 절대 국회에서 통과되면 안 되는 것이었다.

특히 지주 세력이 많았던 한국민주당의 결사반대에 이승만 대통령도 제1호 거부권을 행사할 수밖에 없었고, 이에 조봉암은 결국 농림부 장관에서 물러날 수 밖에 없었다. 결국에는 농지개혁법은 조봉암이 물러난 바탕 위에 제정되었는데, 1949년 6월 21일의 일이었다. 가난한 농사꾼에게는 농지 가격의 30%까지 보조금을 줄 수 있다는 제7조 제1항 제5호가 삭제되고, 정부보증유통식 증권을 지가증권으로 바꾸는 등의 개정 작업이 하도 복잡하여 제대로 처음엔 집행되지 못하다가, 1950년 3월 10일 법률 제108호로 개정이 완료되어 6월 25일 즈음에 가서야 집행되기 시작했다.

광복 직후 한반도에는 자작농의 비율이 많이 낮았다. 대지주들의 땅이 워낙 넓어 많은 농민이 자기 땅에서 농사짓는 행위라는 것은 꿈도 꾸지 못했다. 종자, 비료, 농기구 등은 모두 농민들 스스로 부담하고, 중간 관리자인 마름의 몫까지 농민들이 챙겨주면서도, 70%를 소작료로 뜯기는 경우가 태반이었다. 그러다가 1945년 3월 5일 북한에서 '무상몰수 무상분배'라는 급진적 형태의 토지개혁이 시행되기 시작하자, 문제가 생겼다. 이때는 북한의 소식이 신문에 그대로 나왔기 때문에 대한민국 농민들은 "우리는 왜 농지개혁 안 하냐?" 하고 불만을 제기했다. 그러므로 농지개혁은 시대의 요구였고 거기에 이승만은 제1호 거부권을 행사한 것이다. 그리고 상당 부분 실패한 채로 1960년 4·19를 맞았다.

이 실패의 원인은 자유당의 부정부패였다. 1952년 대선과 1956년 대선에 연거푸 실패한 진보당 죽산 조봉암 세력은 대구 경북에서만큼은 압도적인 지지를 받고 있었다. 해공 신익희 선생으로 평화적 정권 교체가 가능할 것으로 예상되는 선거임에도 뇌경색으로 그가 죽자, 죽산 조봉암밖에는 라이벌이 없었다. **그 하나 남은 라이벌을 용공 조작으로, 북한의 간첩으로 몰아서 사법 살인해버렸다. 이 원죄(寃罪)로 결국엔 이승만과 자유당은 붕괴하기 시작한다.** 일 년 후, 2월 28일에 대구경북에서 조봉암을 살려내라는 2·28대구민주화 운동이 불을 뿜게 되고, 곧이어 대전에서 3월 8일 대전민주화운동, 그리고 3월 15일 마산부정선거규탄 민주화운동이 연이어 일어나면서, 결국엔 4·19 민주화혁명으로 연결된다. 부정부패한 이승만은 하야하고 자유당은 증발해 버린다.

5장

주한 미국대사와
제임스 하우스만 대위

초창기 주한 미국대사들

주한 미국대사는 한미 관계에서 매우 중요한 역할을 담당한다. 한국 외교에서 단연 독보적인 존재이며, 주한 대사 중에서도 미국대사가 가장 많은 주목을 받는다, 신임 주한 미국대사가 부임하면 한국 언론에 대서특필될 정도이다. 하지만 이 책을 집필 중인 2026년 1월 주한 미국대사는 공석이다.

1949년 미국 정부는 대한민국에 파견되어 있던 존 무초 특사를 초대 주한 미국대사로 임명했다. 무초 특사는 임명을 받고 4월 20일 이승만 대통령에게 신임장과 트루먼 대통령 사진을 전달했다. 이승만 대통령은 미국대사의 임명식은 최대한 정식으로 장엄

하게 집행토록 국무회의에서 당부할 정도였다. 이에 따라 국무회의는 무초가 쓰고 있던 반도호텔을 미국 대사관 사무실로 쓸 수 있도록 반도호텔 사무실 증정식도 함께 가졌다.

4월 20일 외무부 의전관의 안내로 나온 무초 대사 및 직원 17명이 6대의 승용차에 나누어 타고 반도호텔 정문에서 중앙청 정문까지 육해군 의장대의 사열을 받으면서 입장했다. 군악대가 애국가 연주를 하고, 이어진 신임장 제정식에는 이시영 부통령, 이범석 국무총리, 신익희 국회의장, 김병로 대법원장 등 정부 요인이 모두 참석했다. 그는 1949년 미국 대사로 부임하자마자 미군의 철수, 한미상호방위협정 체결, 한미경제원조 협정 체결 등 숨 가쁜 하루하루를 보냈다.

존 무초 대사는 6·25가 터지기 직전, 미국 의회를 방문하여 38도선 부근에서 북한이 쳐들어올지도 모른다고 경고하기도 했다. 이어서 나중에 국무부 장관에 오르는 포스터 덜레스 국무성 고문을 6월 17일 방한하게 하여 다시금 강조했고, 이 때문에 6·25가 터지자 마자 미국의 신속한 참전이 가능했다.

제임스 하우스만 대위

제임스 하우스만 대위는 1918년 미국 뉴저지에서 태어난 독일계 미국인이다. 그는 1946년, 스물여덟 살의 나이로 처음 한국에 부임했으며 당시 계급은 대위였다. 이후 그는 주한미국 군사고문단 참모장을 시작으로, 중앙정보국(CIA) 한국 책임자, 미군 방첩대(CIC) 한국 책임자, 미 제8군 사령관 특별고문, 주한 유엔군 총사령관 특별고문 등을 두루 맡았다. **직책에서 알 수 있듯이 그는 단순한 군사 자문을 넘어, 정보·안보·군사 정책 전반에 깊숙이 관여하는 실세였다.** 실제로 그는 한국 정부와 군의 주요 의사결정 과정에 막대한 영향력을 행사했으며, 미국의 대한(對韓) 정책이 현장에서 관철되는 데 핵심적인 역할을 수행했다. 이러한 이유로 그는 한국 현대사에서 미국의 이해관계를 대변하며 실질적인 권력을 행사했다.

미국의 저명한 한국학자 브루스 커밍스는 하우스만을 '한국군의 아버지'라고 표현한 바 있다. **하우스만은 1946년부터 1981년까지 약 35년간 한국에 머물며, 이승만 정권에서 전두환 정권 초기까지 이어지는 한국 현대사의 주요 국면마다 깊이 관여했다. 그 과정에서 그는 한국 정치·군사 체제의 형성과 운영에 대해 승인과 미승인의 판단을 남발했던 문제 인물이었다.** 굳이 비교하자면 맥아더나 하지 장군을 완전히 능가하는 인물이면서 완전히 베일에 가려진 인물이다.

제임스 하우스만은 1946년 7월 26일 한국에 파견되었다. 지금 여의도 광장인 영등포 비행장에 내리자 마자, 그의 통역 장교로 배정받은 박진경 중위와 만난다. 이 과정에서 김계조 사건(부록에 후

 8부 미국의 이승만 행정부 지원정책

술)과 모스크바 3상회의 결과 통보 이후 좌익 지도자 박헌영의 일
관성 없는 행보가 이어지자, 하지 중장의 특명을 받아 인사 원칙을
조정했다. 그 결과 광복군 출신 장교보다는 일본군·만주군 출신
인력을 적극적으로 등용·우대하는 방향으로 경비대 인사가 진행
되었다.

그는 춘천 방면 제8연대장으로 약 한 달간 근무하며 제8연대
를 조직하고 훈련시켰고, 이후 조선국방경비대 총사령관이던 베
로스 대령의 보좌관을 역임했다. 이어 조선국방경비대 집행국장
에 임명되었으며, 미군정청 조선국방경비대 총사령관 고문관으로
승진했다.

베로스 대령이 제주로 발령된 이후에는, 공식 직함과는 별도
로 사실상 조선국방경비대 총사령관에 준하는 역할을 수행하며
경비대 운영 전반에 실질적인 영향력을 행사했다.

하우스만은 김완룡을 시켜 미군 조직법을 번역해 군대조직
법을 만들게 했고, 한국군 건군에 깊이 관여하였다. 1949년 7월 1일
소령으로 진급했다. 또 주한미군사고문단 참모장으로 군사고문단
과 국군참모총장 사이에 연락 임무를 맡았는데, **이승만의 국무회
의에 참석할 수 있는 유일한 외국인이었다.** 1948년 제주 4·3 민중항
쟁 시에 "전 제주도민을 모조리 죽이겠다"라는 발언이 문제가 되
어 부하에게 죽은 박진경 대령을 지나치게 추모하여, 그를 죽인 문
상길 중위, 손선호 하사를 굳이 처형이 끝난 뒤에 "이 공산주의자

들…” 하면서 확인 사살을 한 것으로 악명을 드높였다.

후에 1948년 10월 19일 여수와 순천에서 군인들이 이승만 대통령의 부당한 명령에 반기를 들고 “우리는 제주도민을 학살치 못하겠다” 하여 민중항쟁을 일으키자, 그 진압의 선봉장이 되어 통일 운동을 박해하고, 대한민국 남한 단독정부를 적극 수호하였다.

그 이후에도 끊임없이 우리나라의 정치적 대소사에 이름과 얼굴을 등장시켰다. 6·25 당시 서울 한강 인도교 폭파에도 깊숙이 관여하였다. 박정희의 5·16 때에도 박정희를 면담하고 워싱턴으로 홀로 돌아가서 박정희의 쿠데타가 공산권을 저지하는 데 있어서는 정당성이 있다는 식으로 보고 하였다. 1968년 중령으로 제대하였다.

한일기본조약 타결 그리고 개인청구권

1장

전후의 대한민국 분위기

샌프란시스코 조약 제4조

이 조항의 규정에 따라 제 2조에 열거된 일본국 및 일본 국민의 재산의 처분과 현재 그 지역을 통치하는 당국 및 그 주민(법인을 포함)에 대한 일본국 및 일본 국민의 청구권(채무를 포함)과, 일본국에서의 이들 당국 및 그 주민의 재산, 일본과 일본 국민에 대한 당국과 그 주민의 청구권 (채무를 포함) 의 처분은, 일본국과 이들 당국 간 특별협정의 주제로 한다.

이 조항에 근거해 일본은 한국의 독립을 인정했고, 한국 정부와 재산과 청구권에 관한 특별약정 의무를 부담하였다. 또 한국 정부와 일본 정부는 1951년 말경부터 국교 정상화와 전후 보상 문제를 논의하였다. 이같은 논의는 1952년 2월 15일 제1차 한일회담 본회의를 시작으로 총 8차례 진행되었고, 1965년 6월 22일에 '대한민국과 일본과의 기본 관계에 관한 조약'과 그 부속 협정인 '대한민국과 일본 간의 재산 및 청구권에 관한 문제의 해결과 경제협력에 관한 협정, 일명 청구권 협정'이 체결되었다.

여기서 1952년부터 양국 간 회담이 열렸다면, 이승만 정부 때부터 열렸다는 것을 알 수 있다. 실제로 이승만 대통령은 1952년 2월 21일 일본 제국주의로부터 22억 달러의 손해를 보았다면서 일본 정부에 배상을 요구하였지만, 일언지하에 거절당한다. 오히려 1953년 10월에 열린 회담에서 일본 구보타라는 각료로부터 일본의 한국 지배는 매우 유익한 것이었으며, 우리 일본에게 당하지 않았더라도 중국이나 러시아로부터 지배를 받았을 것이라며 우리를 하대하였다. 그러면서 일본이 패전 당시에 한국 측에 가지고 있던 채권을 46억 달러어치를 들이밀면서 도로 내놔라 하는 지경에까지 이르렀다. 우리 한국으로서는 들을 가치도 없는 흰소리였지만, 1959년 일본이 재일 조선인을 북한으로 보내는 만행을 저지르자 사태는 매우 심각해졌다.

이러한 갈등 속에서도 반드시 양국 관계는 정상화되어야 했다. 이는 미국의 강력한 권유 때문이었다. 일본은 기지 국가로 역할을 다하기 위해서는 무역 시장을 확대해야만 했다. 한국은 좋은

 9부 한일기본조약 타결 그리고 개인청구권

무역 시장이었다. 한국 역시도 미국의 지원만 가지고는 2차 산업 즉 제조업 중심 무역 국가로 나서기엔 부족한 점이 없지 않았다. 재일 한국인 법적 지위 문제, 어업권 협정, 대일 청구권(정부가 주체가 되는가? 아니면 피해 당사자 개인이 주체가 되는가?) 등 논의할 것이 너무 많았다.

　미국은 마음이 급했다. 태평양전쟁을 본질적으로 미국과 일본 간의 전쟁으로 인식한 미국은, 전쟁 책임과 처리의 주도권을 스스로 부담하고 있다고 판단했을 가능성이 크다. 그 결과 식민지였던 국가들이 전후 배상과 책임 문제를 제기하는 상황을 과도한 요구로 받아들이는 인식도 형성되었다. 이 와중에 일부 극우 세력은 과거 식민지였던 국가들이 일본을 상대로 협상이나 외교를 요구하는 것 자체를 받아들일 수 없다고 매일 같이 시위를 하는 중이었다.

**　미국은 일본을 중심으로 한 아시아 태평양 지역에 경제 블록을 형성하고 싶어 했다.** 일본, 대한민국, 대만 간의 외교적 관계를 정상화하고, 장기적으로는 동남아 지역에 영향력을 뻗치려는 작전이었다. 또한 한일 간의 대사급의 정상(頂上) 외교를 회복함으로써 6·25 전쟁 이후 본격화한 소련과 중국 등 공산 진영에 대한 대항 체제를 완성하는 전략 요충지로써의 일본을 전략 속에 그렸다. 일본 제국주의에 의한 피해가 35년간에 도대체 얼마였던가, 그걸 10년간 매년 3천만 달러를 지급하는 걸로 퉁치고 넘어가려고 했던

것을 우리 야당과 대학 사회가 알게 되자, 반발은 그 끝을 알 수 없는 지경으로 치달았다. 그 대표적 시위가 6·3 항쟁이다.

박정희 정권과 공화당의 한일 국교 정상화에 대하여 당시 모든 대중들은 대규모로 반발했다. **일단 깨어난 시민들의 일반적인 반응은 "제2의 경술국치이자, 을사늑약이다"라는 말로 요약할 수 있다.** 야당인 민정당의 총재이던 윤보선 전 대통령은 대일외교굴욕투쟁위원회 위원장의 이름으로 박정희 정권의 이 같은 만행은 역사에 커다란 치욕을 남길 것이며, 박 정권의 친일 매국에 준하는 행위를 호국 영령들은 절대로 용서하지 않을 것이라고 했다. 종교 단체와 보훈 단체들도 가만히 있지 않았다.

1964년 3월 24일 서울에서는 5천 명의 대학생들이 한일수교에 반대하는 시위를 벌이는 한편, 전국 주요 도시에서 8만 명 정도가 시위에 참가하였다. 서울대 문리대 학생들은 일장기를 불태우는 한편, 김종필의 인형 화형식을 열고 박정희 정권의 친일 매국 행위를 규탄했다. 1964년 6월 3일 박정희 정권은 비상계엄을 전국에 선포했다. 경찰들 4개 사단 병력을 투입하여 강제 진압 조치에 나섰다. 일체의 옥내외 집회와 시위를 금지하고 대학 휴교, 언론 출판 보도의 사전 검열, 영장 없는 압수수색과 체포 및 구금이 모두 가능해졌다.

시위를 진압하기 위해 군대와 경찰을 동원하겠다는 박정희의 계획에 대해 미국은 말없이 승인했다. 이로 인해, 당시 시위를 주도한 학생운동권, 정치인, 언론인 1,200여 명이 체포되었고, 이중 348명은 서대문 형무소에서 실제로 6개월간 복역하였으며, 나머지 재야 인사들도 반정부 혐의로 체포되었다. 실제로 이때 잡혀간 학생 중 이명박, 이재오, 김덕룡, 김지하 등이 나중에 대통령, 장관, 시인 등이 되었다. 이때의 대통령은 박정희, 중앙정보부장은 후일 동백림사건 등을 터트리는 김형욱, 법무부 장관은 후일 인혁당 재건위 사건을 최종 판결한 민복기였다.

2장

일본군 성노예 문제는 언제 어떻게 제기되었는가

1932년 만주사변 때부터 중일전쟁을 거쳐 태평양전쟁에 이르기까지의 과정에서 일본군의 성적 욕구를 채워주기 위하여 중국, 조선, 타이완, 버마, 몽골, 인도네시아, 네덜란드, 티모르, 호주, 팔라우, 미크로네시아, 필리핀, 말레이시아, 베트남, 캄보디아, 라오스 등지의 여성들을 강제로 성노예로 삼았다. 실제 피해 여성들의 증언을 들어보면, 구타는 일상의 다반사(茶飯事)였고 칼 등으로 몸에 문신을 새기거나 아니면 그냥 그어버리거나, 담뱃불로 지지는 등 고문을 매일 당하고 살았다고 한다. 하루에 30~40번 정도의 강제 성관계는 기본이었다.

성노예 여성들이 간신히 전쟁에서 살아남는 것은 천운이었다. 솔로몬 제도에서의 성노예 여성의 경우 3,000명 전원이 자살을 강요받은 일도 있고, 괌에서는 기관총 사격에 40명 전원이 몰살 당하기도 했다. 이는 오키나와 사람들도 마찬가지였다.

우리나라에서는 오히려 "일본군과 놀다 온 더러운 여성들"이라는 낙인효과가 찍혀서, 돌아온 경우도 실제로 아무 말 못 하고 은폐되어버린 경우가 정말 많았다. 1991년 김학순 할머니께서 용기 있게 이 더러운 일본군의 범죄를 밝히지 않았더라면, 아마 피해를 본 할머니들의 입장은 역사의 저편으로 영원히 묻혀버렸을 것이다. 이 범죄가 워낙 더럽고 죄질이 나쁜 것이어서 아직도 일본은 이 범죄가 자기네 잘못이 아니라고 말한다. 이번에 여성 총리가 된 다카이치도 마찬가지이다.

1993년 일본의 내각대변인 격인 관방성 장관 고노 요헤이가 담화에서 "위안부의 모집에 대해서는 군의 요청을 받은 자가 주로 담당했다"라고 인정하는 듯한 발언을 했고, "관헌이 직접 이에 가담한 일도 있었다"라고 말하기도 했다. 그런데 거기까지다. 그 이후로 어떤 손해배상이나 일본 내각총리대신의 진심 어린 사과가 없다. 1965년 한일기본조약에 따른 포괄 배상으로 사실상 모든 손해배상은 끝났고 입을 싹 닦아버린다. 오키나와에 1972년에 배봉기 할머니의 용기 있는 폭로 이전에는 정말 이런 상식 밖의 범죄가 있으리라곤 생각도 못 했다. **납치, 유괴, 기만으로 우리나라 여성과 식민지 점령지 여성들의 인권을 짓밟고 증거가 없다고 뻔뻔하게 나오는 일본을 보고 있노라면 분노를 참을 길이 없다.**

3장

전범 기업들의 강제 동원에 대한 개인청구권

미쓰이, 미쓰비시, 스미토모, 혼다, 도요타, 산요, 히타치, 닛폰 제철, 후지쓰, 기린 맥주, 삿포로 맥주, 아사히 맥주, 니콘 카메라, 펜탁스, 닛산, 가와사키, 간사이 기선, 파나소닉. 이 기업들의 공통점이 뭔지 아는가? 세계적으로 이름을 날리는 일본의 첨단 기업들? 웃기지 말라. 바로 19세기 말 설립되어 **우리나라와 전 아시아 태평양 지역을 상대로 어마어마한 강제 징용(즉 인건비 0)으로 커 온 군수 물자 기업들이다.** 노동자와 군인을 강제 징용해 무역선을 자꾸 확대해 나아가던 기업들이다. 이들 기업을 바탕으로 전 세계적인 외교선과 무역선을 동시에 뚫어서 일본은 1980년대 버블 경제를 일궜다. 세계에서 가장 잘사는 일본을 만드는 데에 강제 징용이 한몫 단단히 해냈다.

물론 태평양전쟁 때의 식민지를 죄다 잃었지만, 그래도 미국의 기지 국가로 온갖 혜택을 다 누리고, 우리나라와 동남아시아 전 지역의 값싼 노동력을 마구 저임금으로 부렸다. 그보다 과거에는 아예 돈도 밥도 제대로 주지 않고 점령지와 식민지의 모든 청년과 처녀들을 강제 징용해서 일군 탄탄한 사업체들이 저 위에 적은 리스트의 기업들이다.

1990년대에 이르러 일본이 동아시아 전반에서 후원하거나 묵인해 왔던 군사 독재 정권들이 약화되기 시작했고, 동시에 민주주의와 인권을 중시하는 국제적 흐름이 확산되었다. 개인의 권리와 생명에 대한 가치가 보편적 기준으로 부상하면서, 전후 일본이 유지해 온 약탈적·침략적 성격의 경제 질서 역시 점차 한계에 직면하게 되었다.

이러한 변화 속에서 일본은 경제 침체를 돌파하기 위한 대응책으로 아베노믹스를 추진했다. 대규모 금융 완화와 재정 지출을 통해 경기 회복의 외형을 유지하려는 이 정책은 일정 기간 효과를 보이며 2020년 전후까지 일본 경제를 지탱하는 역할을 했다. 그러나 구조적 개혁이 충분히 동반되지 못한 한계 역시 분명히 드러났다.

그 결과 오늘날 일본은 복합적인 도전에 직면해 있다. 아시아 지역만 보더라도, 제조업과 서비스업 경쟁력, 국방력과 외교적 영향력, 그리고 종합적인 경제 역량에서 중국과 대한민국의 추격을 받고 있다. 특히 중국의 경우, 이미 일본이 단기간에 따라잡기 어려운 수준에 도달했다는 평가가 지배적이다. 이러다 보니, 과거사 정리에 있어서도 과거처럼 일본 절대우위에서 평가하는 것은 불가능하다고 하겠다.

개인청구권은 일제 강점기 등 개인의 권리가 침해되었을 때에, 피해자가 일본 정부를 대상으로 법적 구제를 요구할 수 있는 권리이다. 비록 한일청구권 협정(1965년)으로 한국 정부가 국민 하나하나를 포괄하여 일본으로부터 지원금을 받은 건 사실이지만, 이 협정으로 개인의 권리 자체가 소멸되었는지에 대해서는 지금도 한일 양국 간에 대법원 해석이 엇갈린다. 일본은 당연히(?) 협정으로 모든 문제는 퉁 치고 넘어간 것이라는 반면, 한국 대법원은 2018년 판결로 개인의 청구권이 여전히 유효하다는 입장이다. 협상 당시 청구권 미해결에 대한 암묵적 공감대가 존재했다는 입장은 나도 가지고 있다.

한일 청구권 협정 제2조 1항은 "양 체약국은 양 체약국 및 그 국민(법인을 포함한)의 재산, 권리 및 이익과 양 체약국 및 그 국민간의 청구권에 관한 문제가 1951년 9월 8일에 샌프란시스코시에서 서명된 일본과의 평화조약 제4조 (a)에 규정된 것을 포함하여 완전히 그리고 최종적으로 해결된 것이 된다는 것을 확인한다."이다. 그러나 그다음 항에서 1항에서 규정된 것의 예외가 있음을 밝힌다.

2항 본 조의 규정은 다음의 것(본 협정의 서명 일까지 각기 체약국이 취한 특별조치의 대상이 된 것을 제외한다)에 영향을 미치는 것이 아니다.

(a) 일방체약국의 국민으로서 1947년 8월 15일부터 본 협정의 서명 일까지 사이에 타방체약국(일본 및 그 점령지역으로 해석)에 거주한 일이 있는 사람의 재산, 권리 및 이익.

(b) 일방체약국 및 그 국민의 재산, 권리 및 이익으로서 1945년 8월 15일 이후에 있어서의 통상의 접촉의 과정에 있어 취득되었고 또는 타방체약국의 관할 하에 들어온 것.

이같은 청구권조약의 맹점(盲點)에 기인하여, **1991년 야나이 슌지 조약국장은 일본 국회에서의 중의원 대정부 질의에서 한일 청구권 협정에 대한 질문에 "한일 양국이 국가로서 가지고 있는 외교 보호권을 상호적으로 포기했다는 것입니다. 따라서 이른바 개인의 청구권 자체를 (일본)국내법적인 의미에서 소멸시킨 것은 아닙니다"라고 답변했다.**

그런데 일본의 최고재판소는 일본 전범 기업들의 어마어마한 정치자금의 후원을 받는 일본 집권 자민당의 논리를 그대로 따르는 판결을 내린다. 2007년 판결문을 통해 "본소의 청구는 중일전쟁 수행 중 발생한 중국인 노동자의 강제 연행 및 강제노동에 관한 안전 배려 의무 위반 등을 이유로 하는 손해배상 청구이며, 전기의 사실관계에 비추어 본건의 피해자들이 입은, 정신적·육체적 고통은 매우 컸다고 인정할 수 있으나, 중일공동성명 5항에 따른 청구권 포기의 대상이라고 할 수밖에 없고, 설령 자발적인 대응의 여지가 있다고 해도 재판상 소구하는 것은 인정할 수 없다고 해야 한다"라고 밝혔다.

4장

대한민국 대법원은
2013다 61381판결을 평석하다

이에 반해 대한민국 대법원은 2013다 61381판결에서 다음과 같이 판결했다.

청구권 협정은 일본의 불법적 식민지배에 대한 배상을 청구하기 위한 협상이 아니라, 기본적으로 샌프란시스코 조약 제4조에 근거하여 한일 양국 간의 재정적, 민사적 채권 채무 관계를 정치적 합의에 의하여 해결하기 위한 것이었다. 따라서 위(한일 간 재산 및 청구권 협정 요강 8개항 중 제5항) '피징용 한국인의 미수금, 보상금, 및 기타 청구권의 변제청구'에 강제 동원 위자료 청구권까지 포함된다고 보기는 어렵다.

대한민국 대법원은 강제 동원 피해자의 위자료 청구권 행사를 인정해서 2018년 10월 30일 강제 징용 피해자인 원고에게 피고 신일철 주금이 각각 1억 원씩을 배상하도록 한 서울고등법원의 판결을 확정했고, 2019년 1월 9일 대구지방법원 포항지원은 신일철 주금의 대한민국 내 모든 자산을 압류하였다. 이와 같은 법적 조치에 대해 일본 외무성은 즉각 항의하고, 2019년 5월 19일, 일본 정부는 대한민국 정부에 대해 한일 청구권 협정 제3조의 중재위원회 설치를 요구했으나 우리 정부는 이를 거절하였다.

고노 다로 일본 외무상은 한국을 신용할 수 없는 나라라고 표현했다. 국제법에 기초해 한국 정부와 맺은 협정을 한국 대법원이 원하는 아무 때나 뒤집을 수 있다면, 어떤 나라도 한국 정부와 일하는 것이 어려울 것이라며 경고했다.

일본 정부는 대한민국 대법원의 판결에 대한 보복 조치로서, 2019년 7월 플루오린 폴리이미드, 포토레지스트, 에칭가스의 대한민국 수출길에 규제를 강화한다는 조치를 발표했으며, 7월 4일에 그대로 규제를 단행했다. **8월 2일 일본 정부는 대한민국을 수출 화이트 리스트에서 제외하는 안건이 일본 내각 국무회의에서 의결했고, 같은 날 대한민국 문재인 정부도 일본에 대한 대응으로 일본을 수출 우대 국가에서 제외하였다. 그러나 이 같은 아베 신조 총리의 강경 대응책은 완전히 실패로 끝났다. 모두 알다시피 대한민국은 그 세 가지 소재를 완전 국산화하는 데 성공했다.**

더구나 일본은 그로부터 7년 뒤인, 2026년 1월 6일 중국으로부

터 이중용도물품(희토류 포함)의 수출 금지 보복을 당하게 된다.

1945년에 광복이 되었고, 1948년에 대한민국 정부가 수립되었다. 1965년에 다시 대사급 국교를 맺었다. 그런데 저 같은 대법원 판결이 나온 것이 2018년이다. 무려 광복된 지는 73년 만이고, 다시 대사급 정상 외교를 맺은 후로는 53년 만이다. 잘못된 과거의 수교 행위에, 즉 첫 단추를 잘못 끼우니 후손들이 얼마나 피해를 많이 보는가? 이 뒤늦은 판결에 우리나라 국민이 더 놀랐다. 그동안에 일본 없이는 못살아를 외치던, 우리의 친일매국 기업 세력, 친일 매국 관료 세력들이 더 놀랐다. 우리가 일본에 대해서 이렇게 강경한 태도를 취해도 과연 괜찮을까? 나 같은 역사독립군의 절절한 호소가 유튜브를 통해서 서서히 먹혀들어 간 것이 2019년부터이니까 정확하게 우리나라 대법원이 정신 제대로 차린 이후부터이다.

5장

일본의 재무장,
보통국가화를 막아라

일본은 19세기 말 메이지 유신을 계기로 근대 국가 체제를 구축하고 헌법을 제정했으며, 강력한 중앙집권 국가로 전환했다. 그러나 이 과정에서 축적된 국가 역량은 1945년까지 동아시아를 중심으로 한 침략적 제국주의로 발현되었다. 일본의 군사 확장은 아시아에 국한되지 않았고, 미국과 호주, 파푸아뉴기니에 이르기까지 태평양 전역을 전쟁에 끌어들였다. 그 결과 약 7년에 걸친 대규모 전쟁은 지역 질서를 근본적으로 흔들었다.

이러한 침략은 결국 미국의 본격적인 참전을 촉발했고, 전쟁의 종결 국면에서는 핵무기의 사용이라는 전례 없는 사태로 이어졌다. 이는 전후 국제 질서 형성에 깊은 영향을 미쳤으며, 미·소 냉전 구조가 고착되는 데 중요한 배경 가운데 하나로 작용했다.

또한 중국에서 양안 관계의 갈등을 끊임없이 불러일으키고 오늘날의 중국이 세계의 G2 국가로 나아갈 수 있게 만드는 원인이 되는 등 일본의 침략적 제국주의는 그냥 오늘날의 전 세계를 만들어나가는 중요한 요소이다.

그러한 일본의 원죄는 결국 1947년 5월 3일에 새로 제정한 평화헌법에 기초하여 오늘날에는 전쟁을 원천적으로 금지당했다. 평화헌법 중에서도 일본을 절대로 과거의 군국주의적인 형태로는 되돌리기 불가능한 헌법 제9조를 본다.

일본국 헌법 제9조 [전쟁 포기, 전력 및 교전권 부인]
① 일본 국민은 정의와 질서를 기초로 하는 국제 평화를 성실히 바라고 추구하며 국제분쟁을 해결하는 수단으로써 국권이 발동되는 전쟁과 무력에 의한 위협 또는 무력행사를 영구히 포기한다.
② 전항의 목적을 달성하기 위하여 육해공군, 그 밖의 전력을 보유하지 않는다. 국가 교전권은 인정하지 않는다.

이 내용은 요시다 시게루, 이케다 하야토, 샤토 에이사쿠를 거쳐 다나카 가쿠에이까지 이어져 내려왔다. 그런데 1980년대 일본이 전 세계에서 가장 잘살게 되자, 과거부터 일본의 재무장화, 즉 일본의 보통국가화를 외치던 세력이 점점 힘을 얻는다. 바로 만주국의 관료 출신인 기시 노부스케, 나카소네 야스히로 등이 "우리

일본이 다시 강해져야 한다", "미군의 기지 국가를 넘어선 아시아에서의 경찰 역할은 우리 일본이 미국 대신 해야 한다"라는 식의 논리를 펼친 것이다.

이러한 재무장 주장도 사실 뿌리를 따지고 보면, 하여간에 이게 다 북한의 김일성이 때문이다. 만약 6·25전쟁이 발발하지 않았다면, 전후 일본의 안보 체제는 전혀 다른 방향으로 전개되었을 가능성이 크다. 북한이 스탈린의 소련과 마오쩌둥의 중국의 지원을 받아 남침하지 않았다면, 일본은 전쟁의 직접적 후방 기지로 편입되지 않았을 것이고, 그 결과 기시 노부스케가 일본 정부 대표로 나서 미·일 안보조약을 체결하는 정치적 조건 역시 성립하기 어려웠을 것이다.

실제로 6·25전쟁은 주일 미군의 상당 부분을 한반도로 이동시키는 계기가 되었고, 그 공백을 메우기 위해 일본 내에서는 경찰예비대가 창설되었다. 이 조직은 이후 자위대로 발전하며, 일본의 재무장으로 이어지는 제도적 출발점이 되었다. 즉, 오늘날 일본 자위대의 존재는 6·25전쟁이라는 국제적 충돌과 밀접하게 연관되어 있다.

또한 전쟁 기간 동안 일본은 대규모 군수·물자 공급 기지로 기능하며 이른바 '전쟁 특수'를 누렸고, 이는 전후 일본 경제 성장의 중요한 동력이 되었다. 이러한 축적은 훗날 1980년대 일본의 경제 호황으로 이어지는 토대 가운데 하나로 작용했다.

오늘날 일본 극우 세력이 재무장론을 정당화하는 과정에서도, 6·25전쟁 이후 형성된 안보 환경과 북한의 대외적 위협(특히 일본인 납치 문제)이 핵심 논거로 활용되고 있다. 이러한 맥락에서 볼 때, 북한의 세습적 전체주의 체제는 한반도 평화는 물론, 대한민국의 안보와 외교에도 실질적인 도움이 전혀 안 된다.

미소 냉전 당시에도 일본의 보통국가화, 즉 재무장을 거론하던 일본의 보수 우익은 1990년대부터 일본의 소위 잃어버린 세대가 시작하던 경제 불황기로 접어들자 목소리를 더욱 크게 내기 시작했다. 일본이 다시 강해져야 한다고 주장하는 부류를 일본의 보수 방류파로 규정했을 때에, 보수 방류파는 "야스쿠니 신사 참배는 우리의 권리다"라든지 "독도는 우리 시마네현 것으로 다케시마가 맞다" 같은 이야기를 서슴지 않고 내뱉기 시작한다. 그러던 도중 2006년 9월 26일 아베 신조라는 기시 노부스케의 외손자가 내각총리대신 자리에 오르면서 분위기가 완전히 바뀐다. 이제는 일본국 비상사태 시에 자위대 소집 금지, 평화헌법 9조 같은 그나마 있던 재무장을 막는 조치들을 과감히 해제하기 시작하고, 지부티와 소말리아에 자위대를 파견하고, 미국에 재무장을 당당히 요구하고 심지어 상당 부분 인정받기까지 했다.

또 중국의 국력이 세계 최강 대국 미국에 견줄 수준의 절반 정도 되자마자, **"중국에 맞서서 우리 일본이 재무장을 해야지만 미국의 국력 부담을 줄일 수 있다"라는 논리를 펴서, 수많은 동남아시아**

국가의 지지도 얻었다. 현재 동남아시아 국가 중 친중 국가로 꼽히는 라오스, 캄보디아, 미얀마 군사정부 정도를 제외하면 일본의 재무장화를 지지하지 않는 나라는 거의 없을 정도이다. 베트남, 타이완, 브루나이, 인도네시아, 말레이시아, 싱가포르, 파푸아뉴기니, 동티모르, 타일랜드 등이 일본이 재무장을 해도 아무 상관없다고 이야기하고 있다. 그들은 그저 새로운 대륙의 강자 중국의 남중국해 프래스틀리 제도를 잡아먹기 위한 신제국주의에 맞설 강자로 일본을 꼽고 있는 것에 불과하다.

심지어 2022년 3월 10일 새롭게 들어선 대한민국의 윤석열 정부의 지지도 받기 일보 직전까지 갔었다. 그러다가 일본 재무장화 운동의 수괴 격인 아베 신조가 7월 8일 나라현에 유세 갔다가 총에 맞아 암살되는 격변을 겪으며 일본에서 그 재무장의 세(勢)가 확 줄어들었다. 우리나라는 원래부터 시민세력들뿐 아니라, 윤석열 친일 정권을 제외하면 모두 일본의 재무장화만큼은 절대 용납해선 안 된다는 의견이 확고했다. 따라서 이재명 대통령으로 정권 교체된 이 시점에 이 같은 재무장화 움직임은 확실히 둔해졌다.

그러나 최근(2026.1) 일본은 반(反)중국의 기치를 확실하게 들었다. 이는 다카이치 사나에 총리가 아베 신조의 후광을 확실하게 등에 업은 일본 보수의 방류이기 때문에 아베 신조의 모든 정책을 따라하는 데서 비롯되었다. 총리에 취임하자마자 **"타이완에서 중국이 전쟁을 벌일 경우, 우리 일본의 존망이 위태롭다.(臺灣有事, 卽 日**

本有事)" 발언을 통해 중국의 자존심을 정면으로 거슬렀다. 이로써 중국과 대척하는 일본이라는 국가정체성을 확실하게 자리 매김했고, 결국엔 일본의 보통국가화, 아니 재무장만이 미국에겐 최선의 아시아 태평양 전략이라고 호소하는 전략이다. 이 같은 전략은 타이완의 라이칭더 총리의 마음을 확실하게 움직여 타이완은 일본에 지지를 보내고 있다. 일본은 중국과 북한이라는 전체주의의 동맹에 맞서는 일본의 대항적 신 재무장(사실상 제국주의로의 복귀) 이미지를 전 세계에 내보이려 하고 있다.

자, 그럼 이제 우리 대한민국은 이와 같은 일본의 재무장화, 보통국가화에 대하여 어떤 자세를 취해야겠는가? 우선 이러한 국제정세의 움직임에도 크게 두 가지의 상황 변수가 존재한다. 우선 중국이 대만을 자기 영토화하기 위해 공격하는 것이다. 그리고 두 번째 상황으로는 그런 전쟁에서 중국을 돕기 위하여 북한이 남한을 다시 공격하는 것이다. 그래야만 주한 미군과 주일 미군이 제자리를 지킬 수밖에 없다는 상황 예측이다. 이런 일이 벌어져야만, 중국에 저항하는 일본군의 재무장이 확실시된다. 참으로 나쁜 일본의 속내가 아닐 수 없다. **자신의 침략적 제국주의의 확산을 위해서는 한국과 북한 그리고 중국과 타이완 그리고 더 나아가서는 미국까지도 완전히 전쟁의 포화 속에 시달려야만 하다니,** 이런 나쁜 시나리오를 지지하는 다카이치 사나에의 간악한 속내를 과연 어찌해야 하는가? 이러한 일련의 상황이 벌어지라고, 벌어지라고, 제

사를 지내는 일본을 우리 이재명 대통령은 과연 어떻게 상대해야
할까?

내가 제시하는 해법은 크게 세 가지이다. 우리 한국은 이미 종
합 국력에서 일본을 2계단 앞섰다. 일본이 저렇게 무리수를 두는
이유도 종합 국력이나 국가생산량 통계를 일본 우위로 두려고 함
이다. **대한민국이 내세우는 강점 중에 방위 산업에서의 절대 우위가
있다.** 중국의 무기와도 비교가 되지 않는 현무 미사일 시리즈, 천
궁 미사일 시리즈, 자주포, 전차, 장갑차, 기관총, 드론, 공군기 등의
고품질 화력을 더욱 많이 생산해서, 중국에 대항하는, 그러나, 절대
로 중국과 척을 안 지는 우리 대한민국의 이미지를 세계에 어필하
는 것이다. 따라서, 베트남, 필리핀, 인도네시아, 브루나이, 말레이
시아, 타일랜드, 동티모르, 파푸아뉴기니, 호주, 뉴질랜드, 버마 민
주 정부[43](라오스와 캄보디아 제외)[44] 등의 동남아시아 나라에 우리 방
위 산업의 생산품들을 계속 파는 것이다. 중국과의 대결을 지속하
려는 과거 제국주의 국가 일본과는 달리, 대한민국은 특정 국가와
의 적대가 아닌 평화 유지를 목표로 방위산업을 육성해 왔다. 이제
이러한 대한민국의 전략적 역량과 책임 있는 안보 기여가 동남아

---

[43] 버마는 국호를 버마로 부르는 아웅산 수치의 민주정부가 있고, 국호를 미얀마로 호칭하는
불법적인 군사정부가 있다.

[44] 라오스와 캄보디아는 우리 대한민국의 ODA 공적원조를 그렇게 많이 받아놓고도, 우리나
라의 유엔 비상임국가 진출을 북한과의 과거 유대관계를 들어 반대했다. 따라서 줘봤자
소용없는 국가에겐 지원하지 않는 것이 상책이다.

시아와 태평양 국가들로부터 신뢰와 인정을 받도록 만드는 것이 중요하다.

두 번째는, **남북 평화모드를 정착시키는 것이다.** 대한민국 내에서 친일파로 존재하는 벌레 같은 것들의 공통점은 북한을 매우 증오한다는 것이다. 나도 북한이 싫기는 마찬가지이다. 우리 민족에 동족상잔의 아픔을 안긴 북한 체제를 좋아하는 사람이 어디 있는가? 그러나 대화는 악마하고도 해야 하고, 남북통일은 반드시 이루어야 하는 우리 민족의 숙명 같은 것이다. 지금 저 뚱뚱한 북한의 김정은이 미친 척하고 우리나 중국 혹은 일본 혹은 미국을 향해서 미사일을 날린다고 생각해 보라. 그 결과는 끔찍할 것이지만, 한국 내부의 친일파는 잘한다고 박수를 칠 것이다. 친일 매국노들에게 진정한 조국은 일본이고, 진정한 여당은 일본의 자민당이기 때문에 언제나 일본 우익 세력의 이해관계에 박수를 친다. 남북 평화모드를 구성해 놔야만, 일본의 재무장 야욕이 무너진다. 남북 평화모드를 구성해 놔야만, 결국엔 우리 민족의 진정한 광복, 남북통일이 이루어진다. 그러니 과거 윤석열 정부처럼 북한에 대한 선제공격론 같은 쓸데없는 안보팔이의 정서에 빠질 것이 아니라, 남북화해공존 모드로 가는 데 있어서 중국의 시진핑 그리고 러시아의 푸틴의 공격성 마저도 최대한 거기에 활용해야 한다.

이 남북평화모드에 가장 큰 우호 요소는 의외로 러시아다. 그것은 북극항로 때문이다. 우리의 통일을 가장 싫어하는 건 일본이고 그다음은 중국이다. 일본으로서는 강력한 통일 한국이 다시 들어서는 것은 진짜 재앙이다. 그러니 실제로 온갖 이간책을 펼치고 있다. 일본이 이간책을 쓸 수 없는 유일한 나라가 러시아다. 또한 중국은 동북 만주 지역에 대한 영토분쟁이 생길까 봐 우리의 통일을 견제한다. 그렇다면 러시아의 푸틴을 우리의 남북통일을 위하여 폭넓게 활용할 필요가 있다. 러시아와 중국 그리고 일본의 갈등을 지혜롭게 우리가 활용할 필요가 있다. 따라서 **남북통일, 아니 남북평화모드로라도 가려면, 러시아 전문가가 맡아서 이끌어야 한다. 결국엔 러시아와 협력한 결과물은 북극항로가 될 것이다.**

우선 중국과 타이완 간의 소3통 전략이라도 본받아, 서해안의 백령도, 대연평도, 대청도 이 세 섬이라도 자유 소통의 기지로 만들어 한반도 소3통을 이루어야 한다. 이 세 곳은 모두 작은 섬이다. 따라서 북한 정권으로서도 부담이 매우 덜하다. 기존의 개성 공단과 금강산 그리고 북한이 최근 개발한 원산 해변가로 소3통을 이루는 방법도 있으나, 거긴 바로 개방하면 북한 전체가 바로 뚫리는 한반도 육지라서 폐쇄적인 북한으로서는 거기부터 개방하기는 매우 곤란할 것이다.

세 번째는 **우리 문화의 힘을 더욱 제대로 길러서, 일본의 신 한류를 더욱 극대화 하는 것이다.** 지금 일본의 젊은 세대를 중심으로 한류의 열풍이 그야말로 최대 수준이다. 한국 영화와 드라마 그리고 K-POP에 대한 관심은 열풍 수준이다. 카라, 소녀시대, 트와이스, 방탄소년단, 아이브, 에스파 등에 대한 인기는 가히 신앙 수준이라고 해도 과언이 아니다. 이는 동남아시아 전체를 봐도 마찬가지다. 대표적인 정치에 있어서 친일 국가인 인도네시아와 타이완의 경우에도 이는 마찬가지 현상이다. 일본을 비롯한 각 나라의 고령층은 여전히 한국에 대해 인식이 안 좋지만, 젊은 세대는 다르다. 젊은 세대를 중심으로 한국 문화에 대해 좋은 인식이 확산되고 있는만큼 신한류에 대한 민간 차원의 확산을 계속해 나가면, 백범 김구 선생님이 말씀하신 문화의 힘이 세계를 선도하는 나라로 확실하게 자리매김할 날이 온다.

위 세 가지, 방위산업 동남아 확대, 남북평화모드, 신한류의 극대화가 함께 어우러진다면, 일본의 재무장을 통한 신제국주의의 팽창 야욕은 무산될 것이다.

모스크바 3상 회의와 민주주의 조선 임시정부

모스크바 3상 회의에서의 조선

제2차 세계대전이 한창 막바지에 치달고 있던 1943년에 이미 연합군의 미국, 영국, 중국 3개국은 카이로 회담을 열고 일본이 항복할 경우 한국을 적당한 시기까지 신탁통치할 것을 합의했다. 이후 전쟁이 끝나고 1945년 12월 미국, 영국, 소련은 모스크바에서 각 나라 외무장관 회의를 열었다. 미국의 제임스 번스, 영국의 어니스트 베빈, 소련의 뱌체슬라프 몰로토프가 만나 1945년 12월 16일부터 26일까지의 회의 후 27일 제2차 세계 대전의 종전 이후 문제들과 관련한 선언을 발표했다. 총 7개의 내용이 담겨 있는데, 1번은 이탈리아, 루마니아, 불가리아, 헝가리 그리고 핀란드에 대한 내용,

2번이 일본에 대한 극동 지역 위원회와 연합 회의, 3번이 조선에 관한 내용이다. 4번은 중국 등에 관한 내용인데, **다른 것은 모르겠고, 3번의 내용이 매우 궁금해진다. 미국과 소련은 3번을 결정할 때, 첨예한 대립을 보였으나 어찌했건 27일에 조선에 관한, 즉 한국에 관한 내용을 다음과 같이 내놓는다.**

1. 조선을 독립 국가로 재건설하며, 그 나라를 민주주의적 원칙 하에 발전시키는 조건을 창조하고, 가급적 속히 장구한 일본의 조선통치의 참담한 결과를 청산하기 위하여 조선의 공업 교통 농업 과 조선인민의 민족문화의 발전에 필요한 모든 시책을 취할 조선 임시 민주주의 정부를 수립할 것이다.

2. 조선 임시정부 구성을 원조 및 적절한 방책의 초안 구체화를 위하여 남조선 미합중국 사령부, 북조선 소련사령부의 대표자들로 공동위원회가 설치될 것이다. 제안서 준비에 대해 위원회는 조선의 민주주의 정당 및 사회단체와 협의할 것이다. 위원회가 작성한 건의서는 공동위원회에 대표를 둔 정부의 최후 결정 전에 미 영 소 중 정부의 참작을 위해 제출되겠다.

3. 조선 인민의 정치적·경제적·사회적 진보와 민주주의적 자치 발전 및 조선 독립 국가 수립을 돕고 협력(신탁통치)하기 위한 방안을 만드는 것은 조선 임시 민주주의 정부 및 조선 민주주의 단체의 참여 하에 공동위원회가 할 역할이겠다. 공동위원회의 제안은 최고 5년 기간의 4개국 신탁통치 협약을 작성하는 데 대해 미·영·소·중 정부와 공동을 참작할 수 있게 조선 임시 정부와 협의 후 제출되겠다.

4. 남북 조선과 관련된 긴급한 문제 고려 및 남조선의 미합중국 사령

부와 북조선의 소련 사령부 사이의 행정 경제 문제의 영원한 조화를 확립하는 조치의 구체화를 위해 2주 이내에 미국과 소련 사령부 대표 회의가 소집될 것이다.

이 합의문은 임시정부 수립을 전제로 내걸었지만, 미국의 신탁통치 제안도 받아들인 것이었다. 즉 소련은 한반도의 즉시 독립을 주장했고, 미국은 한반도의 신탁통치안을 밀어붙였다. 이 문제를 가지고 미소 양국은 영국의 중재하에 협상장에서 한판 대결을 벌였다.

미국은 해방 이후 한반도 처리 과정에서 비교적 복잡한 단계적 절차를 예상하고 있었다. 구상된 흐름은 미국과 소련의 공동위원회 설치를 출발점으로, 이 공동위원회가 조선의 정당 및 사회단체와 협의해 임시정부 수립에 관한 권고안을 마련하고, 이를 미·영·중·소 4대국이 심의하는 방식이었다. 이후 임시정부가 수립되면, 그 정부가 다시 미·소 공동위원회 아래에서 신탁통치 협정의 구체적 내용을 작성하고, 최종적으로 4대국이 이를 공동 심의하는 구조였다.

즉, 임시정부 수립 문제와 신탁통치 협정 모두가 4대국의 심의 대상이 되도록 설계된 절차였다. 이러한 구상 속에서 미국은 자국이 제안한 신탁통치안이 최종적으로 채택될 것이라는 점에 대해 비교적 안도하고 있었던 것으로 보인다.

처음에 AP 통신이나 UPI 통신사 같은 경우에는 미국의 제임
스 번즈 외무 장관이 "소련의 한반도 신탁 통치 안에 반대하여 한
국의 즉각 독립안이라는 워싱턴의 지령을 받고 러시아로 갔다"라
고 완전히 오보를 날렸다. 동아일보나 조선일보는 이 오보를 그대
로 믿고 국내에 다시 오보를 날렸다. 12월 27~28일, 협상 다음 날
과 다음다음 날 우리나라와 미국 전역에 알려졌다. **그때는 글을 읽
고 쓸 줄 아는 한반도 사람, 더구나 영어 보도를 읽고 쓸 줄 아는 사
람들이 전 국민의 3%도 안 될 때였다.** 이러니, 전국이 난리가 아니
었다. 누가 동아일보와 조선일보의 기사만 보고, 신문에 났다더라
하면서 "아니 우리가 일본 제국주의의 식민통치만 해도 35년간 얼
마나 넌더리 나게 받았는데, 또다시 신탁통치를 5년간 받아? 이런
죽일 놈들이? 뭐 러시아 놈들이 그랬다고? 노스케(러시아를 격하시
킨 말)놈들이 그런 놈들이었어? 이거 공산주의가 아주 나쁜 놈들이
구만" 하는 여론이 번졌다. 그런데 이게 오보였던 것이다. 찬탁이
냐 반탁이냐의 싸움에서 **정작 가장 중요한 조선 민주주의 임시정부
의 수립은 온데간데없었다.** 오보가 불러온 엄청난 오해가 민족의
현대사를 완전히 왜곡시키고 있었다.

오보가 고쳐진 것은 세상에 1946년 1월 24일 소련의 타스 통신
이 "사실은 소련이 한반도의 즉각 독립을 주장했고, 미국이 한반
도 신탁통치안을 냈다"라고 해서 밝혀졌는데, 이미 그 사실은 한반
도에 있는 남북한 누구에게도 이해되지가 않는 것이었다. **1945년**

12월 30일 동아일보의 사장 출신의 고위층 인사 고하 송진우가 이 신탁통치 보도와 관련된 갈등으로 한현우 등 6인조에 의해 총으로 암살당하기에 이른다. 신중한 반탁 운동을 주장했다는 이유였다.

찬탁 vs 반탁

1945년 12월 27일부터 국내의 모든 정치적 이슈는 한반도 신탁 통치안에 대한 반탁이냐 찬탁이냐로 갈라졌다. 시골의 아낙네들마저도 빨래하는 와중에도, 아니 밥 짓는 와중에도 "노스케(러시아를 격하하는 말) 놈들이 우리나라를 신탁통치 하자고 했다믄서? 거기에 춤추는 좌익놈들 아니 빨갱이 놈들이 우리나라를 소련한테 넘기자고 했다믄서?"라면서 오해가 오해를 불러일으켰다. 일본 제국주의가 꾹꾹 눌러놓은 한반도 민중들의 담론이 엉뚱한 방향으로 살아 움직여서 훨훨 날아다니기 시작했다. 그런데 **그것은 결국엔 한반도 분단을 가져온 사탄의 혀놀림이었다.**

우선 박헌영을 위시한 좌익 계열의 움직임을 보자. 1945년 12월 30일, 박헌영은 신탁통치안을 보도한 동아일보 신문을 움켜쥐고 미 군정청장 하지를 만났다. 그리고는 강력하게 신탁통치를 침을 튀기며 반대했다. 그런데 1946년 1월 3일 다시 하지를 찾아간 박헌영은 "민족의 위기 앞에 반드시 신탁통치를 받아들이겠다"라고 해서 하지 장군이 놀라서 자빠질 지경이 되었다. 박헌영의 이와 같은 소위 변절은 당시에 수많은 사람에게 놀림감이 되었다. 이는 소련의 지침이 내려왔기 때문이다. 소련은 박헌영을 위시한 공산주의자들에게 앞뒤 말 다 자르고, "모스크바 3상 회의 결과를 존중하라"라고만 말했기 때문에 덮어놓고 소련말을 따랐던 것으로 보인다.

백범 김구 계열의 중경 상하이 임시정부 계열은 처음부터 동아일보 지면을 들고 무조건 반탁의 깃발을 높게 올렸다. 영어를 할 줄 아는 사람이 아무도 없었던 것이다. 사실은 한반도 민주주의 임시정부의 수립이 핵심 단어임에도 불구하고, 오직 민족주의 이념만 강조했다. "우리가 일본에게 당한 35년도 뼈아프거늘, 이제 미국 놈도, 소련 놈도 아무도 못 믿는다, 우리 민족의 자주 통치만이 해법이다. 뭉치자."

이승만 계열과 한국 민주당 계열도 반탁이었는데 그 속내는 좀 더 악질적이었다. 박헌영의 좌익들이 찬탁을 하는데, 거기에 우리가 친일 분자, 아니 반공론자로서 당연히 반탁을 해야지 어찌 찬탁을 하겠느냐 라는 논리였다. 이승만은 영어를 당연히 잘했지만, 이 정확히 읽은 속내를 숨겼다. 이러는 나는 이승만을 도저히 인정하지 못하겠다는 것이다.

여기서 또 하나의 계파, 즉 국내 독립운동가였던 몽양 여운형과 우사 김규식의 입장이 궁금하다. 이들은 찬탁이었다. 조선건국준

비위원회 측은 찬탁을 했다. 신탁통치에 찬성한다는 말이었다. 이 둘은 영어를 정말 잘했다. 따라서 처음 조약문이 나올 때부터 동아일보와 조선일보의 보도는 오보임을 분명히 알았다. 중요한 것은 조선민주주의 임시정부의 수립이며, 우리 민족이 이 임시정부를 위한 단체를 만들어야 미국과 소련이 가벼이 여기지 않을 것이라고 정확하게 내다보고, 찬탁을 했던 것이었다. 그런데 이 같은 정확함은 당시 일본 제국주의 식민지를 겪은, 따라서 미국과 소련의 의한 신탁통치가 또 다른 식민 지배라고 인식이 되어 버린, 군중들에게 전혀 먹히지 않았다.

"몽양과 우사가 찬탁을 주장했다 한다. 하다못해 이제는 동아일보와 조선일보가 모두 오보를 냈다고 한다. 이것은 몽양 저 사람이 조선중앙일보 사장 출신이라서 그렇다. 세상에 저렇게 질투를 하다니, 결국 박헌영이 같은 좌익 빨갱이라서 그렇다. 뭐 조선 민주주의 임시정부? 이거 결국엔 몽양과 우사가 대장 자리 다 해먹겠다는 수작이지."[45] 라는 오해가 싹텄다. 내가 몽양이었다면 어떤 심정이었을까?

여기서 유일한 예외가 바로 평양에 있던 조만식이었다. 그는 영어를 못해서가 아니라, 소련 공산당이 일방적으로 찬성하라고 들이미는 데도 신탁통치는 식민지라고 주장하며, 끝까지 반탁의

---

[45] 당시 이종형의 대동일보 사설들의 논조.

의지를 굽히지 않음으로써, 평양의 호텔에 구금되고 말았다.

여기서 우리 민족이 조금만 냉정하게 대처했더라면 어찌 되었을까? 아무리 35년간의 식민통치 직후라고 해도, 이렇게 엉뚱한 방향으로 모스크바 3상 회의 결과가 오독(誤讀)된 것이 결국엔 화해불가능한 좌우 대립으로 이어지고, 결국 남북 분단으로 이어져, 우리가 동족상잔(同族相殘)의 비극까지 초래했다는 것, **이것은 바로 일본 제국주의의 엄청난 상흔(傷痕)이 아닐 수 없다.**

미군정 초대 대법원장 김용무 그리고 몽양 여운형

초대 대법원장 김용무

김용무라는 이름을 아는 사람은 많지 않다. 흔히 대한민국의 초대 대법원장으로 김병로를 떠올리지만, 해방 직후 대법원장으로 거론되었던 또 다른 인물이 있었다. 바로 독립운동가이자 변호사였던 김용무다.

김용무는 미군정청장 하지가 직접 대법원장직을 맡아 달라고 요청할 정도로, 해방 이후 약 3년간의 '해방공간'에서 실력과 도덕성을 겸비한 법조인으로 손꼽히던 인물이었다. 그는 독립운동의 이력은 물론, 법률가로서의 전문성과 공공성 면에서도 당대 최고 수준의 평가를 받았다.

1889년 9월 13일 전라남도 무안군 몽탄면 다산리에서 태어난 김용무는 보성전문학교 법학과에 입학해 우수한 성적으로 졸업한 뒤, 일본 주오대학교 법학과로 진학했다. 이후 1922년 일본의 최고 엘리트 관문이던 고등문관시험 사법과에 합격하며 법조인으로서의 경력을 본격적으로 시작했다.

그러나 그는 일본에서 판검사로 진출하는 길을 스스로 포기하고, 1923년 귀국해 서울 인사동에서 변호사로 개업했다. 이후 김병로, 이인, 허헌 등 당대의 대표적 법조인들과 함께 형사공동연구회를 조직해, 독립운동가들을 위한 무료 변론 활동에 적극 나섰다.

그는 의열단원 김상옥 사건을 비롯해, 신간회 사건, 조선어학회 사건, 광주학생의거 등 굵직한 사건들의 무료 변호를 맡으며 명성을 쌓았다.

또한 그는 조직적 독립운동과 직접 관련이 없는 사건이라 하더라도, 가난하고 억울한 민중이 부당한 처벌을 받는 경우라면 마다하지 않고 변론에 나섰다. 이러한 태도는 일제강점기 사회에서 드문 법률가의 공공성을 보여주는 사례였고, 그로 인해 그는 민중 사이에서 높은 신망을 얻었다.

1930년에는 동아일보사 취체역(이사)으로 취임한 후에 일제에 강제 폐간당하기까지 10년간 민족 언론의 법률 보좌역을 맡아 수많은 정간, 폐간 위기를 넘기는 데 혁혁한 공을 세웠다. 1930년대 초부터 모교인 보성전문학교 법학부의 위탁 강사로 초빙되어 실

무를 강의했는데, 1933년에는 창립 30주년 기념사업회 실행위원
회에 참여하여 김성수, 송진우, 김병로 등과 함께 상임위원 중 1인
으로 선출되었다. 도서관 대강당 체육관 등을 짓기 위해 기부금을
걷으러 다니는 걸로 유명했다. 1935년부터 보성전문학교 교장을
지냈는데 1937년 가을, 천황의 교육칙어를 불성실하게 낭독했다
(사실은 집어던졌다)라는 이유로 해임당했다.

그런데 해방 이후가 문제였다. 바로 한국민주당에 참여하게
되었던 것, 여기에서 필요 이상으로 친일파 지주들을 옹호했으며
과거와는 달리 백성들의 편에 서지 않았다. 1945년 10월 12일 미군
정에 의해 대법원장으로 지명되었다. 대법원장으로는 법원행정처
를 따로 만들어 사법행정의 기틀을 닦았다.

**그러나 1946년 1월 소위 김계조 사건이 터진다. 해방정국에 찬
탁이냐 반탁이냐를 가지고 엄청나게 싸우던 시기에 터진 김계조 사
건. 이 사건이 향후 불러온 파장은 어마어마했다.**

친일파 김계조의 극악함

1945년 8월 14일 저녁 일본의 마지막 정무총감 엔도(조선총독부
의 2인자)는 몽양 여운형에게 긴밀히 사람을 넣는다. 해방 이후, 소
련이 서울까지 치고 들어올 것이 예상되는 가운데, 소련과 가장 말

이 잘 통할 사람이 누구인가를 자기네들끼리 예상한 결과 당연히 몽양 여운형일 것이라는 계산이 선 것이었다. 물론 한 사람에게 올인 하지는 않을 것이라 고하 송진우에게도 사람을 넣었는데, 그는 이 만남 제안을 거절했다. 함께한 몽양은 엔도로부터 일본이 패망할 것이며, 자신들의 행정권을 몽양에게 넘길 터이니, 엔도 및 아베 노부유키 총독의 일본 무사귀환을 보장해 달라고 했다. **몽양은 이 제안을 일거에 거절했다.**

몽양 여운형에게 치안유지 협력을 구하고자 했던 조선총독부의 계획이 몽양이 건국준비위원회를 건립하고 실질적인 행정권을 행사하게 되면서 물거품이 되었다. 총독부 관리자들은 양지에서 몽양에게 타협을 구했지만 이게 실패하자, 음지에서 타협을 구했다. 이들 조선총독부는 친일파와 미군정을 통해 목적 달성을 꾀했다.

1.조선의 평화를 교란하고

2.조선의 모든 저명인사를 암살하며

3.미국과 소련 사이에 분쟁을 야기시키고

4.조선인들에게 유언비어를 퍼트리며

5.북조선 상황에 대해 허위 보도를 해서 반공주의를 일삼고

6.만주에 있는 일본군들로 하여금, 그 지역에서 미국에 대한 저항을 배가한다

참고로 6번을 살펴보면, 우리나라에 미군 CIC정보부대가 있었는데, 이 첩보부대가 45년 10월 중순경 **한국에서 20명 정도의 일본군 헌병부대가 조직적으로 유언비어를 퍼트리는 것을 적발함으로써 가공할 음모가 현실로 밝혀졌다.** 일본 제국주의는 미군정으로 이어지는 과도기에도 주도권을 상실할 마음은 하등 없었다. 무조건 자기네들이 주인공이어야 했다. 친일 정부를 수립하고 정치적 영향력을 지속하기 위해, 김계조를 활용한다. 총독부는 김계조에게 수백만 원(현 시세 수십억 원의 가치)을 공작금으로 활용해서 국제문화사라는 댄스홀을 미쓰코시 백화점, 지금 신세계 백화점 3층에 만들어 사무실로 쓰게 했다. 이 대규모 댄스홀은 유명한 무용가이자 친일 매국노 배구자가 운용하는 곳이었으나, 그건 어디까지나 표면적인 것이었고, 배구자는 당시에 35살 차이 나는 언니 배정자와 이토 사이에 난 딸이라는 소문이 돌고 있던 사이였다. 배정자가 누구인가? 이토 히로부미의 수양딸이자, 고종의 세컨드라는 온갖 추문이 돌던 조선의 마타하리, 즉 친일 스파이였던 친일 매국노 중의 최고 매국노였다. 하여간 이 국제문화사의 실제 소유주는 배구자의 남편 김계조였고, 조선총독부의 음모를 실현하기 위해 운영되었다.

댄스홀을 통하여 친일정당인 한국민주당에 접근하고, 유명 인사들에게 각종 서비스와 정치자금을 전달하였다. 이 유명 인사 중 하나가 **바로 초대 대법원장 김용무였다. 김용무는 해방 이후에**

대법원장에 취임한 직후부터인 1945년 10월 13일부터 사람이 180도 달라진다. 백성들의 문제엔 전혀 귀 기울이지 않았고, 오로지 한국민주당이라는 친일 정당의 문제에만 골몰했다. 이게 결국엔 김계조와 배구자의 로비 때문이라는 게 밝혀진 것이다. 참으로 부끄러운 일이 아닐 수 없다. **처음엔 몽양 여운형에게 단칼에 거절당하자, 고하 송진우에게로 갔다가 암살당하자, 김용무 대법원장에게로 온 것이었다.** 여기에서 로비가 먹혀들어 갔다. 하지의 미군정청은 조선총독부를 인정하지 않았다. 미군 CIC방첩 부대는 김계조의 댄스홀을 수상쩍게 바라보았고, 결국엔 그 덜미가 잡혔다.

미군은 1947년 1월 16일 마지막으로 김계조를 재심문하였고 결국 징역 10개월 형을 선고했다. 하지는 이때부터 오로지 이승만만을 신임하였다. 김계조는 1960년 진해군수 선거에 출마까지 하는 뻔뻔함을 보이다가 이후 행적이 묘연하다. 조선총독부가 일으킨 사건은 지대한 영향을 끼쳤다. 그런데 우리는 역사 교과서에서 전혀 이런 걸 다루지 않는다. 이런 역사를 다루어야만, 우리의 해방 공간에서 무슨 일이 일어났는지를 보다 정확하게 알 수 있다.

일본 제국주의! 오스트레일리아 북부 다윈시를 폭격하다

아무도 몰랐던 다윈 대 공습

1941년 12월 7일 아침, 일본 제국주의는 미국 하와이의 진주만 공습을 감행했다. 이 사건은 태평양 전쟁의 본격적인 개전을 알린 계기로서 널리 알려져 있다.

그러나 그로부터 불과 석 달 뒤인 1942년 2월 19일, 일본 제국은 호주 북부의 다윈을 대규모로 폭격했다. 이 다윈 폭격은 태평양 전쟁이 미국과 일본의 충돌에 그치지 않고, 오세아니아 전역으로 확산되었음을 보여주는 중요한 사건이었음에도 불구하고 상대적으로 덜 알려져 왔다.

4척의 항공모함으로 구성된 일본군 나구모 주이치 장군이 지휘하는 일본 해군 제1항공전대는 2월 19일 아침 8시 45분 188대의 항공기를 띄워 다윈항구를 공습했다. 오스트레일리아(이하 호주)의 공군은 이를 세상에 미국 육전대의 P-40기종으로 오해하여 아무런 대비를 안 했다. 그래서 일본 항공대는 아무런 방해도 안 받고 다윈시에 도달하여 공습했고 그제서야 호주군대는 루이스 경기관총을 발사하면서 나름의 저항을 했다. 일본의 1차 공습은 30여 분 동안 계속되었으며, 오전이 끝날 무렵, 10시 10분에 발진했던 54기의 G3M과 G4M 폭격기가 다시 출동해서 확인 공습을 다시 퍼부었다. 1차 공격을 퍼부은 일본군은 다시 다윈 외곽에 정박한 필리핀 국적 화물선 2척을 발견, 나구모 주이치 준장은 별도로 급강하 폭격기들을 발진시켜 두 척 모두를 침몰시켰다.

이는 전략적인 습격으로, 호주 북부의 인구 6천 명밖에 안 되는 다윈시를 마음대로 폭격함해 호주 전체에 일본에 대한 공포심을 주는 데 목적이었다. 그런데 정반대로 호주 전체에 일본에 대한 적개심을 심어주는 결과만 가져왔다. 진주만 공습이 있던 1941년 12월 7일경부터 다윈 폭격이 있던 1942년 2월 19일 사이에 불과 석 달 만에 일본은 인도네시아의 암본, 셀레베스, 보르네오를 점령하는 기동력을 과시했다. 티모르 섬에 대한 상륙이 2월 20일에 예정되어 있었다.

공습 당시에 다윈 항구에는 총 65척의 연합군 상선과 군함이 있었다. 대 부분의 선박들은 서로 가까운 곳에 몰려 있었기 때문에 공습의 표적이 되기 쉬웠다. 또한 이 선박들은 공습에 어떻게 대응해야 하는지 훈련이 되어 있지 않았다.

공습으로 자바와 필리핀에서의 군수물자를 지원하기 위해 사용할 수 있는 선박의 대부분이 손실을 봤다는 것이 제일 큰 피해였고, 자바는 호주로부터 추가 운송이 사실상 차단되었다. 무엇보다도 다윈시는 혼란을 겪어야 했고, 물과 전기를 포함한 대부분의 필수 서비스가 심하게 손상되거나 파괴되었다. 일본군의 추가 침공이 임박했다는 두려움이 확산되었고, 마을의 일부 민간인이 내륙으로 피난하면서 난민들이 몰려들었다.

호주에서 자바로 호주에서 암본으로 호주에서 셀레베스로 또는 호주에서 각 남태평의 전선으로 미국과 영국의 지원 물자를 실어나르는 것에 대해 일본은 미리 기선제압으로 호주 북부의 병기 창고였던 다윈시를 선택해서 집중 폭격했다. 이는 나중에 1943년 5월 2일 이번에는 미드웨이해전 (1942년 6월 4일~7일)에 결정적으로 패배한 것을 인정하지 못하여 다시 한번 인도네시아 및 파푸아 전역에서 우위를 점하기 위해(제공권과 제해권을 장악하기 위해) 다시 한번 다윈시를 폭격한다. 그런데 이번만큼은 호주 군대가 그냥 물러서지 않았다. 이번에는 호주의 방공망과 제해권을 제대로 지켜냈다. **태평양전쟁은 그렇게 일본의 황혼으로 차츰 저물고 있었다.**

참고문헌

- Gary J. Bass, Judgement At TOKYO, PICADOR, 2023
- MILTON OSBORNE, SOUTHEAST ASIA introductory history, A&U, 1979, 14th edition 2024
- LAURA TYSON LI, Madame CHIANG KAI-SHEK, GROVE PRESS NEWYORK, 2001
- **日本史綜合年表**, 加藤友康 外 3人 共著, 吉川弘文館, 2001

- 제임스 C. 스콧, 이상국 번역, 조미아 -지배받지 않는 사람들-, 삼천리
- 조지 카치아피카스, 원영수 번역, 아시아의 민중봉기, 오월의봄, 2012
- 윌리엄 J. 듀이커, 정영목 번역, 호치민 평전, 푸른숲
- 이에나가 사부로, 연구공간 수유+너머 일본근대사상팀 번역, **近代 日本 思想史**, 소명출판, 2006

- 안세홍, 나는 위안부가 아니다(글과 사진), 글항아리, 2020
- 김희교, 짱깨주의의 탄생, 보리, 2022
- 이희진, 식민사학이 지배하는 한국고대사, 책미래, 2014
- 남기정, 기지국가의 탄생-일본이 치른 한국전쟁-, 서울대학교출판부
- 마중물, 청년영웅 아웅산 장군, 성광문화사, 2011
- 이현진, 미국의 대한경제원조정책 1948~1960, 이화연구총서5, 혜안, 2009
- 임계순, 중국의 미래-싱가포르 모델, 김영사, 2018
- 양승윤, 인도네시아 -많이 알려지지 않은 이야기들- , HUINE, 2017
- 배동선, 수카르노와 인도네시아 현대사, 아모르문디, 2018
- 김삼웅, 몽양 여운형 평전, 채륜, 2015

Dom 038

역사는 사라지지 않는다
일본 제국주의와 친일 그리고 패망 이후의 세계

초판 1쇄 인쇄 | 2026년 2월 20일
초판 1쇄 발행 | 2026년 3월 6일

지은이 배기성
펴낸이 최만규
펴낸곳 월요일의꿈
출판등록 제25100-2020-000035호
이메일 dom@mondaydream.co.kr

ISBN 979-11-92044-65-1 (03910)

'월요일의꿈'은 일상에 지쳐 마음의 여유를 잃은 이들에게 일상의 의미와 희망을 되새기고 싶다는 마음으로 지은 이름입니다. 월요일의꿈의 로고인 '도도한 느림보'는 세상의 속도가 아닌 나만의 속도로 하루하루를 당당하게, 도도하게 살아가는 것도 괜찮다는 뜻을 담았습니다. "조금 느리면 어떤가요? 나에게 맞는 속도라면, 세상에 작은 행복을 선물하는 방향이라면 그게 일상의 의미이자 행복이 아닐까요?" 이런 마음을 담은 알찬 내용의 원고를 기다리고 있습니다. 기획 의도와 간단한 개요를 연락처와 함께 dom@mondaydream.co.kr로 보내주시기 바랍니다.